좌충우돌 '행복학교' 이야기

좌충우돌 '행복학교' 이야기

오영범 · 이운희 · 김현정 · 문주영
김주현 · 홍정숙 · 허정환 지음

아카데미프레스

머 리 말

'좌충우돌 행복학교 이야기'는 대단하고 내세울 만한 이야기가 아니다. 어디에나 있음직한 학교의 일상을 주제로 하고 있고 글 재주가 있는 선생님들이 아닌 보통 선생님들의 글을 모은 책이기 때문이다. 그렇기에 학교에서 아이들과 울고 웃으며 함께한 시간, 지나온 추억과 고민을 담담하게 담아낸 일기장 같은 느낌도 든다. 제각각의 일기를 모았기에 책에는 서로 다른 선생님들이 '나'로 등장하여 다소 혼란스럽기도 하다.

그럼에도 학교의 한해살이를 엮어 낸 것은 나와 다른 선생님들의 학교 이야기를 지켜보면서 공감하고, 거울 속의 나를 찾도록 하기 위함이었다. 나와 또 다른 내가 눈 마주치는 순간에서 변화가 시작되고, 잊었던 교사로서의 삶을 되찾게 될 것이라 기대했기 때문이다. 어떤 이야기가 나의 이야기일지 일기장 표지를 넘겨 보자.

첫 장에는 우리를 가장 크게 웃게 했고 울게도 했던 아이들과의 이야기가 펼쳐진다. 지금 우리 반에도 있는 말썽꾸러기, 싸움쟁이, 청개구리 같은 아이들, 아무리 어르고 달래도 보고 혼도 내보지만 역부족이다. 무서운 남자 선생님 말은 듣는 것 같은데 돌아서면 그것도 아니다. 우리 반이 된 것에 원망스러운 마음까지 드는 아이들과의 관계에 대해 고민하고, 작은 학교의 장점을 살려 모든 선생님들이 합심하여 해결하기 위해 고군분투한 흔적들이 담겨 있다.

둘째 장에는 수업에 관한 이야기를 담았다. 월요일이면 어김없이 도

살장 앞 소처럼 죽을상으로 교문을 들어오고, 1학기 동안 열과 성을 다해 가르쳐 놓은 것은 방학을 지내고 오면 어김없이 처음부터 다시 시작해야 한다. 놀 때는 그렇게 힘이 넘치는 아이들이 수업 시간에는 세상이 꺼질듯 한숨을 쉰다. 수업 시간에 딴짓은 왜 그렇게 많이 하는지, 잔소리를 하려고 왔는지, 수업을 하려고 왔는지 헷갈리기까지 하다. 시간이 갈수록 말을 더욱 안 듣는 아이들을 수업에 참여시키고 그들이 배울 수 있도록 고민했던 교사들의 모습을 담았다.

셋째 장에는 교육에 참여하는 사람들의 이야기를 풀어냈다. 학교와 학생 그리고 학부모가 서로 이해하고 소통하여 동반자적 관계를 만들어 보고자 했다. 수평적이고 민주적인 분위기를 만들기 위해 권위와 불편하지만 익숙한 구습을 버리고자 노력했다. 또한 일방적인 관계를 탈피하고 책임의식을 공유하는 교육 공동체를 이루어 교육의 본질에 가까운 교육 활동을 모색하고자 노력하였다. 한편 교사이기 이전에 한 인간으로서 힘들고, 지친 마음을 위로받고 싶었던 선생님들의 애로와 상처도 담았다.

마지막 장은 배움과 성찰에 관한 내용이다. 블로그나 회의 시간에 수업에 관한 각자의 경험이나 자료를 공유하면서 시작한 나눔은 서로가 서로에게서 배우는 기회가 되었다. 또 밴드를 통한 일상의 교류는 서로의 삶을 어루만져 주고 성찰할 수 있는 장으로 활용했다. 학교라는 공간에서 마주하게 되는 상처를 보듬으며 동료라는 연대의식하에 함께 성장할 수 있었던 소중한 시간들을 모았다.

그리고 부록에는 한 교사의 실천적 지식에 담긴 의미를 탐색한 논문을 담았다. 이 논문은 오영범, 정영애(2015)의 논문[한 교사의 실천적 지식에 담긴 의미와 교육적 효과: L교사의 교육 이야기. 평생학습사회, 11(4), 83-113]을 재구성한 것으로 함께 근무한 저경력 교사의 자발적 노력과 열정이 스며든 교육적 실천에 어떠한 의미가 있는지를 연구한 것이다. 이 연구 과정을 통해, 당시 연구자는 선배 교사의 위치에 있었지만, 저경력 교사의 진정 어린 교육적 실천의 자극으로 배움과 성찰을 촉진하는 계기가 되었다. 반대로, 저경력 교사에게는 연구자가 성장의 유용한 양분으로 작용하고 있었다. 이 연구는 사례 연구의 성격이 강하다. 그렇기 때문에 본 연구 결과가 다른 지역, 다른 학교의 맥락에 그대로 적용되는 일반화의 문제는 또 다른 연구 거리다. 이러한 연구를 바탕으로 다양한 연구들이 더욱 활성화되기를 기대해 본다.

급변하는 세상과 그 변화의 속도를 따라잡지 못하는 교육의 세태를 학교와 선생님들 탓으로 몰아세우는 것이 현실이다. 갈 곳 없는 원망과 곱지 않은 시선들이 학교로 향하고 갈수록 다양해지는 각종 업무와 민원은 선생님들의 교육적 실천을 더욱 힘들게 한다. 이러한 상황에서 옆 학교 선생님들의 이야기를 들어보고, 고민과 아픔을 나누는 것은 서로를 자정하는 길이 될 것이다. 나아가 수업에 대한 배움과 실천을 통해 변화의 중심에 우뚝 설 수 있길 바라며 책장을 넘긴다.

끝으로, 질적연구방법이 현장에 안착될 수 있는 구체적인 방법과 전략을 체계적인 방법으로 안내하고 지도해 주신 진주교육대학교 김영천 교수님, 한 학교 교사들의 열정을 소중한 책으로 엮어 세상의 빛을 보게 해주신 아카데미프레스 홍진기 사장님, 그리고 오랜 기간 동안 정성어린 교정으로 글을 다듬어 주신 편집자께 심심한 감사의 말씀을 드린다.

추천의 글

'학교'라는 조직은 하나의 생태계이다. 학교 공동체를 구성하고 있는 다양한 객체와 요인들이 독립적인 형태로 존재하는 것이 아니라 상호 연관을 맺으면서 유기체적인 모습을 하고 있기 때문이다. 즉, 학생, 교사, 학부모, 지역사회가 서로 긴밀한 영향을 미치면서 상호 의존적인 모습을 보이기 때문에 어느 것 하나 중요하지 않은 것이 없다. 그 중에서도 가장 중요한 것을 꼽으라 하면 아마 교사들의 자발성과 열정일 것이다. 많은 연구들을 통해서도 교육 개혁과 혁신의 선두에는 교사들의 자발적인 헌신이 전제될 때 교육의 의미가 있음을 밝히고 있다.

이 책은 이러한 측면에서 교육적 의미와 가치가 있다.

첫째, 모든 교사들이 글쓰기 작업에 동참했다는 점이다. 교사 교육과 교사 전문성 신장의 관점에서 글쓰기는 아주 중요한 작업이다. 왜냐하면, 글쓰기는 교사로 하여금 하루 동안의 교육적 실천을 뒤돌아보게 하고 새로운 방향성을 모색하는 과정을 통해 반성적 성찰이 촉진되기 때문이다. 반성적 성찰은 더욱 발전적인 교육적 행위를 만드는 데 기여한다. 우리가 일기를 쓰는 이유를 생각해 보면 쉽게 이해할 수 있을 것이다. 글쓰기는 체계화되지 않은 사고에 질서를 부여하는 행위라고 하였다. 자신의 교육적 행위를 돌아보는 성찰적 글쓰기는 분명한 사고 체계를 형성하고 행동으로의 연계를 용이하게 만든다. 더불어, 개인적 차원의 반성적 글쓰기가 공유를 통해 집단 성찰로 발전하는 효과가 있다. 따라서, 이 책에 내재된 교사들의 반성적 성찰은 다른 교사들의 성찰을 촉진하는 데도 기여할 것이다.

둘째, 교사들의 긍정적인 협력 관계에 기반한 자발성이 돋보인다. 학교라는 공동체는 다양한 개인들이 모여 형성된 곳이다. 다양한 개성으로 인해 때로는 갈등과 잡음이 생기고, 이로 인해 긍정적인 발전을 저해하는 관계 악화로 이어지기도 한다. 그런데 이 책에 등장하는 교사들은 래포 형성을 기반으로 상호 긍정적인 유대 관계를 구축했다. 그들은 긍정적인 협력 관계가 전제되었기에 다양한 교육 활동에 대한 계획과 실천이 용이하였다. 따라서 교사들뿐만 아니라 학생들 및 학부모들도 학교 공동체가 유기적 협력에 기반한 공동체로 발전할 수 있도록 신뢰를 바탕으로 긍정적인 관계를 형성할 필요가 있다.

셋째, 최근 핵심 가치로 부각되고 있는 '행복'을 구현하는 교육 활동을 실천했다는 데 의의가 있다. 모든 인간은 행복을 추구한다. 학생은 학교생활에서 접하는 다양한 배움이 행복한 삶과 연계되어야 하고, 교사 역시 교육적 실천을 통해 만족감과 성취감을 얻고 이것이 행복으로 귀결될 수 있어야 한다. 이러한 측면에서 이 책 속의 교사들은 학생들의 정확한 요구를 분석하고 그들의 수준에 적합한 방식으로 최적화된 교육 방법을 모색함으로써 교육의 본질을 탐색하려는 노력을 보여 주었다. 그들은 학교 현장에서 실천의 중심이 되었고, 기존 방식의 답습이 아닌 변화를 위한 열정으로 뭉쳐 혁신의 추진체가 되었다. 이러한 사례는 보다 확산적으로 보급될 필요가 있다.

넷째, 그들은 실천과 연구를 통해 이론과 실재가 통합되는 모습을 보여 주었다. 학교 현장에 기반한 1년간의 풍성한 사례뿐만 아니라 학술적 연구는 그들의 교육 활동에 숨겨진 다양한 교육적 의미와 가치를 드러내기에 충분했다. 특히, 나의 제자 오영범 박사는 현장 교육의 실천 속에서 표면화되지 않은 교육적 가치를 드러내고 교육적 발전에 영향을 주는 시사점을 탐색하는 연구 역량으로 다양한 연구물을 학계에 발표해 왔다. 이론과 실재를 연계하는 그의 연구 역량과 실천을 함께 하는 동료 교사들의 협력은 진정한 교육 발전을 위한 교사들의 모습을 보여 준 좋은 예라고 할 수 있다.

이 책의 저자들은 자신들이 실천한 교육적 실천에 대해 단순하게 기술하는 차원을 넘어서고 있다. 교사들 모두가 중지를 모아 의미 있는 교육 활동을 계획하였고, 실천의 깊숙한 곳에서 민감성을 유지한 채 학생들과 상호작용하였고, 이 과정에서 학생들이 어떠한 반응을 보이는지 혹은 어떻게 변화하고 있는지에 대한 세부적인 반응을 부각시켜 풍부한 맥락을 보여 주고 있다. 특히, 이들이 설정한 '천천히', '인내심을 가지고', '기다리자'라는 공동의 합의는 그들이 만든 다양한 사례들의 기본 바탕이 되었다. 이러한 장면들은 단순히 하나의 사례로 머무는 것이 아니라 다른 학교의 교사들에게도 영향을 줄 수 있을 만큼 가치 있다고 할 수 있다. 이 책의 사례와 연구가 더욱 행복한 학교 공동체를 만드는 다양한 노력들로 확산되기를 기대해 본다.

2016년 1월 5일
부산대학교 교육학과 교수 이상수

차 례

소규모 학교의 아이들 행복 찾기

수업의 행복한 변화

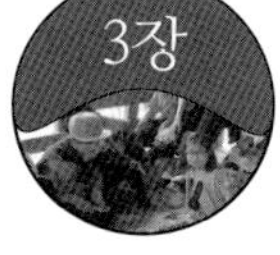

행복한 학교 공동체 만들기

동료성 기반 배움과 반성적 성찰

부록

1장

소규모 학교의 아이들 행복 찾기

학생 중심
행복 가족 만들기

우리들의
첫 행복 맞이의 날

2015년 3월 13일 우리 학교는 첫 '행복 맞이의 날'을 가졌다. 우리 학교가 '행복 맞이의 날'을 운영하게 된 계기는 경남형 혁신학교를 표방하는 진보형 교육감의 출현 때문이었다. 새로운 교육감은 경남형 혁신학교를 '행복 학교'로 정하고 행복 학교로 가는 준비 단계에 있는 학교를 '행복 맞이 학교'로 칭했다. 경남교육청에서는 정책적으로 표방하는 행복 학교의 모습을 구체화하기 위해 모든 학교를 대상으로 공모를 했고, 우리 학교는 '행복 맞이 학교'에 공모하여 선정될 수 있었다. 이렇게 하여 우리는 '행복 맞이의 날'을 열게 된 것이다. '행복 맞이의 날' 운영의 주요 목적은 상호 소통과 배려, 협력을 통한 행복한 학교 공동체를 구현하는 것이었다. 이를 위해, 전교생이 78명인 소규모 학교의 장점을 살려 학교 공동체의 모든 구성원들이 한데 모여 행복한 마음과 화합을 도모할 수 있는 놀이 한마당을 매달 열기로 했다. 특히, 교사들은 행복 맞이의 날이 시작되는 첫 날의 중요성을 공감하고 다음과 같은 점에 주안점을 두어 운영하기로 했다. 첫째, 모두가 즐겁게 참여하는 놀이 한마당을 열어 서로 좀 더 가까이 다가갈 수 있는 기회를 만든다. 둘째, 서로 존중하고 배려하고 협력하는 분위기를 조성하여 행복한 학교를 만드는 토대를 다진다. 이러한 공감대를 바탕으로 우리는 첫 행복 맞이의 날 전체 운영 시간을 5차시로 계획했고, 다음과 같이 운영하기로 했다.

놀이 한마당 운영 내용

교시	활동명	내용
1교시	화합 놀이 한마당	「가위 • 바위 • 보 기차 놀이」로 분위기 조성하기
2교시	행복 가족 마음 모으기	팀 빌딩, 팀 이름 및 구호 정하기
3교시	긴 줄넘기	팀별 협력 강화 활동으로 긴 줄넘기 활동하기
4교시	인간 베개 놀이	전교생이 다 함께 화합의 베개 놀이
5교시	다복(多福) 모임	더욱 행복한 학교 공동체를 위한 전교생 모임 활동

먼저, 1학년부터 6학년까지 전교생이 모두 화합하고 행복을 열어 가는 의미로 「가위·바위·보 기차 놀이」를 했다. 이것은 두 사람이 만나 가위·바위·보를 하고 진 사람이 이긴 사람 어깨에 손을 올리고 점점 긴 기차를 만들어 가다 결국에는 하나의 기차를 만드는 놀이이다. 「가위·바위·보」라는 일상적인 놀이를 이용하여 모두 다 함께 긴 줄을 만들어 나가는 과정 속에서 상호 친화력을 강화하는 효과를 노렸다. 기다란 하나의 기차를 만들었을 때, 맨 앞에 있는 지영이는 모든 가위·바위·보에서 이겨 자신이 제일 앞에 섰다는 기쁨으로 뿌듯한 표정을 짓고 있었다.

교사: 지영이 좋겠다.

지영: (웃으며) 네 좋아요.

교사: 기분이 어때?

지영: 내가 최고가 된 것 같아요.

– 2015년 3월 13일 6학년 학생 김지영과의 대화 중에서

1교시 「가위 · 바위 · 보 기차 놀이」 활동 장면

1교시에서 「가위·바위·보 기차 놀이」로 분위기를 조성한 후, 2교시에는 나이테 행복 가족끼리 화합을 다지고 가족 내 결속력을 강화할 수 있는 시간을 가졌다. '나눔, 이룸, 테두리 없는'이란 뜻을 가진 나이테 가족은 학년을 전부 섞어서 11명이 1조로 구성된 학생 중심의 공동체이다. 먼저, 가족별로 훌라후프를 하나씩 주고 11명 모두가 훌라후프 안에 들어가는 미션을 제공했다. 서로를 지탱하면서 넘어지지 않도록 도와주는 고학년과 덩치가 큰 언니에게 업혀서 안 떨어지려고 애쓰는 1학년의 모습에서 가족 구성원 간에 사랑이 싹트고 있음을 엿볼 수 있었다. 아이들은 미션을 해결하기 위해 다양한 방법을 시도했고, 그 과정에서 미션 달성을 위한 대화가 촉진되고 있었다.

이 놀이를 통해 흥미로운 장면을 발견할 수 있었다. 덩치가 큰 5학

년 우용이가 훌라후프 안에 들어가지 못하자, 6학년 한철이는 우용이를 자신의 등에 업겠다고 제안했다. 그러자 우용이는 덩치가 큰 자신이 업히는 것에 대한 미안함을 전하면서 자신의 몸을 한철이에게 맡겼다. 한철이는 약간 힘들어하는 모습을 보였지만, 나름 즐거운 마음과 자기 가족의 미션 성공을 생각하며 우용이를 업어 최선을 다하는 형의 듬직한 모습을 보여 주었다.

한철이: 그러면 이렇게 해 보자.

우용이: 어떻게?

한철이: 니가 덩치가 크니까 내한테 업혀라.

우용이: 업을 수 있겠나?

한철이: 한 번 해 볼게. 이리 온나.

우용이: 무겁제?

한철이: 아이다. 개안타.

– 2015년 3월 13일 행복 맞이의 날 학생 관찰 중에서

2교시 행복 가족 화합하기 – 훌라후프 미션

훌라후프 미션을 통해 서로 친밀도를 높인 후에는 4절 스케치북을

나누어 주고 시간을 주어 나이테 가족의 이름과 구호, 마스코트를 정하도록 했다. 가급적 한 학생이 주도적으로 결정하기보다는 모든 과정을 다 함께 하도록 하여 '협력'의 덕목을 실천할 수 있도록 했다. 모두가 팀 활동에 조금이나마 기여하면서, 비록 세련되고 아름다운 모습이 나오지 않더라도 가족을 구성하고 있는 모두가 뭉치고, 협력의 가치를 배우도록 하는 것이 활동의 목적이었다. 의도했던 대로, 각 팀에서는 나름대로 협력할 수 있는 최선의 방법들을 찾아가고 있었다. 어떤 팀에서는 6학년이 그림의 전체 윤곽을 그리고 동생들이 각 부분을 색칠하도록 했고, 어떤 팀은 자기 팀의 마스코트를 정하기 위해 다양한 의견을 듣고 결정하는 과정을 거치기도 했다. 이러한 자율적인 과정을 통해 아이들은 나와 생각이 다른 다양한 의견을 모으고 민주적인 의사 결정 과정을 내면화하고 있었다.

> 6학년 지민이가 조장인 4조는 모두가 참여하는 마스코트 그리기를 위해 자기가 큰 밑그림을 그린 다음, 다른 팀원들이 빈 공간에 색칠을 할 수 있도록 했다. 그리고 자기는 한 걸음 물러나 동생들이 색칠하는 것을 보면서 잘 할 수 있도록 격려도 하고, 전체 색감의 조화를 위해 적절한 색을 선택할 수 있도록 도움을 주고 있었다.
>
> – 2015년 3월 13일 행복 맞이의 날 학생 관찰 중에서

7개로 구성된 행복 가족은 자신의 가족을 책임질 리더를 두었는데 리더는 주로 6학년을 중심으로 배치했다. 고학년이 중심이 되어 동생들을 배려하면서 협력의 장으로 이끌어 낼 수 있는 리더십을 기르고자 하는 의도였다. 또한 팀의 리더가 되어 봄으로써 리더가 할 수 있는 역할, 의견 불일치와 갈등으로 인해 한 방향으로 나아가지 못하는 어려

2교시 행복 가족 화합하기 – 팀 이름 및 구호 정하기

움 등을 경험하면서 성장하는 기회를 제공하고자 한 것이다. 그런데, 활동 도중 6조의 리더인 은진이가 울고 있었다. 이를 본 동생들은 안절부절하며 멀뚱히 바라만 보고 있었다. 그래서 나는 은진이에게 다가가 물어보았다.

교사: 은진이는 왜 울어?

은진: 채린이가 말을 안 들어요.

교사: 아, 1학년 채린이가 말을 안 들어서 속상했구나.

은진: 네.

(중략)

은진: 선생님들도 우리가 말 안 들으면 속상할 것 같아요.

교사: 우리 은진이가 많이 어른스러워졌네.

– 2015년 3월 13일 6학년 김은진 학생과의 대화 중에서

실제로 6조 리더를 맡은 은진이는 자신의 노력만큼 동생들이 따라주지 않는다고 속상해하며 눈물을 흘리기까지 했다. 리더의 강한 책임을 실감한 것이다. 그러면서, 은진이는 선생님과 부모님도 우리가 말

을 듣지 않으면 얼마나 속상해하실까 하는 성찰을 하고 있었다. 사실 이런 경험이 은진이를 변화시킬 거라는 큰 기대는 하지 않는다. 다만, 우리는 이러한 마음이 들게 한 소중한 경험들이 차곡차곡 쌓이다 보면 조금씩 성장할 수 있는 토대가 될 것이라는 기대에 더 큰 무게를 두었다.

3교시에는 행복 가족들끼리 긴 줄넘기를 했다. 먼저 학생들에게 긴 줄을 돌리는 요령을 알려 주고, 힘이 좋은 5, 6학년 위주로 줄을 돌리게 했다. 그리고 나머지는 다 함께 발맞추어 줄을 넘는 연습을 통해 협력하는 과정이 자연스럽게 내면화될 수 있도록 했다. 그런데, 신체 발달 정도가 상이한 1학년부터 6학년까지 모든 학생들이 모여 있다 보니 긴 줄을 한 번이라도 넘는 것이 쉽지 않았다. 특히, 줄이 넘어오는 순간에 맞춰 자신의 몸을 점핑시켜야 하는 정확한 신체 동작이 1학년들에게는 쉬운 일이 아니었다. 또한 몸이 무거워 순발력이 떨어지는 아이들도 타이밍을 맞추지 못해 줄이 걸리는 경우가 발생했다. 이런 순간, 교사들은 가급적 서로 비방하기보다는 격려하면서 힘을 주고 더욱 힘을 내서 연습해 볼 수 있도록 했다. 결국, 오랜 연습 끝에 신기록을 세운 가족들은 기쁨의 탄성을 자아냈고, 할 수 있다는 자신 있는 표정으로 즐거워하기도 했다.

> 2조 부근에서 숫자 세는 소리가 점점 커지고 있었다. 열 번을 넘었다. 결국, 16번에서 걸렸지만, 아이들은 뭔가를 해냈다는 성취의 표정을 짓고 있었다. 그리고 자기들끼리 하이파이브를 하기도 했다. 노력하는 과정을 통해 달성한 열매는 그만큼 달콤한 법이다. 바로 성취의 쾌감을 느낀 것이다. 이들은 또다시 새로운 기록에 도전하자며 대열을 정비하고 줄을 넘었다.
>
> – 2015년 3월 13일 교사의 관찰일지 중에서

3교시 긴 줄넘기 활동

4교시에는 「우리 친해져요!」라는 이름으로 인간 베개 놀이를 했다. 다른 사람을 베개 삼아 눕는 활동으로 적절한 스킨십을 가미하여 친밀도를 높이려는 의도가 숨어 있었다. 저학년들은 형과 언니, 친구를 베개 삼아 누워 본다는 자체만으로 즐거워했다. 친구들끼리도 누운 채 서로 꼭 껴안으며 우정을 과시하는 장면을 볼 수 있었다. 대부분의 아이들은 수업 시간과는 달리 체육관 바닥에서 편안하게 서로의 몸을 의지한 채 누울 수 있다는 그 자체를 아주 흥미롭게 생각하는 듯 했다. 어떤 아이는 선생님 다리에 누워 선생님과 더욱 친해졌다는 행복감에 흐뭇한 표정을 짓기도 했고, 어떤 친구는 형의 뚱뚱한 배에 자신의 머리를 대고는 "아! 푹신하다!" 하며 함께 즐거워했다.

> 3학년 정민이는 계속 나만 따라다니며 내 옆에 눕는다. 나는 다른 아이들의 활동 장면을 살피다가 평소 친구들로부터 관심을 많이 받지 못했던 아이가 있으면 일부러 그 아이의 배에 머리를 두고 옆에 누웠다. 그러면 졸졸 따라다니던 정민이는 잽싸게 자기 머리를 내 배 위에 두고 누워서 히죽히죽 웃는다.
>
> – 2015년 3월 13일 교사의 관찰일지 중에서

4교시 「우리 친해져요!」

4교시 활동을 마치고 점심시간에는 행복 가족끼리 식사를 할 수 있는 기회를 제공했다. 사전에 교사 협의회를 통해 '행복 맞이의 날'만큼은 반별로 먹기보다는 행복 가족끼리 앉아 점심을 함께 먹으면서 이야기도 나누고 서로를 알아 가면서 더욱 가까워질 수 있는 기회를 부여하자고 약속했다. 이에, 영양 선생님은 일주일에 한 번씩 나오는 특식을 '행복 맞이의 날'에 준비하겠다고 했다. 아이들은 같은 반 친구들끼리 밥을 먹지 않고 오늘 함께 활동한 행복 가족들끼리 먹는다는 새로움을 반기고 있었다. 그리고 4교시 동안의 다양한 행복 맞이 친교 활동의 기운이 점심시간에도 지속되고 있었다. 고학년들이 아직 학교에서의 식습관이 제대로 형성되지 않은 저학년 동생들을 위해 선생님처럼 도움을 주기도 하고, 고학년 형이 어린 1학년 동생에게 생선 가시를 발라내어 밥 위에 올려 주는 등 사랑의 또 다른 표현 방식이 곳곳에서 나타나고 있음에 선생님들은 감탄했다.

교사: 우용아! 뭐하는 거야?

우용: 생선 가시 발라 주고 있어요.

교사: 왜 그렇게 해주는 거야?

우용: 얘가 가시를 잘 못 발라내는 것 같아서요.

교사: 우용이 빨리 나가서 놀고 싶을 텐데…….

우용: 괜찮아요. 나중에 놀면 돼요.

교사: 이야~, 우용이 멋진데!

– 2015년 3월 13일 5학년 어우용 학생과의 대화 중에서

행복 가족 점심 식사 시간

5교시에는 전교생이 도서관에 한데 모여 오전에 가졌던 행복 맞이 활동들에 대한 생각과 느낌을 나누는 다복(多福) 모임을 열었다. 활동 과정에서 찍은 사진을 보여 주면서 사진 속에 등장한 친구들의 표정을 중심으로 이야기를 나누었다. 함박웃음을 짓고 있는 6학년 다은이에게 왜 이렇게 웃었느냐고 물으니, 쑥스러움에 다시 큰 웃음만 지었다. 3학년 가연이에게도 물었더니 너무 즐거워서 웃었다고 했다. 재미있는 사진이 나올 때면 모두가 웃음을 터트리며 즐거워했다.

아이들의 즐거운 표정

사진 감상 후에는 오늘 활동에 대한 자신의 진솔한 생각과 느낌을 포스트 잇에 간단히 작성하도록 했다. 아이들이 작성한 글에는 공통적으로 '행복', '재미', '함께', '추억', '기쁨', '웃음', '친해짐' 등의 긍정적인 단어들이 등장했다.

정말 즐거웠다. 다음에도 놀고 싶다. 다음에도 논다면 오늘보다 더 재미있게 놀 것이다. 그리고 동생들과 친구들과 함께 모여 즐거운 추억이 되었다.

동생, 친구들과 함께 노는 시간이라 너무 좋았고 모르는 아이들과도 친해져서 기뻤다.

너무 행복하고 즐거웠다.

오늘은 아주 재미있는 날이었다. 왜냐하면 친구, 언니, 동생과 같이 조를 짜서 하니까 더 친해진 것 같다. 다음에 또 했으면 좋겠다. 노력하면 안 될 것이 없다.

나는 오늘 한솔이형과 조 누나, 동생들 때문에 많이 웃고 협동하고 합하며 잘 놀고 가서 아주 좋은 하루가 된 것 같다.

오늘 느낀 점은 재미있고 행복했다. 왜냐하면 동생과도 놀고 1학년들도 귀엽고 재미있었다.

– 2015년 3월 13일 학생들의 포스트 잇 내용

포스트 잇에 작성한 아이들의 글을 읽던 중, 나의 시선을 사로잡는 글이 있었다. 오늘 했던 활동들이 정말 재미없음을 강조한 내용이었는데, 한눈에 누구의 필체인지 짐작할 수 있었다. 소규모 학교이다 보니 담임 교사가 아니더라도 학생 각각에 대한 이해가 높기 때문이었다. 교사가 학생의 개별 특징을 파악하여 교육적 처방으로 연결할 수 있다는 장점이 있는 것이다. 나는 이 글을 작성한 성민이가 누구보다 많이 웃고 즐거워한 장면을 수차례 목격했다. 그런데 성민이는 자신의 감정을 왜 이렇게 표현했을까? 나는 성민이가 진솔한 자기표현에 너무 서툴다는 잠정적 결론을 내리고 이를 구체화하기 위해 성민이를 불러 이야기를 나누어 보았다.

교사: (포스트 잇을 내밀며) 성민아! 선생님이 성민이가 적은 내용을 봤는데 궁금한 게 있어.

성민: 히히, 네.

교사: 혹시, 정말 재미없었다고 적었는데 솔직한 생각이야?

성민: 아니요. 사실, 조금 재미있었어요.

교사: 그러면, 왜 이렇게 적었어?

성민: 그냥요.

– 2015년 3월 17일 6학년 김성민 학생과의 대화 중에서

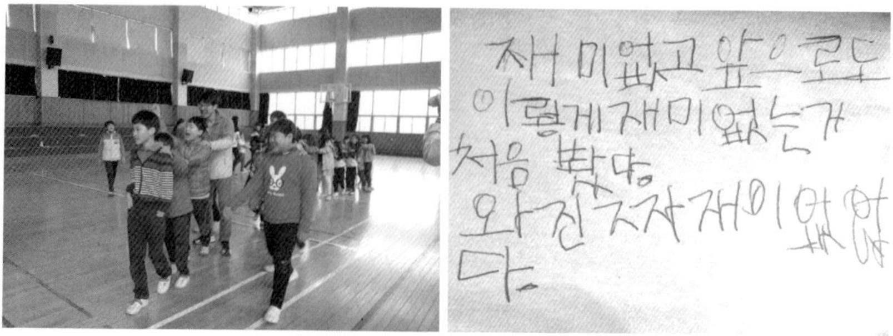

성민이의 모습과 감상을 적은 포스트 잇

성민이와의 대화를 통해 추측했던 것이 사실로 드러났다. 이처럼 우리 학교 아이들은 자기 표현에 서툰 모습을 종종 보였다. 자신을 진솔하게 표현하는 방법을 잘 모른다고 하는 것이 맞을지도 모른다. 사람들과의 관계 속에서 말은 자신을 표현하는 아주 중요한 수단이자 도구이다. 바로 다음 '행복 맞이의 날'에서 보완해야 할 과제를 발견한 것이다. 자신이 경험한 것에 대해 진솔한 생각과 느낌을 이야기하거나 글로 쓸 수 있는 자기 표현의 연습이 더 필요함을 인식했다.

첫 행복 맞이의 날을 마치고 오늘의 교육 활동에 대해 자유롭게 이야기를 나누기 위해서 모든 선생님들이 연구실에 모였다. 5차시의 활동을 돌아보고 어떠한 교육 효과가 있었는지, 어떤 문제가 보였는지, 그리고 다음번 계획에 반영해야 할 사항은 무엇인지에 대한 다양한 의견을 나누었다.

먼저, 모든 선생님들은 행복 맞이의 날에 대해 긍정적인 의견을 제시하면서 교육 효과와 그 가능성을 언급했다. 첫째, 함께하는 즐거움을 찾을 수 있었다. 학생 수가 적은 여섯 학급에서 한 학급만을 대상으로는 활동 자체가 되지 않는 경우가 있다. 예를 들어, 9명으로 구성된 4학년이 체육 시간에 피구 게임을 하려고 해도 적은 학생 수로 인해 경기 자체가 불가능한 것이다. 행복 맞이의 날은 전교생이 한데 모여 가족 같은 분위기에서 활동하면서 배려와 협력 같은 중요한 덕목을 이끌어 내기에 충분했다. 둘째, 행복 가족 구성에 대한 교육적 가능성이었다. 선생님들은 대체로 행복 가족 제도가 가진 교육 효과로 상호 돌봄과 배움, 인성교육을 언급했다. 고학년이 저학년 동생들을 돌보면서 다양한 학년이 섞여 하나의 활동을 하는 가운데 상호 배움이 촉진될 수 있는 가능성을 엿보았다. 또한 이러한 활동들을 중심으로 상호 친밀도가 높아지고 배려하는 마음을 가질 때, 최근 문제가 되고 있는 학교폭력을 예방하는 효과도 기대할 수 있다.

한편, 다음 활동을 위한 대안도 마련되었다. 오늘 활동을 할 때 활동의 중심에서 벗어나 주변에서만 머무는 몇 명의 학생들이 눈에 띄었다. 여기서 우리는 '기다림'의 마음으로 관심을 가질 것을 합의했다. 즉, 우리가 원하는 행동을 보이지 않거나 다소 어긋난 행동을 하더라도 관심을 가지고 지켜보면서 기다려 주자는 것이었다. 교사가 선불리 중간에 개입하여 긍정적 변화의 가능성마저도 차단할 수 있는 부작용이 있을 수 있기 때문이다. 더불어, 작은 학교의 장점을 살릴 수 있는 방법으로, 일명 '입체적 관심 전략'을 활용하기로 했다. 모든 교사들이 관심이 필요한 학생들을 볼 때마다 사랑을 주면서 긍정적인 대화로 접근하자는 것이었다. 이를 통해 우리는 나름대로의 문을 활짝 열고 행복을 맞을 준비를 마쳤다. 앞으로의 1년이 기대된다.

행복을 맞이하는 인사 나누기

우리 학교에 작은 변화가 일어났다. 새로운 활기를 불어넣기 위해 대한민국 공통 인사말인 "안녕하세요?"라는 일상화된 인사말을 바꾸어 "행복하세요.", "사랑합니다."를 사용하기로 한 것이다. 새 학기가 시작되기 전, 좀 더 행복한 학교 공동체를 기대하는 교직원들의 협의를 거쳐, 모두의 동의하에 새로운 인사법을 학교에 적용하기로 했다. 인사말을 바꾼다고 뭐가 달라질까? 평소에도 잘 하지 못하는 닭살스러운 표현을 어떻게 하지? 이런 의문이 들었지만, 서로 인사를 나누는 모습 속에서 싹트는 작은 웃음과 행복을 엿볼 수 있었다.

점심시간, 급식을 받기 위해 기다리는 동안 급식소 앞에 먼저 도착해 줄을 서고 있던 6학년들로 인해 훙겨운 소란이 벌어지기도 했다. 뒤에 있던 지민이는 앞에 있는 선생님을 꾹 찔러 선생님이 돌아보자 활짝 웃으면서 "행복하세요."라고 인사를 하고서는 반달눈을 그리며 기대에 찬 표정으로 선생님의 "사랑합니다."라는 대답을 기다렸다. 인사를 받은 선생님은 양 손을 가슴 앞에 모아 하트 모양까지 그리면서 "사랑합니다."라고 대답해 주었다. 지민이는 곧 나에게도 "행복하세요."라고 말하면서 정겹게 인사했다. 주변에 있던 6학년들은 마치 이런 상황을 즐기는 것처럼, 이리저리 인사를 나누었다. 짧은 순간, "행복하세요.", "사랑합니다."라는 인사가 많이 오가는 것을 볼 수 있었다. 점심식사 후, 연구실로 올라가는 3층 복도 끝에서 저만치 5학년 우용이를 보았다. 우용이는 멀리 있는 나에게 밝은 표정으로 "행복하세요."라고 외쳤고, 나는 저절로 나오는 미소를 지으며 "사랑해."라고 말해 주었다. 사랑한다는 말을 들은 우용이도 미소를 지으며 교실로 들어갔다. 이러한 정겨운 분위기는 선생님들과 연구실에서 차를 마시며 휴식을 취하는 순간에도 지속되었다. '똑똑' 노크 소리 후, 문이 열리면서 5학년 준호가 들어오며 공손하게 "행복하세요."라고 인사했다. 연구실 안에 있던 선생님들은 모두 준호의 인사에 사랑으로 화답해 주었다. 왠지 내 마음도 즐거워지는 기분이었다. 이처럼 인사말의 변화로 학생들은 선생님들과의 관계가 더 좋아졌다고 말하고 있었다.

> 옛날에는 선생님한테 인사하면 안 받아 주시고 무시당할 때도 있었는데, 지금은 웃는 얼굴로 받아 주세요. 그러면 내 마음도 좋아지고 기분이 좋아지는 것 같아요.
>
> – 2015년 3월 17일 6학년 김지영 학생과의 인터뷰 중에서

새로운 인사는 교직원들 사이에도 작은 행복을 가져다주었다. 교무실에서는 쑥스러움이 덜한 "행복하세요."를 먼저 말하기 위해 경쟁이 벌어지기도 했고, 여선생님들은 평소 내성적이고 수줍음이 많은 행정실장님으로부터 "사랑합니다."라는 표현을 듣기 위해 익살스러운 장난을 치기도 했다. 행정실장님이 이러한 상황을 피하기 위해 빠른 걸음으로 도망가자 1학년 선생님이 좇아가며 기어코 "사랑합니다."라는 대답을 받아내는 장면은 우리에게 큰 웃음을 주었다. 더불어, 자기 표현이 소극적인 아이들에게 선생님이 먼저 인사를 하는 모습에서 인사를 통한 자기 표현에 자신감을 심어 주려는 노력을 엿볼 수 있었다. 아이들 한 명 한 명에게 인사하고, 인사에 반응해 주고, 이런 변화는 소규모 학교이기에 좀 더 큰 효과를 발휘할 수 있었다.

> 인사말이 바뀌니 처음에는 낯설고 어색했지만, 그 어색함이 지나가니 작지만 큰 변화를 가져온 것 같아요. 학생 수가 적다는 단점이 오히려 장점이

되어 가족 같은 친밀함을 더 키울 수 있는 힘이 된 듯 합니다. 학생들에게 "○○야! 안녕?" 하고 인사를 먼저 건네면 도망가던 녀석이 이젠 스스럼없이 다가와 "행복하세요!"하며 장난스러운 표정을 짓고 쳐다봅니다. 제가 어떻게 "사랑합니다."를 답해 주는지 기다리는 거죠. 병설유치원에 다니는 딸도 "엄마! 이제 '행복하세요' 하는 거지?" 하며 학교로 달려갑니다. 학생들과 선생님들의 거리를 좁혀 주고 서로를 더 친근하게 느끼도록 도와주는 데 인사말이 큰 도움을 주었다 생각합니다.

– 2015년 3월 17일 교무보조 선생님과의 인터뷰 중에서

학생들은 이러한 작은 변화로 인해 학교 분위기가 긍정적으로 변하고 있음을 인식하고 있었다.

학교 분위기가 딱딱하잖아요. 그런데, 우리 학교는 가족 같은 분위기로 변해서 1학년 얼굴도 알게 되었어요.

– 2015년 3월 17일 6학년 장주현 학생과의 인터뷰 중에서

새로운 작은 인사법이 학교 분위기를 바꾸게 될지는 미처 생각하지 못했다. 아이들은 평소 하지 않던 새로운 것을 하게 될 때, 기대를 가지고 적극성을 발휘한다. 말 한마디의 작은 변화가 행복한 학교 공동체를 만드는 데 어떻게 작용할지 앞으로 기대된다. 우리는 이렇게 작은 변화를 위한 발걸음을 내딛고 있었다.

조금씩 자라나는 채린이의 행복 성장기

채린이와의 첫 만남

2015년 3월 2일, 두근두근 입학식이다. 우리 학교는 6학급, 전교생 79명의 소규모 학교로 한 학년에 한 학급씩 있다. 우리 학교에서 오 년째 근무하고 있는 나는 1학년 담임으로 네 번째 입학식을 하게 되었다. 이미 여러 번 해 본 입학식이지만 새로 만나게 될 1학년 학생들에 대한 기대로 가슴이 두근거렸다. 작년만 해도 입학생이 8명밖에 되지 않았는데 올해에는 22명이라는 엄청난 수의 입학생을 만나게 되어 설렘과 걱정이 교차했다.

입학식이 시작되고, 아이들은 자기의 이름표를 찾아 부모님의 손을 잡고 들어와 1학년 자리에 줄을 섰다. 어디에 줄을 서야 할지 몰라 우왕좌왕하기도 하고, 엄마 옆에 같이 있고 싶어 연신 엄마를 쳐다보기도 했다. 입학식 행사가 진행되고, 재학생이 입학생에게 축하 선물로 사탕 목걸이를 걸어 줄 순서가 되었다. 다른 아이들은 다들 신난 표정으로 사탕 목걸이를 걸고 있는데 채린이 목에만 사탕 목걸이가 보이지 않았다.

교사: 목걸이가 없네요. (목걸이를 걸어 주며) 자, 이거 걸어 보세요.

채린: (고개를 젓고 뒤로 물러서며) 안 할래요.

교사: 이거 사탕 목걸이예요.

채린: 사탕 싫어요. 안 할래요.

교사: 목에 걸기 싫으면 가방에 넣어서 가져가세요.

채린: 싫어요. 안 할래요.

– 2015년 3월 2일 채린이와의 대화 중에서

채린이의 이런 행동을 보며 좀 별스러운 아이라고 생각했다. 아이가 사탕을 싫어하는 것도 드문 일이었지만 질색하며 끝까지 거부하는 모습이 여느 1학년 같지 않았기 때문이다. 입학식 행사를 마치고 채린이 아버지와 잠시 대화를 나누며 채린이의 사탕 목걸이를 대신 전해 드렸다. 그런데 어느새 채린이가 목걸이를 가져가더니 사탕을 꺼내 먹는 것이 아닌가! 채린이가 아버지와 함께 돌아가고 난 후 생각해 보니 채린이는 그런 상황을 부끄러워했던 것 같다. 사실은 사탕도 좋아하고 목걸이도 좋아하면서 낯선 사람에 대한 부끄러움이 더 커서 싫다고 하고 거부했던 것이 아닐까 하는 추측이 되었다.

첫날부터 별난 아이라는 생각을 심어 준 채린이는 다음날 학교 생활에서도 별난 모습을 많이 보여 주었다. 학교에 등교해서 선생님과 인사 나누기를 하는데도 채린이는 인사를 하지 않았다. "채린아, 선생님하고 인사하자."라고 해도 그냥 못 들은 척 앉았다. 뿐만 아니라 수업 시간에도 학습 활동에는 거의 참여하지 않고, 내가 하라고 해도 들은 척 만 척 자기가 하고 싶은 그림 그리기나 색종이 접기를 하고 놀았다. 친구들과도 말 한 마디를 나누지 않고 자기에게 말을 걸어오는 아이를 무시하거나 때리기도 했다. 오로지 자기가 하고 싶은 대로 행동하는 것이었다. 그런 행동은 그 뒤로도 계속되었다. 채린이가 이런 행동을 하는 이유가 무엇일까? 채린이에 대해 궁금해졌다.

사랑이 고픈 아이

채린이는 다문화 가정의 자녀이다. 아버지는 연세가 많으시고 어머니는 베트남 여성으로 아버지와 나이 차가 20살이나 난다. 당시 아버지와 어머니가 헤어져서 채린이는 아버지, 할머니와 함께 살고 있었다. 어머니와는 가끔 만나고 아버지는 아침 일찍 일하러 나가서 채린이의 양육은 할머니가 전적으로 맡고 있었다. 그러나 할머니는 채린이가 할머니 말을 잘 듣지 않는데다 연세가 많아서 양육을 힘들어하셨다. 한번은 할머니가 학교에 오셔서 "우리 채린이한테 할머니 말 좀 잘 들으라고 얘기 좀 해 주세요."라고 부탁하신 적도 있었다. 할머니가 몸이 편찮으셔서 병원에 자주 입원하시는데 이럴 때 채린이는 자신을 깨워 줄 사람이 없어 지각을 하기 일쑤였다. 그리고 학교에 오는 날인지 안 오는 날인지 구분을 못해 결석한 적도 여러 번 있었다. 옷을 갈아입지 않아 같은 옷을 일주일 내내 입고 오기도 하고, 머리를 감지 않아 떡지고 냄새가 나는 경우도 많았다. 부모의 사랑과 관심을 많이 받아야 할 나이에 양껏 사랑받지 못한 채린이는 한마디로 사랑이 고픈 아이였다.

고집불통 채린이의 첫 행복 맞이의 날

행복 맞이 학교 선정 후 첫 '행복 맞이의 날'이었다. 행복 맞이의 날이 어떤 날인지 하루 전날 학급 아이들에게 설명해 주고 자신의 나이테 가족을 알려 주었지만 처음으로 해 보는 1학년들에겐 그저 어리둥절할 뿐이었다. 하지만 하루를 뛰어놀며 즐거운 시간을 보낸다는 생각에 등교하자마자 교실이 시끌벅적했다.

첫 활동은 나이테 가족별로 가족 이름과 구호를 만들어 보는 시간이었다. 모두들 자기 가족 조에서 언니와 오빠의 말을 들으며 열심히 하고 있었다. 그런데 조금 있다 보니 한 아이가 체육관 뒤쪽 평균대에 앉아 다리를 흔들고 있었다. 채린이였다. 채린이는 낯선 환경에 잘 적응하지 못해 낯선 나이테 가족과 같이 활동해야 하는 것이 싫어 무리에서 떨어져 나온 것이다. 6학년 조장인 은진이가 타이르며 데리고 가려고 해도 요지부동으로 밀어냈다. 내가 가서 "채린아, 은진이 언니랑 같이 가서 해 봐."라고 말했지만 "싫어요." 하며 거부를 했다. 계속 하라고 강요하면 더 싫다고 뻗대는 채린이이기에 "그럼, 하고 싶어지면 가서 같이 해."라고 말하고 혼자 그냥 두고 갔다. 그런데 조장 은진이가 채린이를 억지로 끌고 가 보았지만 금세 채린이는 무리에서 빠져나와 또 혼자 돌아다녔다. 결국 조장 은진이는 너무 힘들다며 엉엉 울어 버렸다. 이런 상황을 지켜보던 다른 선생님이 채린이에게 다가가 왜 참여하지 않는지 말도 걸어 보고 참여를 독려했지만 채린이는 요지부동이었다.

결국 모두가 관심을 접고 조별 활동에 몰두하고 있으니 혼자 있기 심심했는지 슬슬 자기 조에 아주 조금씩 다가가 앉기 시작했다. 그러나 그것도 잠시였다. 채린이는 활동에 거의 참여하지 않고 체육관을 이리저리 돌아다니며 혼자만의 시간을 보냈다. 채린이는 과연 오늘 행복 맞이의 날이 행복했을지 의문이 들었다.

첫 행복 맞이의 날을 마치고 다른 선생님들과 오늘 있었던 일들을 나누던 중 채린이 이야기가 나왔다.

이교사: 아까 혼자 돌아다니는 1학년 여자 애는 왜 그랬어?

김교사: 채린이는 고집이 너무 세고 자기가 하기 싫다는 것은 절대 안 한다. 고집이 완전 쇠고집이야.

오부장: 아까 은진이 울렸던 그 애가 채린이가?

김교사: 맞다. 그 애가 그 애다.

오부장: 그럼 우리 입체적 관심 전략으로 한번 접근해 볼까?

문교사: 그냥 사랑이 필요한 애 같은데 많이 웃어 주고 안아 주세요.

오부장: 그게 바로 이 작전이지. 김교사, 애 이름이 뭐라고?

– 2015년 3월 17일 행복 맞이의 날 협의회 중에서

선생님들과의 협의 끝에 '입체적 관심 전략'을 써서 모든 선생님들이 다차원적인 관심과 사랑을 주어 채린이를 변화시키기로 약속을 했다. 채린이를 보면 이름을 불러 주고 인사를 나누고, 칭찬을 해 주며 관심을 보여 주기로 했다. 채린이가 변화하여 학교에 잘 적응하고 다닐 수 있을지 기대감을 가지고 협의회를 마쳤다.

변화를 위한 약속

두 번째 행복 맞이의 날 하루 전날이었다. 채린이가 걱정되기 시작했다. 이번에도 지난번처럼 참여하지 않고 혼자 돌아다니고 조장 언니를 힘들게 하면 어떻게 하지……. 이런저런 걱정을 하던 나는 수업을 마치고 채린이에게 잠시 남으라고 했다.

교사: 채린아, 내일 행복 맞이의 날 하는 거 알지?

채린: 네.

교사: 선생님은 채린이가 내일 열심히 참여하고 조장 언니 말도 잘 들으면 정말 좋을 것 같은데……. 채린이 그렇게 할 수 있지?

채린: (조금은 멋쩍은 듯이) 네.

교사: 그럼 우리 내일은 정말 열심히 하는 거다.

– 2015년 4월 9일 채린이와의 대화 중에서

우리는 새끼 손가락을 걸고 약속을 했다. 채린이의 반짝이는 눈빛에서 굳은 각오가 느껴졌다. 드디어 행복 맞이의 날 아침, 어제 나와의 약속을 잊지는 않았을까 조바심을 내며 나는 채린이 옆을 지나가다 격려의 말을 한마디 건넸다.

"채린아, 오늘 잘 하는거다! 화이팅!"

채린이는 고개를 크게 끄덕이며 "네!"라고 씩씩하게 대답했다. 평소 나의 말에 항상 '싫어요'를 연발하던 채린이의 긍정적인 반응에 채린이의 모습이 기대되었다. 행복 맞이의 날 활동이 시작되었고 채린이는 자기 조도 얼른 찾아가 앉고, 친구들, 언니, 오빠들과도 잘 어울렸다. 가위, 바위, 보도 신나게 하고 손뼉치기 게임도 하고, 나에게도 와서 손뼉치기 게임을 하자고 했다. 지난번과 달리 열심히 하고 있는 채린이를 보고 여러 선생님들이 칭찬을 해 주셨고, 칭찬을 들을수록 채린이는 더욱 열심히 했다. 장애 체험 활동을 할 때 거울을 보며 열심히 따라 그리는 모습이 하도 기특해서 칭찬 사탕을 하나 주었더니 좋아서 입이 크게 벌어졌다. 역시 지난 3개월 동안 나뿐 아니라 다른 선생님들이 주었던 관심과 칭찬은 고집불통 채린이를 변화시킨 것이다. 심지어 칭찬 사탕을 두 개나 받아 하나를 다른 친구에게 주었다고 하는 것을 보니 나누는 마음도 배운 것 같아 흐뭇했다. 오늘 채린이는 선생님과의 약속을 잘 지켰다. 지난번처럼 혼자 앉아 있거나 돌아다니는 시간이 완전히 없어진 것은 아니지만 고집을 부리는 행동은 하지 않았다.

행복 맞이의 날이 끝나고 채린이를 만난 나는 "채린이 오늘 정말 멋지게 잘했어. 끝내줬어."라고 칭찬해 주었다. 내 칭찬에 뿌듯해하는 표정을 짓는 채린이가 참 예뻐 보였다. 채린이에게 두 번째 행복 맞이의 날은 친구, 언니, 오빠들과 좀 더 가까워지고 자신의 고집을 버리고 남을 배려하는 새로운 시간이 되었다. 채린이가 다음 행복 맞이의 날에는 어떤 모습을 보여 줄지 벌써 기다려졌다.

쉽게 변하지 않아도
포기하지 말자

연구실에서 모닝커피 한 잔을 들고 교실로 내려왔다. 교실은 이미 등교한 아이들로 북적댔고, 아이들은 교실에 들어서는 선생님을 향해 인사를 했다. 그런데 누군가 쑥 앞으로 나왔다. 채린이었다. 배시시 웃으며 나에게 검은깨로 구운 옥수수파이를 내밀었다.

교사: 응? 이거 선생님 먹으라고 주는 거야?

채린: 네.

교사: 정말 고맙다.

채린: 이 파이 정말 맛있는 거예요!

– 2015년 4월 13일 채린이와의 대화 중에서

먹는 걸 너무나도 좋아하는 채린이가 내민 파이라니! 자기도 무척 먹고 싶었을 텐데 나에게 주려고 먹고 싶은 것을 꾹 참고 가져온 모양이다. 그 마음이 너무 예뻐 쉽사리 파이를 먹을 수가 없었다. 요즘 채린이는 많이 변했다. 이전엔 그림만 그릴 거라며 수업엔 도무지 집중도 하지 않았는데, 오늘은 국어 공부도, 수학 공부도 정말 열심히 했다. 학습 활동에 잘 참여하고 있는 채린이에게 다가가 칭찬을 해 주었더니 검은 눈이 더 반짝거리는 것 같았다.

4교시 즐거운 생활 시간에 게임 활동을 하러 체육관에 갔다. 평소 채린이는 유독 체육 활동을 자신없어했고 달리기나 팀을 나눠 하는 게임에는 참여하지 않고 혼자 돌아다닐 때가 많았다. 하지만 지난 행복 맞이의 날의 변한 태도를 보며 수업 활동 중 하는 게임에도 열심히 참여할 것이라고 생각을 했다. 하지만 게임 도중 채린이 팀의 인원이 부족한 것 같아 누가 없나 찾아보니 채린이가 저쪽 구석에 서 있는 것이 보였다. '하기 싫어요 병'이 도진 것이다. 이 병은 나을 듯 나을 듯 하며 잘 낫지가 않는다. 나는 인내심을 가지고 채린이에게 다가갔다.

교사: 채린아, 왜 안 해?

채린: 하기 싫어요.

교사: 그러지 말고 한번 해 보자. 어렵지 않아.

채린: 안 해요. 하기 싫어요.

교사: 채린아, 그럼 선생님과 같이 한 번 해 보자. 선생님은 채린이하고 꼭 같이 해 보고 싶은데.

– 2015년 4월 15일 수업 시간 채린이와의 대화 중에서

그러면서 팔을 잡아끄니 아까보다는 버티는 힘이 줄었다. 채린이와 손을 잡고 게임에 참여했다. 처음엔 천천히 마지못해 하더니 나중엔 신이 나서 달린다. 친구들도 채린이를 응원해 주었다. "김채린! 잘 해라! 잘 해라!" 끝까지 완주해 낸 채린이에게 다 같이 박수를 쳐 주었다. 친구들의 응원과 박수에 채린이의 얼굴에 웃음꽃이 활짝 피었다. 채린이의 '하기 싫어요 병'엔 역시 관심과 사랑이 최고의 특효약인가 보다. 아이들이 다 가고 난 시간, 교실을 비웠다가 돌아와 보니 책상에 편지가

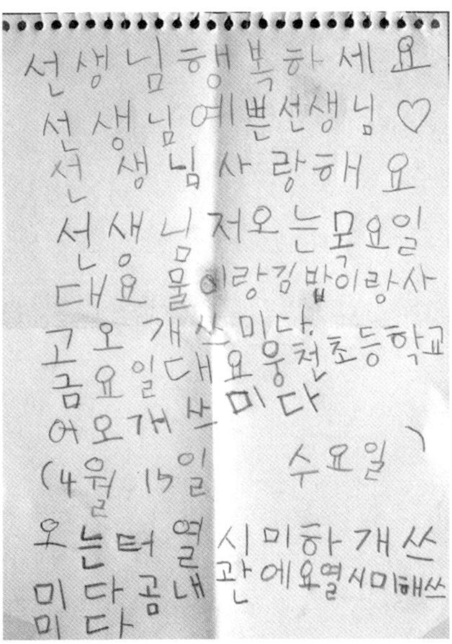
선생님행복하세요
선생님예쁜선생님 ♡
선생님사랑해요
선생님저오는모요일
대요 물이랑김밥이랑사
고오개쓰미다.
금요일대요웅천초등학교
어오개쓰미다
(4월 15일 수요일)
오는터열시미하개쓰
미다곰내관에요열시미해쓰
미다

채린이가 준 편지와 그림

놓여 있었다. 맞춤법은 엉망이지만 내일 소풍에 맛있는 것을 싸가지고 오고 앞으로 열심히 하겠다는 편지글에 정말 가슴이 뭉클해졌다. 뒷면에는 '선생님 행복하세요♡'라며 엄청 큰 하트를 그려 주었다. 게다가 나의 실물과 달리 아주 예쁘게 그린 내 그림까지. 이 편지와 그림은 아직 내 책상 유리 밑에 소중히 보관되어 있다. 내가 준 작은 사랑을 채린이는 더 큰 사랑으로 나에게 돌려준 것이다. 채린이의 마음이 조금씩 열리고 있는 것 같아 참 행복한 하루였다.

채린이는 나의 껌딱지

쉬는 시간과 점심시간, 방과 후 나의 책상 옆에서 항상 볼 수 있는 아이는 바로 나의 껌딱지가 된 채린이다. 채린이는 요즘 항상 나의 주위를 맴돈다. 아침에 등교할 때부터 집에 갈 때까지. 예전엔 인사도 잘 하지 않던 채린이가 요즘엔 등교하면 꼭 앞으로 나와 눈을 맞추며 "행복하세요."라고 인사를 하고 들어간다. 쉬는 시간에도 친구들과 어울리지 않고 내 책상 옆으로 와서는 소소한 질문을 하거나 그림을 그려 와서 내밀곤 한다. 항상 내 모습을 예쁘게 그린 그림을. 선생님의 사랑과 관심에 항상 굶주린 채린이는 사랑을 받고자 나에게 사랑을 쏟아붓는다.

채린이의 과도한 관심과 애정은 방과 후에도 계속된다. 수업을 마치고 돌봄 교실로 가야 함에도 채린이는 교실에 남아 시키지도 않은 칠판을 지우고, 칠판에 붙어 있는 날짜도 바꾸고, 칠판 지우개도 털었다. 다 하고 나서는 "선생님, 저 칠판 지웠어요."라고 하면서 칭찬해 주길 기대하는 눈빛을 보낸다. "그래, 채린이 정말 잘 지웠네.", "정말 잘 했네.”라고 칭찬을 해 주면 채린이는 배시시 웃는다. 그러고 나서도 채린이는 돌봄 교실에 가지 않는다. 칠판에 나에게 보내는 편지를 쓴다. 분필을 들고선 줄을 긋고 나에게 하고 싶은 말을 쓴다. 이 모든 행동이 나의 사랑과 관심을 얻고 싶어서 하는 행동일 것이다. 하지만 이런 긍정적인 칭찬과 수용은 채린이를 심각한 껌딱지가 되게 만들어 버린 것 같다. 방과 후에 내가 업무를 처리해야 하거나 교실을 비워야 할 때도 채린이는 돌봄 교실 가기를 거부하고 내 책상 주변만 맴돈다. 돌봄 교실을 가야 한다고 타일러도 채린이는 꿈쩍하지 않는다. 결국 나는 채린이를 끌고가다시피 돌봄 교실 앞으로 데려가고 채린이는 마지못해 돌봄 교실로 들어가곤 했다.

채린이의 방과 후 모습

채린이는 학교 생활에서 친구들보다는 선생님과의 관계에 많이 집착한다. 채린이는 친구가 별로 없기 때문이다. 다른 아이들은 채린이를 별로 좋아하지 않는다. 친구들과 다툼이 잦고 혼자 그림 그리기를 좋아하다 보니 어울림이 적은 편이다. 나는 채린이가 선생님과의 관계보다는 친구들과의 관계를 형성해 나가길 바랬다. 그런 면에서 행복 맞이의 날은 친구들을 포함한 다른 사람들과 어울릴 수 있는 좋은 기회인 것이다. 그래서인지 채린이도 가끔 묻는다. "선생님, 체육관에 가서 하는 거 언제 해요?" 행복 맞이의 날을 말하는 것이다. 채린이가 기다리고 기다리는 다음 행복 맞이의 날에는 채린이가 친구들과 언니, 오빠들과 좀 더 친밀한 관계를 맺어 나갈 수 있길 기대해 본다.

고집불통 채린이가 내 딸이 된 날

지난 3월 행복 맞이의 날에서 채린이는 유명인사가 되었고, 우리 학교 선생님들은 채린이의 행동 교정을 위해 다 같이 협력하여 채린이를 변화시키기로 했다. 3, 4월 두 달간 선생님들의 노력은 채린이의 학교 생활에 많은 변화를 가져왔다. 담임 선생님을 봐도 부끄러워서 인사도 하지 못하던 채린이가 이젠 다른 선생님들에게도 얼른 앞으로 뛰어가서 "행복하세요." 하며 인사를 한다. 채린이에게 인사 잘한다고 칭찬해 주는 선생님들 덕분에 채린이의 인사 실력은 일취월장이다. 역시 칭찬은 고래도 춤추게 하고 관심은 비뚤어진 나무도 바르게 자라게 하는 것 같다. 이런 변화를 보인 채린이의 세 번째 행복 맞이의 날이 되었다. 이번에도 채린이의 작은 성장과 어울림을 보게 될 것을 기대했다.

그러나 나의 기대를 무너뜨리고 다시 고집불통 채린이가 되어 버렸다. 이번 행복 맞이의 날은 5월 어버이날을 맞아 학부모와 함께하는 활동으로 계획되어 있었다. 채린이의 아빠나 엄마, 할머니 중 어느 한 분도 오시지 않았고, 어린 마음에 그것이 상처가 된 모양이었다. 가족과 함께 활동하는 시간이 되자, 채린이는 예전의 방관자가 되어 버렸다. 체육관 구석 매트 위에 누워 멍하니 지켜보고만 있었다. 내가 채린이에게 가서 "채린아, 오늘은 선생님이 채린이 엄마야. 그러니까 선생님하고 함께 가서 놀이에 참여하자."라고 해도 드러누워 일어나지 않았다. 몇 번의 권유와 강요에도 채린이는 결국 활동을 외면했다. 5학년 선생님이 누워서 참여하고 있지 않는 채린이에게 다가가 말도 걸고 참여하길 권유했지만 다시 채린이는 요지부동이었다. 다른 아이들에게 행복한 날이 채린이에게는 불행의 날이었는지도 모른다. 다시 처음의 방관적인 행동으로 돌아가 버린 채린이의 마음을 충분히 이해할 것 같았다.

누워서 고집을 부리던 채린이는 내가 가버리자 한참 있다가 슬며시 내 곁으로 왔다. "선생님이 내 엄마예요?"라고 묻자 "그럼, 오늘은 선생님이 채린이 엄마야."라고 웃으며 대답해 주었다. 그제서야 채린이는 내 손을 함께 잡고 줄넘기에 참여했다. 엄마가 된 선생님과 손을 잡아서 그나마 기분이 나아진 모양이었다. 그렇게 오늘 하루 나는 채린이에게 엄마가 되고, 채린이는 나에게 딸이 되었다. 평소에는 선생님과 제자라는 사이로 지내지만 이렇게 특별한 날 하루는 엄마와 딸이 되어 보는 것도 행복한 경험인 것 같았다. 고집불통이지만 귀여운 채린이가 예쁜 딸로서 앞으로 더 행복하고 건강하게 학교 생활을 해 나가길 바란다. 우리 딸 채린이, 사랑한다!

아이들에게 관심을

매년 담임을 맡게 될 때마다 꼭 교사의 속을 상하게 하는 아이들이 학급에 한 명은 있기 마련이다. 너무 주의가 산만해서 계속 돌아다니는 아이, 학습 활동에 전혀 참여하지 않는 아이, 친구를 자꾸 때리고 괴롭히는 아이 등등. 이런 문제 행동을 하는 아이를 만나게 되면 한 해 동안 끊임없이 잔소리를 하게 되고 결국 행동이 변화 없이 지속되면 지쳐서 그냥 내버려두고 포기할 때도 있다. 문제 행동을 하는 아이들의 겉모습만을 봤을 때 나는 이 모든 잘못된 행동을 수용할 수가 없어 아이에게 화를 내고, 화를 내는 교사에게 아이는 상처받고, 결국 이런 상처들이 쌓여 교사도 아이도 모두 상처받게 되는 것이다. 아이들이 가정에서 충분히 사랑받지 못해 생긴 결핍 현상으로 생긴 문제 행동들은 원인을 없애 준다면 교정이 가능한 것이다. 가정에서 받지 못한 사랑과 관심을 담임 교사가 조금이라도 채워 줄 수 있다면 아이는 훨씬 바르게 성장할 수 있을 것이다. 그리고 담임 교사 혼자의 힘보다는 여러 교사가 협력하여 '입체적 관심 전략'을 쓴다면 더 효과적일 것이다. 전교생 79명의 이름을 모두 알고 학생 개개인의 특성을 조금이나마 알고 있는 교사들이 있는 소규모 학교이기에 이런 '입체적 관심 전략'이 좀 더 유용했던 것 같다. 채린이처럼 말이다. 교사들이 하루에 한 번이라도 더 쳐다봐 주고 안아 주고 칭찬해 준다면 조금씩 조금씩 변해 일 년이 지난 뒤엔 더 나은 아이가 되어 있을 것이다. 교사의 사랑 속에서 우리 아이들이 더디지만 조금씩 행복한 아이가 될 수 있길 소망한다.

책 먹는 아이,
준서

준서와의 만남

준서는 올해 4학년이 된 우리 반 남학생이다. 작년 3월부터 이곳에 출근하기 시작한 내 눈에 준서는 앞으로 바로 걸어가지 않고 옆으로 투스텝을 뛰면서 걷는 조금은 특이한 아이였다. 그런 준서를 눈여겨보기 시작한 것은 지난해 겨울방학 학교에서 실시한 두드림 학교에서였다. 두드림 학교는 부진 학생들을 대상으로 학교에서 기초 수학과 국어를 가르쳐 주던 프로그램인데, 저학년은 A반, 고학년은 B반으로 나누어 운영되었다. 나는 A반 교사로, 준서는 A반 학생으로 우리는 첫 대면을 했다. 준서는 프로그램에 지각 한 번 하지 않는 성실한 학생이었지만 학력은 3학년이라는 게 의심될 정도로 심각했다. 준서가 써 놓은 글자를 읽는 것은 무슨 암호를 푸는 것 같았고, 글의 어순이나 맞춤법은 전혀 맞지 않았다. 또 준서는 글자를 또박또박 읽지 못했고, 읽는다 해도 그 뜻을 제대로 이해하지 못했다. 2교시 수학은 곱셈구구부터 문제였다. 2~5단까지는 어느 정도 할 수 있었지만 6~9단에서는 오답이 많이 나왔다. 수업 중 내가 준서에게 한 말은 "다시 해 봐.", "다시 읽어 봐.", "다시 풀어 봐."였고, 준서가 한 말은 "싫어요.", "나 몰라요.", "두드림 진짜 오기 싫어요."였다. 어쩌면 준서는 두드림에서 주는 풍족한 간식 때문에 결석 없이 등교한 건지도 모르겠다. 이런 준서에게 나는 다소 강압적인 내 방식대로 밀어붙였고 준서도 자기 방식으로 맞섰다. 결국 나를 이길 수 없다고 생각했는지 준서는 연필과 지우개를 책상 구석으로 밀어버리고 그대로 엎드려 버렸다. 다른 아이들도 지도해야 하는 나는 준서와의 기싸움에 많은 시간을 소비할 수 없었다. 그래서 다른 아이들을 칭찬하는 척하며 질투심도 유발해 보고, "이 문제만 풀면 간식을 2배로 주겠다."고 회유도 해 봤지만 준서는 꿈쩍도 하지 않았다. 어느덧 마치는 종소리가 들리자, 아이들은 환호성을 지르며 책가방을 챙기기 시작했다. 준서도 종소리는 들었는지 자리에서 일어나 주섬주섬 가방을 챙기기 시작했다. 그러고는 인사 한마디 없이 도망치듯 교실 뒷문을 빠져나갔다. 황급히 나가는 준서의 뒷모습을 보며 '저 아이가 많이 힘들었나?' 하는 생각에 조금은 미안했다.

그리고 맞은 3월 초, 4학년이 된 준서는 우리 반 학생이 되어 다시 나와 만났다. 첫날은 아이들과 자기소개하며 여유로운 시간을 보냈고 그 이튿날부터 본격적인 교과서 공부가 시작되었다. 그런데 준서는 첫날과는 달리 가만히 있질 못했다. 계속 몸을 비틀고, 교과서 귀퉁이를 찢고, 지우개를 손으로 갈가리 뜯고, 다 마신 우유통에 연필로 구멍을 내고, 개인 장난감을 꺼내서 만지는 등 지극히 산만한 모습을 보였다. 처음에는 좋은 말로 달래어 보다가 또 엄하게 꾸짖기도 하고, 장난감을 빼앗아 보기도 했지만 그때뿐, 준서는 그다지 변화가 없었다.

준서의 남다른 버릇

그 날은 수학 수업 중이었다. 한창 '큰 수'에 대해 설명하고 있는데 준서가 무엇인가 입속에 휙 집어넣고는 맛있게 씹기 시작했다. '안 먹겠지, 그만 먹겠지.' 하고 몇 번을 참다가 소리를 꽥 질렀다.

교사: 이준서! 니 지금 수업 중에 뭐 먹고 있노?

준서: 아무 것도 안 먹는데요.

교사: 지금도 먹고 있잖아!

준서: 이거 종이인데요. 종이 씹어 먹는 건데…….

교사: 수업 시간에 종이는 왜 먹는 건데?

준서: …….

교사: 니 내 설명 안 듣고 있었제?

준서: 들었는데요.

교사: 수업 잘 듣는데 종이를 왜 씹어?

준서: …….

교사: 이 녀석이 진짜? 니 자꾸 이랄래?

재구: 선생님, 준서는 원래 저래요. 책 찢어 먹는 게 습관이에요. 재 염소거든요.

– 2015년 3월 11일 수학 시간 중에서

재구의 말에 아이들은 하하 웃었지만 나는 어이가 없었다. 종이든 연필이든 무엇이든 닥치는 대로 씹어 먹는 것이 준서가 가진 첫 번째 버릇이다. '왜 수업 시간에 산만할까?, 왜 책을 저렇게 찢어 먹을까?' 하는 생각은 그 다음날 준서가 가져온 가정 환경 조사서를 보고서야 조금 이해되기 시작했다. 준서는 어릴 때 부모님이 이혼하셔서 3학년 때까지 어머니와 살았다. 그런데 어머니의 건강이 좋지 못해 보살핌을 제대로 받지 못했고 아버지는 출장이 잦으셔서 자주 만나지 못했다고 한다. 올 초 부모님의 합의 끝에 다시 아버지와 살기로 했고 3월에 아버지 집으로 옮겨 왔다고 쓰여 있었다. 그러나 지금도 여전히 아버지는 직장 일로 바쁘셔서 준서는 혼자 밥을 먹고 혼자 자는 날이 많다고 한다. 〈괭이부리말 아이들〉로 유명한 김중미 작가의 '종이밥'이라는 책이 있다. 이 책의 주인공인 송이도 늘 종이를 밥처럼 뜯어먹는다. 송이는 가정형편이 무척 어려운데다가 조부모님과 살고 있는 착한 학생이다. 이 책 속의 송이와 준서가 묘하게 겹쳐졌다. 부모님의 따뜻한 사랑과 포근한 품이 그리워 종이를 씹어 먹는 아이들. 준서의 버릇이 애정결핍에서 비롯된 것이라는 생각이 들자 가슴이 저려 왔다.

또 한 가지 준서가 가진 버릇은 뜯기이다. 아침에 네모반듯했던 지우개를 오후가 되면 부스러기로 만들어 버렸다. 그리고 부스러기 절반 이상이 교실 바닥에 뒹구는 바람에 준서는 청소당번들의 원성을 사고

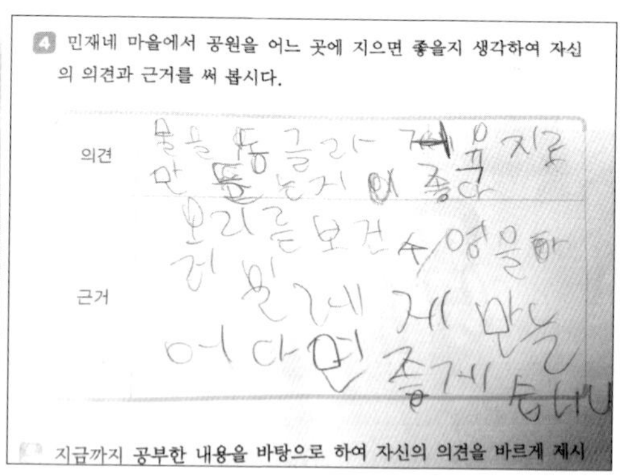

준서 교과서

있었다. 지우개를 뜯고, 스펀지 방석을 뜯고 손에 잡히는 것이라면 무엇이든 뜯어 버리는 것이 준서의 두 번째 버릇이다. 이 버릇 역시 종이를 찢어 먹는 것과 같이 지극히 무의식적이라 스스로 인지하지 못할 때도 많았다. 준서의 학력이 여타 4학년보다 턱없이 낮다는 것도 문제지만 그보다 더 큰 문제는 마음의 문제인 것 같다. 종이를 씹고 지우개를 뜯어야만 안정감을 느끼는 준서를 올 한 해 어떻게 지도해야 할 것인지, 그 작은 가슴에 난 휑한 구멍을 어떻게 메꿔 주어야 할 것인지 마음이 무거워졌다.

우리 반 전학생

신록의 초록빛이 더 짙어진 6월, 우리 반에 전학생이 왔다. 몸이 불편한 장애 학생, 강찬이였다. 9명밖에 되지 않던 우리 4학년 학생들은 진심으로 강찬이를 환영했다. 서로 번갈아가며 강찬이의 휠체어를 밀어 주면서 학교 이곳저곳을 소개해 주고, 개구리를 잡아와 웃겨 주기도 하고, 큰 느티나무 밑에 나란히 앉아 있기도 했다. 준서도 새 친구가 와서 기분이 좋은지 연신 강찬이 앞에서 비눗방울을 불어댔다.

교사: 준서야, 새 친구가 와서 기분 좋나?

준서: 네.

교사: 기분이 좋아서 비눗방울 부는 거가?

준서: 네. 히히.

– 2015년 6월 2일 준서와의 대화 중에서

준서는 비눗방울을 불며 오랜만에 주특기인 투스텝 뛰기도 보여 주었다. 그 모습이 너무 귀여워서 사진을 찍으려고 휴대폰을 꺼냈다. 사진을 찍으려고 "준서야, 여기 봐" 하니 잠시 멈칫했다.

교사: 준서야, 여기 봐!

준서: (멈칫하며 휘둥그레 놀란다.)

교사: 준서가 귀여워서 사진 찍어 주려고.

준서: …….

교사: 진짜다.

준서: 선생님은 내가 귀여워요?

교사: 그럼, 귀엽지.

준서: 히히.

– 2015년 6월 2일 준서와의 대화 중에서

귀엽다는 내 말에 힘이 났는지 준서는 더 신나게 투스텝을 뛰며 비눗방울을 불었다. 준서의 천진난만한 모습에 나도, 강찬이도, 친구들도 즐거워했다. 준서는 강찬이에게 먼저 말을 걸거나 휠체어를 밀어 주지는 않았지만 자기만의 방식으로 새 친구를 환영하고 있었던 것이다. 새로운 친구에 대한 반가움과 기대, 설렘, 그것은 다른 친구들 못지않게 충분히 느끼고 있었다. 무지갯빛 비눗방울은 준서가 강찬이에게 주는 반가움의 선물인 것이다.

자정(自淨) 풀 향기를 맡다

도자기 공예 체험을 하는 날이었다. 우리는 9시 종에 맞추어 운동장에 모여 스쿨버스를 탔다. 도자기 체험장은 학교에서 10분 정도 차를 타고 가면 되는 조금 떨어진 산 밑에 있었다. 그 곳에 도착하니 세 분의 선생님이 우리를 반겨 주셨다. 4, 5학년은 도자기 물레 체험과 만들기 체험을 하기로 했다. 우리보다 먼저 물레 체험을 시작하는 5학년들을 힐끔힐끔 보며 순서를 기다렸다. 드디어 준서 차례가 되었다. 체험 선생님이 준서의 손을 잡고 회전판을 몇 번 돌리자 물레 위 진흙이 '뚝딱' 하고 멋진 그릇으로 변신했다. 준서가 그릇 옆면에 연필로 이름을 새겨 넣어 선생님께 드리자 "6주 뒤에 찾으러 와라."라고 말씀하셨다. 준서는 단시간에 끝나 버린 물레 체험의 여운이 가시지 않는지 진흙이 묻은 양손을 비벼 대며 계속 그 옆에 서 있었다. 그리고 다른 친구들의 물레 체험을 몇 번 더 지켜보고는 다시 제자리에 앉아 만들기 체험을 시작했다. 손끝에서 느껴지는 감촉이 좋았는지 진흙을 던져 보고 뜯어 보고 다시 뭉쳐 보고를 반복했다. 내가 만져 봐도 교실에서 쓰던 찰흙보다 더 부드럽고 말랑말랑했다. 준서는 쉬지 않고 진흙을 조물조물거렸다. 원래 손으로 뭔가 만지고 뜯기를 좋아하는 준서에게 오늘 공예 체험은 안성맞춤이었다.

진흙덩어리가 준서의 손을 몇 번 거쳐 멋진 권총으로 탄생했다. 체험장 선생님들도 잘 만들었다고 칭찬해 주시자 준서는 수줍은 듯 목을 움츠리며 웃었다. 두 체험을 모두 다 마친 후, 체험장 선생님의 안내에 따라 실제 가마를 보기 위해 산 위로 조금 더 올라갔다. 지금은 유적으로 남아 있지만 조선시대 때 도자기를 구워 내던 가마터에 대한 설명을 듣는 와중에 어디선가 알싸한 풀 향기가 났다.

교사: 힘들긴 해도 산에 오니까 풀 향기도 나고 좋제?

영철: 아뇨. 이 냄새 싫어요. 저는 치킨 냄새가 좋아요. 아~ 배고파.

준서: 선생님, 저는 이 냄새 좋아해요.

교사: 정말?

준서: 네. 저는 이 냄새 좋아해요.

교사: 왜 좋은데?

준서: 힘들 때요, 이 냄새 맡으면 기분 좋아져서요.

– 2015년 7월 13일 준서와의 대화 중에서

풀 향기를 맡으면 기분이 좋아진다는 준서의 말에 깜짝 놀랐다. 준서의 학습 능력이 또래보다 다소 낮다고 여겨서일까? 아니면 준서의 마음 속 상처가 커서 풀 향기 따위는 맡을 여유가 없다고 생각해서였을까? 그런데 준서는 풀 향기가 어떠하고, 풀 향기가 우리에게 어떤 이로움을 주는지 알고 있었다. 교사인 나도 상처를 어쩌지 못해 안고 사는데 저 작은 아이는 벌써부터 제 몸의 상처를 스스로 핥으며 살아가는가 싶어 기특하면서도 눈물이 났다. 사소한 것의 기쁨, 소중함, 감사함, 미안함을 준서로 인해 깨달은 하루였다. 준서는 스쿨버스에 타기 전까지 풀 향기를 양껏 들이마셨다. 꽃 향기를 마시면 힘이 솟는다는 '꼬마 자동차 붕붕'처럼 말이다. 그리고 나와 눈이 마주치자 '선생님, 저 기분 좋아졌어요.'라고 말하듯 환하게 웃었다.

그 이후

준서의 씹고 뜯는 버릇은 지금도 여전하다. 새 연필은 며칠 지나지 않아 몽당연필이 되어 버리고 새 지우개는 흔적도 없이 사라져 버린다. 2학기 교과서도 이미 저 끝까지 찢겨져 있다. 찢긴 조각은 분명 준서의 입을 통해 뱃속으로 들어갔을 터이다. 처음에는 그 버릇을 고치기 위해 신경을 다른 곳으로 돌리기도 하고, 혼내기도 하고, 연필과 지우개를 가방에서 아예 꺼내지 못하게도 했었다. 그러면 준서는 불안한지 교과서를 더 찢고 심지어 자기도 모르게 친구 연필을 가져와 입에 넣고 씹기도 했다. 어릴 때부터 쌓였던 불안감이 행동으로 고착되어 버렸다. 우리의 눈에는 고쳐야 할 버릇이지만 준서의 입장에서는 불안을 해소해 온 요긴한 방법이었을 것이다. 몇 년이나 묵은 버릇을 하루 아침에 고치기는 쉽지 않다는 것을 안다. 그러나 준서의 불안감이 없어진다면 이 버릇들도 사라질 것으로 믿기에 준서를 편안하게 해 주려고 계속 노력 중이다. 많이 웃어 주고 칭찬해 주고 등도 토닥여 주며 준서가 나를 편안한 선생님으로 여기길 바란다.

며칠 전 준서가 감기로 결석을 했다. 다음날 등교한 준서가 말하였다.

> 준서: 학교에 가고 싶었는데 아빠가 못 가게 했어요.
>
> 교사: 그랬나? 다음부터는 아프지 마라. 선생님도 준서가 안 오니까 보고 싶더라.
>
> – 2015년 10월 2일 준서와의 대화 중에서

학교에 가고 싶었다는 준서의 말을 듣는 순간, 왠지 모를 기쁨이 느껴졌다. 학교를 집만큼이나 편하게 생각한다는 뜻이고, 그만큼 선생님을 편하게 생각한다는 뜻일 테니 말이다.

요즘 준서의 얼굴이 점점 밝아지고 있다. 원래 해맑은 아이였지만 한층 더 밝아진 느낌이다. 사소한 것에도 잘 웃고 즐거워한다. 앞으로 준서가 몇 번의 담임 선생님을 더 만나며 4학년 때 담임인 나를 잊을지도 모르겠지만 나는 준서가 무지갯빛 비눗방울을 불며 뛰던 그 날과 풀 향기를 맡으며 속상했던 일을 잊어 버리려던 그 날을 잊을 수 없을 것 같다. 동화책의 마지막 장에 나오는 "그리하여 왕자님과 공주님은 행복하게 잘 살았답니다"처럼 우리 준서도 그리하여 행복하게 잘 살길 진심으로 기도한다.

끝으로, 과학 수업 시간에 가서도 그 버릇은 여전해서 준서의 종이 뜯는 습관을 잘 아시는 과학전담 선생님께서 준서에 대해 쓴 재미난 시를 소개한다.

엄습하는 테러의 공포
한 손은 몸통 눌러
다른 손은 나를 뜯어
입으로 잘근잘근
씹어댄다

굼뜨기로 소문난
뚱뚱 주인님
가장 재빠른 순간이다

나는
껌이 되고 사탕 되고
엄마가 되고 행복이 된다

주인님
강렬한 먹음짓에
선생님 말씀은
공허한 메아리

수업 시간
주인님은 염소가 된다

그래도 글자있는
몸통은 남겨 둔다

배움의
희망이 보인다

시 – '준서 교과서'

만남과 변화 그리고 갈등, 진남이 이야기

진남이와의 만남과 변화

곱슬곱슬 파마머리에 통통한 볼과 몸집, 순진한 눈빛으로 언제나 먼저 말을 걸어오던 1학년 꼬마 아이, 내가 처음으로 기억하는 진남이의 모습이었다. 그 때 나는 6학년 담임을 맡고 있었고 새 학교에 부임한 첫 해였던 터라 호기심어린 눈빛으로 먼저 다가와 말을 걸어 주는 진남이가 고맙고 귀여웠다. 진남이와 내가 서로에게 느끼던 호감은 그 다음해까지 쭉 이어졌다. 어느 날 진남이는 연구실 앞 복도에서 마주친 나를 보고 이렇게 말했다.

"우리 선생님은 무서워서 싫은데 선생님은 예뻐서 좋아요."

그런데 하필 그 순간 진남이의 담임 선생님은 연구실에서 일을 보고 계셨다. 진남이의 말을 듣고 한걸음에 복도로 달려나오신 담임 선생님과 마주친 진남이의 당황스러운 표정이란……. 진남이가 그 때의 일을 기억할는지 모르겠지만 그 당시 진남이의 귀여운 얼굴은 지금까지 잊혀지지가 않는다.

그러고는 4년의 시간이 흘러 진남이는 5학년이 되었다. 나는 2년의 육아휴직을 끝내고 복직을 했고 5학년이 된 진남이의 담임을 맡게 되었다. 4년이라는 시간은 나보다는 진남이에게 더 길었던 모양이다. 통통하지만 귀여웠던 작은 몸집은 어느새 떡 벌어진 어깨와 굵은 몸집으로 우람하게 변해 있었고 순진하던 눈빛은 순간순간 위태롭게 흔들리고 있었다. 그리고 선생님들이 진남이를 바라보는 시선은 3년 전 내가 진남이를 바라보던 시선과는 사뭇 달랐다. 1학년 때의 천진난만한 모습을 기억하지 못했다면, 진남이와의 추억이 없었다면 어쩌면 진남이를 싫어했을지도 모를 일이었다. 하지만 역시 진남이는 나에게 후했다. "선생님은 좀 착하신 것 같아요." 학기 초라 얼굴과 목소리에 잔뜩 힘을 주고 최대한 무서운 분위기를 잡으려고 했지만 진남이는 새 학기가 시작된 지 사흘 만에 그렇게 말했다. 학기 초 분위기 좀 잡아 보려는 나의 시도가 실패했다는 실망감보다는 '진남이는 내가 쓴 가면 너머의 진심을 볼 수 있는 아이인가?' 하며 괜히 기분이 좋았다.

출발은 순조로웠다. 진남이와 내가 서로에게 느끼는 호감 덕분인지 진남이는 나의 걱정과 관심 속에서 잘 지냈다. 물만 주면 쑥쑥 자라는 잔디인형처럼 선생님들 칭찬 한마디면 쑥스러운 듯 미소를 날리며 더욱 열심히 학교 생활을 했다. 진남이의 행동에 걱정이 많았던 학교의 여러 선생님들도 진남이의 작은 변화에 칭찬과 격려를 아끼지 않았고 진남이는 내가 없는 곳에서도 노력하는 모습을 보여 주었다. 매달 한 번씩 열리는 행복 맞이 행사에서는 1, 2학년 동생들을 누구보다 잘 돌보아 주었고 무거운 물건을 나를 일이 있을 때면 누구보다 앞장서서 돕기도 했다. 그리고 5년째 같은 반에서 생활하면서 진남이의 거친 행동과 무언의 압박들로 괴로워하던 같은 반 친구들도 진남이의 그늘에서 벗어나 조금씩 표정이 밝아지고 있었다. 그 동안 진남이는 나의 바람대로 정말 잘 지내 주었다.

갈등의 시작

그러고 얼마나 지났을까? 어느덧 나는 진남이가 학교 생활을 잘 하는 것을 당연시하게 되었고 소극적인 아이나 삐딱한 아이 그리고 항상 모범적이어서 오히려 선생님의 사랑을 받지 못하는 여자아이 등에 더 많은 관심을 쏟게 되었다. 진남이가 내 관심 밖으로 밀려난 것이다. 그런 진남이의 존재가 다시 내 관심 안으로 들어온 건 5월 말쯤이었던 것 같다. 어느 날은 진남이가 다닌다는 학원 선생님으로부터 전화가 왔다. 나와 의논할 게 있다며 찾아뵙겠다고 했다. 그것도 오늘 당장 오겠단다. 무슨 큰 사고라도 친 걸까 내심 걱정이 되었다. 이 녀석이 4학년 때부터 담배·술·오토바이 등 중·고등학생 형들과 어울려 다니며 때 이른 경험을 많이 한 것은 진작 알고 있었다. 학원 선생님의 말씀에 따르면 진남이는 말대꾸와 반항은 기본이고 자신이 속한 학교에서 '일진'이라 말하고 다니며 친구들을 괴롭힌다고 했다. 학교에서 보여 준 모습과는 너무나 다른 진남이의 생활을 전해 듣고 적잖이 충격을 받았다. 하지만 학교에서 진남이는 열심히 잘 하고 있다는 말밖에 할 수 없었고 결국 학원 선생님은 해결의 실마리를 찾지 못하고 발걸음을 돌리셨다. 최근 들어 학교에서는 큰 문제가 없었으니까……. 적어도 나는 그렇게 알고 있었으니까…….

하지만 그건 내가 진남이에 대해 관심의 끈을 놓아 버렸기 때문에 쉽게 내버린 결론이었던 것 같다. 진남이는 서서히 학기 초와 달라지고 있었던 것이다. 특히 영어시간에는 작년부터 문제가 많았다고 한다. 영어전담 선생님은 작년부터 진남이를 가르치셨고 여러 학교를 순회하시는 선생님이셨는데 3월초 우리 반 첫 수업을 마친 직후 나를 찾아오셨다. 지금까지 진남이는 영어시간마다 선생님께 심한 말대꾸와 반항을 하고 있으며 책상을 쾅쾅 치고 의자를 발로 차는 등 교실을 이리저리 돌아다니며 소란을 피웠다고 했다. 여러 학교를 다니며 수업을 하지만 이런 아이는 처음이라며 정말 힘들어하셨다. 사실 그 말을 듣고도 크게 걱정이 되지 않았다. 담임인 내가 하는 말에는 항상 잘 따라 주었기 때문에 이번에도 진남이를 불러서 약속을 받으면 된다고 생각했다. 그래서 매주 영어 수업 시작 전 진남이를 불러서 "열심히 잘해라."라고만 말해 주었다. 나의 그 한마디에 진남이는 수업을 방해하거나 선생님을 괴롭히는 행동이 눈에 띄게 줄어들었다. 가끔 훼방꾼 노릇을 할 때도 있었지만 금방 잘못을 인정하고 노력하는 모습을 보였기에 아무런 걱정도 하지 않았다. 하지만 요즘 따라 영어전담 선생님은 부쩍 자주 나를 찾아오신다. 진남이로 인해 수업 진행이 어렵다고 하신다. 진남이의 노력 그리고 진남이와 나의 관계에 조금씩 금이 가고 있다는 신호가 느껴졌다.

얼마 전 진남이는 또 한 번의 문제를 일으켰다. 4학년 동생을 발로 차서 다치게 한 것이다. 사소한 실수로 넘기기엔 저학년 학생의 상처가 크고 심각했기에 단단히 야단을 치면서도 '이번 일로 조심성이 생기겠지.' 내심 기대를 했다. 하지만 사건 이후 오히려 더 삐딱하게 굴고 눈에 띄게 친구를 괴롭히는 일이 잦아졌다. 수업 시간에는 자리에 앉지도 않고 교실 바닥에 드러누워 버리는 경우도 종종 있었고 거친 말과 폭력적인 행동으로 수업을 방해하기 일쑤였다.

진남이의 이런 일탈 행동에 대처하기 위해 강압적 지시, 부드러운 회유와 상담, 무시나 무관심 등 나름의 다양한 방법을 꾸준히 시도해 보았으나 진남이는 전혀 나아지지 않았다. 작은 지시나 지도도 따르지 않고 제멋대로 행동하고 반항하는 모습에 분노가 치미는 날도 매일이다시피 했고 같은 교실 안에서 매 시간 수업을 해야 한다는 것이 너무

나 힘들었다. 하지만 진남이에 대한 관심의 끈을 놓을 수는 없었다. 진남이 마음속에 자리한 분노나 본인도 스스로 감당할 수 없는 스트레스와 불안이 내 눈에 너무 잘 보여서일 것이다. 진남이도 어쩔 수 없었던 것이다. 학교 수업을 마친 후 맘껏 뛰어놀 시간도 없이 공부방에 가서 밤늦게까지 적성에 맞지 않는 공부를 해야 했고, 넉넉지 못한 가정형편에 최근 일어난 사고는 큰 부담과 죄책감으로 다가왔을 것이다. 그리고 이런 상황에 도움을 주지 못한 담임 선생님에 대한 실망과 분노도 전해져 왔다.

희망과 노력은 모두 함께 진행 중

하루는 학생들이 없는 빈 교실에 매주 목요일마다 우리 학교에 순회 오시는 보건 선생님께서 찾아오셨다. 보건 선생님께서는 선입견 없이 진남이가 하는 이야기를 잘 들어주시는 편이었다. 그래서인지 진남이는 가끔씩 보건실로 찾아가 보건 선생님과 이런저런 이야기를 나누기도 했었다.

보건 선생님: 선생님, 진남이가 보건실에 찾아와서 이야기하는 걸 보니 너무 걱정되네요.

담임: 왜요? 무슨 이야기를 하던가요?

보건 선생님: 그냥요. 학교 밖 생활이나 공부방 이야기를 하는데 마음속에 스트레스나 분노가 가득한 것 같아요. 진남이 상황이 심각한 것 같아서 선생님도 너무 힘드실 것 같아요.

담임: 스트레스가 심해서 본인이 어쩔 수 없다는 게 제 눈에도 보여

요. 진남이가 그럴 때마다 저도 많이 힘들지만 어떻게 해야 할지 잘 모르겠어요.

보건 선생님: 진남이는 왠지 모르게 마음이 쓰이고 걱정이 되는 앤데 정말 잘 컸으면 좋겠어요.

– 2015년 9월 25일 보건 선생님과의 대화 중에서

진남이를 향한 보건 선생님의 마음이 느껴졌다. 1학기 때 몇 번 우리 반에서 보건 수업을 하신 게 전부인데 진남이를 걱정하고 아끼는 마음이 이렇게 클 수 있다는 점이 놀랍고 감사했다. 때로는 내가 잘못 지도해서 진남이가 빗나가고 있다고 생각하는 시선을 느낄 때면 괜히 억울한 마음이 들기도 했는데 진남이 문제를 제대로 이해하고 걱정해 주시는 것 자체가 큰 위안과 힘이 되었다.

사람들은 진남이를 보며 말한다. 예정대로 가고 있다고, 미래가 눈에 보인다고……. 또 다른 사람이 말한다. 시한폭탄과 같다고, 언제 사고를 칠지 몰라 불안하다고……. 하지만 모두들 진남이에 대해 관심의 끈을 놓지 않는다. 옆 반 선생님은 시간이 날 때마다 진남이를 데리고 가서 이야기를 나누신다. 순간적인 감정과 행동으로 발생할 수 있는 문제들, 꿈을 이루기 위해 필요한 노력들, 선생님의 어린 시절 경험들, 그리고 이런저런 잡담을 나누기도 한다. 부장 선생님과 매주 목요일 순회를 오시는 보건 선생님까지도 때로는 말벗, 때로는 상담자가 되어 진남이와 이야기를 나누신다. 또한 나의 특별한 부탁을 받은 몇몇의 6학년 학생들은 쉬는 시간 틈틈이 진남이를 데려다가 진남이의 학교 생활, 중학생이 되면 달라지는 것들 등에 대한 인생 상담을 해 주고 친한 친구가 없는 진남이에게 함께 축구를 하자고 권하며 운동장으로 데리고 나가기도 한다. 심지어 교무실 행정보조 선생님께서도 퇴근

길에 진남이 공부방까지 태워다 주시며 진남이에게 힘이 되어 주신다.

나의 힘으로 변화시킬 수 없는 진남이를 보며 때로는 강한 무력감과 스트레스에 휩싸이기도 하고 '진남이가 언젠가 좋아질 거라는 근거 없는 기대는 무지의 소치가 아닐까' 자책한 지도 벌써 여러 날이다. 학교 밖인 가정과 학원 등에서 비롯되는 내 손에서는 해결할 수 없는 문제들을 탓해 보기도 한다. 큰 사건만 일으키지 않길 바라며 진남이에 대한 기대를 버려야 하나 하는 생각도 많다. 하지만 믿고 나서 뒤통수 맞는 편이 차라리 낫다는 어느 선생님의 말이 귓속을 맴돌아 아직도 기대와 실망을 반복하고 있는 중이다.

교사: (작은 화분 두 개를 건네며) 진남아, 니 화분이다. 잘 키워 봐라. 이름은 '지니'와 '남이'야. 둘이 합치면 '진남이'다.

진남: 네. 키워 볼게요.

교사: 하나는 선인장이니까 물을 자주 주지 말고, 다른 하나는 일주일에 물 한 번 꼭 챙겨 줘라.

진남: 네. 그리고 선생님, 저 마음잡았어요. 이제 잘할 거예요.

교사: 정말?

진남: 검정고무신이라는 만화를 보는데 아버지가 늦게까지 일하고 오시는 모습이 힘들어 보였어요. 아빠한테 죄송한 것 같아서 이제 잘할 거예요.

– 2015년 9월 21일 진남이와의 대화 중에서

그동안의 진남이를 향한 여러 선생님들의 노력 덕분에 드디어 진남이가 철이 든 걸까 하는 생각에 기뻐하며 다른 선생님께 말씀드리니 "한 며칠은 가겠네."라고 말씀하신다. 그리고 그 선생님들의 예측대로 진남이는 여전하다. 수업 시간에 책도 펴지 않은 채 책 모퉁이를 찢어 질겅질겅 씹기도 하고, 진남이의 괴롭힘에 울먹이는 친구들도, 영어전담 선생님께서 진남이 문제로 속 태우며 달려오시는 것도 변함이 없다. 하지만 진남이에 대한 내 바람과 진남이에 대한 기대 또한 그대로다. 다만 '당장 내일'이 아니라 '언젠가는'이라는 여유 있는 기대로 바뀌었다. 진남이가 조금 빠른, 남다른 성장통을 겪고 난 후 언젠가는 멋지게 자라게 되기를 그리고 근거 없는 기대와 희망이란 것이 항상 어리석은 것만은 아니기를 바라는 마음이다.

2장

수업의 행복한 변화

- 월요일부터 즐거운 학교
- 「자동차」 프로젝트로 남학생의 자존감 높이기
- 학생들이 만들어 가는 동아리 활동
- 놀이를 통한 마음 키우기
- 계절학교로 꿈에 날개 달기
- 나의 사랑 나의 가족 프로젝트
- 협력교수로 모두가 행복한 교실

월요일부터 즐거운 학교

월요병

'월요병: 월요일이 되면 온몸에 힘이 빠지고 모든 것이 하기 싫은 병으로, 주로 일요일 오후쯤 찾아와 개그콘서트를 볼 때 최고조에 이른다. 그리고 차츰 좋아지다가 금요일이 되면 완벽하게 회복하는 신기한 병으로, 대한민국 사람 대다수가 앓고 있는 질병'

일요일 저녁쯤이면 어김없이 카카오 톡 단체 방에서 들려오는 푸념들이 있다. 학교 가기 싫다는 푸념들을 듣고 있으면 교사인 나도 힘이 쭉 빠지고, 학교 가기가 싫어진다. 떠나가는 주말의 옷자락을 붙잡고 조금만 더 있다 가라고 애원해 보지만 무심한 시간은 자정을 향해 달리고 있다. 이런저런 푸념들을 늘어놓는 13살배기들을 보면서 '과연 학습에 의욕이 있는 것인가?', '저렇게 억지로 오는 학교에서 대체 무엇을 배울까?' 하는 의구심이 들었다. 이런 아이들의 모습을 통해 한국인의 학업 스트레스가 높고 학교 생활 만족도가 아주 낮다는 이야기는 더 이상 생소한 이야기가 아님을 직접 느낄 수 있었다.

그렇다고 손놓고 있을 수는 없었다. 아이들이 학교라는 공간을 즐겁게 인식할 수 있도록 대안을 생각하다가 아침 활동 시간(20분)과 도덕 수업 시간(40분)을 활용하여 60분간 「교실놀이」 시간을 만들기로 했다. 지루한 도덕 수업에서 즐겁게 가치 덕목을 가르치고, 아이들이 월요일에 학교에 오고 싶어하는 마음이 들도록 놀이 위주의 활동으로 구성했다. 도덕 교육과정을 차시별, 내용별로 재구성하고 관련 내용을 타 수업에서 가져와 구성해 보았다. 그리고 체육 활동이 부족한 아이들이 많아서 신체를 많이 사용하도록 하는 것도 잊지 않았다.

도덕과 관련 단원과 가치 덕목

단원	관련 가치 덕목	활동 내용
2. 알맞은 행동으로	절제, 조절	1) 특별한 지시가 있을 때만 움직이기 2) 제한된 시간만 스마트폰 사용하기 3) 신체의 일부만 사용하여 친구들 찾기
3. 갈등을 대화로 풀어 가는 생활	대화, 타협, 소통	1) 모둠 손빨래 풀기 2) 몸으로 설명하고 정답 찾기 3) 청개구리 말 이어가기
4. 평화 통일을 향한 발걸음	이해, 공감	1) 남북 신문지 눈싸움하기 2) 한 사람의 설명에 모두 같은 대답하기 3) 북한말 맞추기
5. 배려하고 봉사하는 우리	배려, 봉사, 나눔	1) 과자 이어 달리기 2) 요리하여 나누기 3) 팀 나눠 놀이하기

여느 날처럼 터덜터덜 학교에 온 아이들, 아침의 맥빠진 아이들의 모습은 오늘이 마지막이라고 믿으면서 이야기를 꺼냈다.

교사: 도덕 수업을 시작하겠습니다.

연지: 하……. 시작이네.

교사: 오늘부터 도덕 시간은 교실 놀이 시간입니다. 모두 책상을 밀어 주세요.

희주: 도덕 시간인데 논다고요?

교사: 응. 우리 반 친구들이 서로 사랑하고 행복할 수 있는 놀이지.

민재: 으웩~. 그게 뭐예요!

– 2015년 4월 6일 도덕 시간 중에서

말은 시큰둥하게 하면서도 얼굴 표정에서는 기대감이 묻어났다. 첫날은 몸풀기 삼아서 아이들이 평소에 잘하고 놀던 「눈감고 술래잡기」를 했다. 학교 오는 즐거움부터 느끼도록 해 주고 싶었기에 처음에는 특별한 가치 덕목의 소개 없이 놀이를 시작했다. 아이들은 곡예 자세와 아크로바틱한 자세로 술래를 피했다. 바닥에 붙여 놓은 '절제'선을 벗어나면 안 되기 때문에 온몸을 총동원하여 피했다. 평소 체육 시간에 소극적인 아이들도 이 시간만큼은 자신의 신체 능력을 100% 발휘하여 놀이에 참여했다.

그 다음 수업부터는 조금씩 도덕 덕목을 적용하여 이어 나갔다. 이런 놀이 활동을 통해 교우 관계가 좋아졌고, 즐거운 친구라는 인식이 생기면서 학급에 자잘한 싸움이나 다툼도 줄어들었다. 월요일에 즐겁게 학교에 오길 바랐던 교사의 의도와 놀이가 맞아떨어지면서 아이들은 차츰 학교에 오는 것을 좋아하기 시작했다.

그전엔 월요일에 학교 오기 진짜 싫었는데 이젠 월요일에 무슨 게임을 할지 기대하면서 학교에 와요. 첫날 했던 「눈감고 술래잡기」 놀이가 제일 기

교실 놀이의 장면들

억에 남는데요. 하기 전엔 눈감고 잡는 게 뭐 그리 재미있을까 생각했는데 실제로 해 보니까 너무 재미있던데요.

– 2015년 7월 6일 6학년 장주현 학생과의 인터뷰 중에서

사실 전 매일 학교에 오기 싫어요. 깨워 주는 사람도 없어서 5학년 땐 지각도 매일 했는데. 근데 이젠 월요일이 그나마 학교 오고 싶어요. 아침부터 친구들하고 놀아서요.

– 2015년 7월 6일 6학년 김유민 학생과의 인터뷰 중에서

삼시세끼

텔레비전에서 전원생활을 다룬 프로그램이 인기를 끌기에 이를 이용하여 프로그램을 만들어 보았다. 이름하여 「삼시

세끼 웅천편」이다. 지역에 따라 산촌, 농촌, 어촌, 극지방으로 나누고 물건의 유통과정을 포함하여 총 5파트를 구성했다. 각 파트에서 미션을 통과하면 과자를 먹을 수 있도록 했는데 협력과 배려가 없이는 과자를 먹는 것이 불가능했다. '산촌'편에서는 구황작물에 대한 이야기를 하며 음식의 소중함을 배우게 하고, 협력의 필요성을 가르치기 위해 각각 젓가락 하나씩만 들고 협력하여 팝콘을 옮기는 게임을 했다. '농촌'편에서는 얼굴 근육만을 이용하여 과일이라 생각한 과자를 이마에서 입으로 옮기는 놀이를 하고, '어촌'편에서는 아주 긴 젓가락을 활용하여 새우깡을 잡아 보면서 채집하는 과정의 어려움과 수산물의 소중함을 배우도록 했다. '극지방'편에서는 튜브형 아이스크림 녹이기 게임을 했다. 서로의 체온으로 아이스크림을 녹이며 희생의 가치를 가르치고자 했다. 마지막으로 '유통' 파트에서는 아이들이 입에 문 막대 과자로 링 과자를 옮기는 게임을 했는데, 키가 큰 아이와 작은 아이, 몸이 불편한 아이들 모두 과자를 옮겨야 했다.

교사: 자자 그렇지, 그렇지, 좋아. 잘 옮기고 있어. 떨어뜨리면 처음부터 다시 시작이다.

원남: 선생님, 쟤는 너무 커서 못 받겠어요. 주기도 힘들어요.

교사: 어떻게 하면 될까?

윤지: 이렇게요.

교사: 그걸 뭐라고 하는지 아냐?

희주: 배려? 봉사?

교사: 내가 왜 아침마다 이걸 도덕 시간이라 하고 노는지 알겠냐?

아이들: 아…….

– 2015년 5월 11일 도덕 시간 중에서

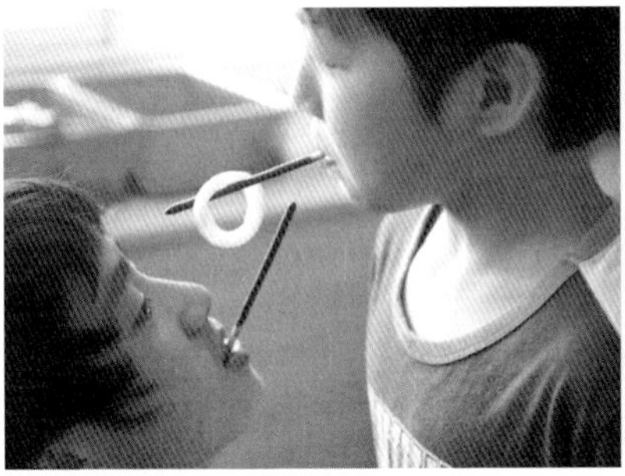
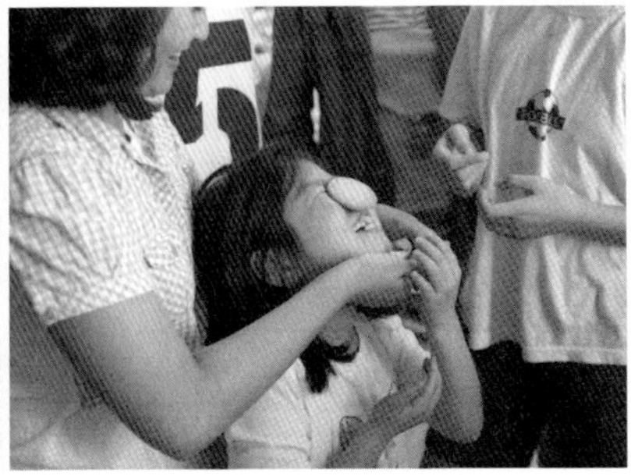

배려의 순간

도덕 지식을 먼저 가르치는 도덕 교과서와는 달리 실천을 통해 먼저 느끼고 이를 바탕으로 도덕 지식을 효과적으로 결합하도록 했다. 아이들은 과자를 옮기면서 서로를 배려했고, 친구에게 과자를 먹이기 위해 사춘기의 부끄러움도 모두 벗어던졌다. 진정한 배려를 위해 자신을 내려놓은 것이다. 서로 마주보며 전달해 주면서 친구의 얼굴 표정이 보이자 웃음이 터지기 시작했다. 아이들 모두 참여하고, 웃고, 움직였다. 모든 활동을 마치고는 얻어낸 과자를 나눠 먹으면서 배려가 무엇인지 몸과 마음으로 느꼈을 것이다.

놀이의 필요성

어린 시절을 돌이켜보면 새벽 6시면 일어나서 동네 친구들을 불러모아 놀기 시작해서 어둑어둑해지면 아쉬움에 집에 돌아가곤 했었다. 그때는 밥 먹는 것보다 노는 게 더 좋았다. 친구들과 놀면서 싸우고, 싸움을 해결하면서 사회성을 길렀고, 열심히 뛰어다니고, 뒹굴면서 운동 능력을 키웠다. 더 재미있고 새로운 놀이를 찾고 개발하면서 창의성도 길렀다.

하지만 요즘 아이들은 학교가 파하면 모두 학원으로 간다. 피아노, 태권도, 영어, 수학, 논술 등등 놀 시간이 없다. 노는 시간을 주어도 노는 방법을 모른다. 친구와 어떻게 하면 잘 지낼지, 어떤 것을 하면 더 재미있을지 생각할 겨를도 없이 그저 스마트폰, 컴퓨터 게임 속 캐릭터가 움직이는 곳으로 눈과 손가락만 따라가며 소모적인 시간을 보낸다. 이윤 추구를 목적으로 만든 경쟁의 메커니즘 속에서 아이들은 돈을 들여 아이템을 사고 자신의 캐릭터를 업그레이드하여 상대방을 이기려고만 한다. '친구(親舊)'가 아닌 이겨야 할 상대인 것이다. 게다가 게임의 내용도 자극적이고 아이들이 보기에 낯뜨거운 캐릭터와 폭력적인 요소들이 아무런 여과 없이 아이들에게 노출된다. 막연하게 스마트폰을 사용하지 말라고 말하는 것보다 학교에서 아이들끼리 놀 수 있는 방법과 시간을 만들어 주면 아이들은 수업 시간보다 더 많은 것을 스스로 배워 나갈 것이다.

여러 심리학자들의 연구 결과를 통해 놀이가 흥미와 집중력을 높여주어 학습 능력을 향상시켜 준다는 것을 알 수 있듯이, 놀이는 아동기에 있는 초등학교 아이들에게 아주 좋은 학습 방법이 된다. 그래서 놀이를 단순히 공부와 분리시켜 하는 것보다는 놀이를 통해 학습을 하는 것이 학습 효과를 더 증진시킬 수 있는 것이다. 또한 놀이를 통해 인간관계를 확장시킬 수 있어 경쟁적 놀이나 사회적 놀이, 상호협력 놀이 등에 참여하면서 놀이 규칙을 지키고 사회적 상호작용을 배우며 서로 친밀한 인간관계를 가지게 되는 것이다. 그리고 학급의 일원으로서 자기를 인식하고 소속감을 가지게 되며 심리적 안정감을 얻게 된다.

월요일이 기다려져요

일요일 저녁이 되면 아이들은 카톡으로 대화를 한다. 하지만 이전의 푸념 섞인 불평이 아니다.

희주: 선생님 내일 교실놀이는 뭐예요?

교사: 비밀!

원남: 재미있는 거예요? 뭐하고 놀아요?

교사: 와서 보면 알겠지.

가연: 월요일이 기다려져요.

– 2015년 6월 21일 카카오 톡 대화 중에서

월요일에 무엇을 할지 아이들은 저마다 의견이 분분하다. 아무 말도 하지 않았는데 어떤 놀이를 할지에 대한 토의가 벌어지고 기대를 건다. 자신들이 알고 있는 재미있는 놀이와 연관 있는 도덕적 요소를 묶어서 직접 프로그램을 구성하고 제안하기도 한다. 도덕 시간을 재구성하여 실천적으로 가치 덕목을 가르치는 목적 달성은 물론, 월요일이 오는 것을 끔찍하게 싫어하던 아이들이 월요일에 학교에 오는 것을 기대하게 되었다. 그것뿐만 아니라 새로운 놀이를 구성하면서 아이들 간의 열띤 토의가 이뤄지니 정말 1석 3조의 효과를 거두게 되었다. 그리하여 우리 아이들은 월요일 놀이가 궁금해 잠 못 이루는 새로운 '월요병'을 얻게 되었다.

「자동차」 프로젝트로 남학생의 자존감 높이기

공부는 여자애들이 잘하는 거잖아요

좋은 수업을 하기 위한 노력은 교육이 시작된 이래로 계속되어 왔다. 하지만 실질적으로 여전히 배움에서 소외되는 아이, 배움을 중간에 포기하는 아이의 수가 줄었는지는 체감되지 않는다. 그래서 수업 시간에 집중하지 않는 아이들에게 수업에 집중하지 못하는 이유를 물어보았다.

교사: 개학한 지 두 달이 지났는데 아직도 공부에 적응이 안 되니? 왜 이렇게 집중을 못해…….

민재: 공부는 여자애들이 잘하는 거잖아요.

진솔: 남자들은 운동 잘하고 여자들은 공부 잘하는 게 당연한 거 아니에요?

교사: 그럼 공부 열심히 하는 남자들은 뭔데?

민재: 그건 걔들이 이상한 거죠.

유민: 음 뭐더라? 반장, 회장, 부회장 그런 것도 다 여자잖아요. 여자들만 칭찬받고.

교사: 진짜 진심으로, 여자애들만 공부한다고 생각해?

민수: 그건 아니지만 계속 그랬어요. 걔는 1학년 때부터 공부 잘했어요. 원래 잘하니까 지금도 잘하겠죠.

유민: 남자애들은 공부 시간에 맨날 벌서고 혼나요. 1학년 때 맨날 무릎 꿇고 벌섰어요.

– 2015년 5월 12일 수업 중에서

충격적인 이야기를 쏟아낸다. 학습과 성 역할에서 편협한 인식을 아이들 스스로 만들어 가고 있는 것이다. '걔는 공부 잘하는 아이', '나는 공부 못하는 아이', '체육 잘하는 아이' 등으로 아이들끼리 벌써 역할과 계층을 정해 놓고 있었던 것이다. 그렇게 생각하는 것이 무슨 문제냐고 반문할 수 있겠지만 6년 동안 굳어져 온 인식은 생각보다 무섭다.

아기 코끼리를 얇은 쇠사슬에 묶어 놓으면 커다란 코끼리가 되어서도 얇은 쇠사슬을 벗어나지 못하는 것처럼 잘못된 인식은 어느새 아이들의 성장을 가로막는 쇠사슬이 되어 있었다. 아무리 여학생들이 남학생에 비해 학습 집중력이 높다지만 남학생들의 학습 이탈 현상은 놀라움을 넘어 황당하기까지 했다. 스스로 혹은 친구가 웃으면서 지어 준 한계, 안주와 포기를 종용하는 또래 간의 편협한 성 역할 인식, 그리고 이로 인한 학습 격차, 이를 어떻게 극복할 수 있을까?

주제중심 프로젝트 학습 「자동차」

학생들 사이의 격차와 굳어진 인식을 극복할 방안은 쉽게 떠오르지 않았다. 남학생들이 좋아할 만한 다양한 게임 방법을 적용한 수업과 흥미를 끌 수 있는 자료를 가져와도 눈길조차 주지 않았다. 교과서, 공부라는 타이틀이 붙는 순간부터 아이들은 이미 어려울 것이라는 편견으로 거부감을 가지고 수업에 임했다. 교과서를 펴라고 말한 뒤 아이들 얼굴에 스치는 표정을 살펴보니 어린 학생들의 얼굴에서 좀처럼 보기 힘든 좌절감이 전해진다. 그래서 학습에서 소외된 남자 아이들이 관심 있어하는 주제이면서 수업으로 활용할 만한 가치 있는 주제를 찾기 위해 주변에 촉각을 곤두세웠다. 자투리 시간을 활용하여 그리고 싶은 것을 5분 안에 아무거나 그려 보라 했더니 자동차를 그리는 아이들이 네 명이나 있었다. 그러자 아이들이 유튜브에서 레이싱카를 검색하며 가격을 물어보던 모습, 집에서 가지고 놀던 무선조종 자동차를 가지고 와서 자랑하던 모습이 떠올랐다. 그리하여 아주 친숙하고 우리 생활에 없어서는 안 될 대상이지만 교과서로는 배우지 않았던 '자동차'를 학습 주제로 선정하게 되었다.

주제는 선정했으나 학습 내용과 깊이를 정하기가 어려웠다. 아이들의 수준도 모두 제각각이며, 누적된 학습 결손이 큰 아이들에게는 프로젝트 수업이 오히려 학습 의욕을 떨어뜨릴 수 있을 거란 생각이 들었기 때문이다. 머릿속이 복잡했지만 일단은 진단평가 결과를 바탕으로 아이들이 부족한 영역을 학습 요소에 포함시켜 학습 결손을 메우고, 한 단계 발전시킬 수 있는 수업이 되도록 하겠다는 기본적인 목표를 가지고 시작을 했다. 우선 마인드맵을 만들어서 '자동차'라는 주제로 할 수 있는 활동을 과목별로 분류해서 나열해 보았다.

마인드맵으로 만들어 본 활동을 바탕으로 교과서와 국가 성취기준에 있는 내용 그리고 현실적으로 가능한 수업 요소와 가용한 기자재를 활용하여 30차시의 수업을 구상했다. 진단평가 결과로 판단된 부족한 영역과 아이들의 학습 격차를 고려하여 보충학습이 필요한 부분은 저

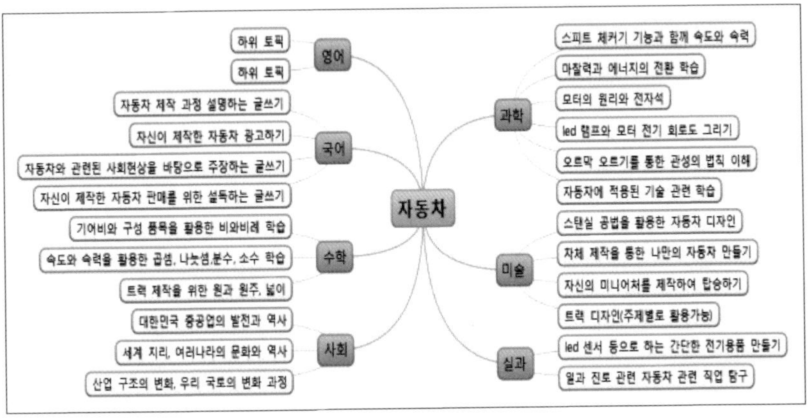

자동차와 관련된 활동

학년에서 학습 요소를 끌어왔고, 성취기준을 달성할 수 있도록 재구성했다.

아,
그냥 하던 대로 해요

'자동차'라는 주제가 일부 아이들에게는 익숙하지만 몇몇 아이들에게는 그렇지 못할 수도 있다는 생각에 자동차와 관련된 기억 나누기 활동을 첫 차시에 계획했다. 주제에 대한 친밀감을 가지도록 하면서 앞으로 프로젝트에서 학습할 내용을 알아보는 과정이다.

자동차 광고인 '택시 그리고 나의 인생'을 아이들에게 보여 주면서 시작했다. 이번에는 생활 속에서 익숙하고 그 편리함을 누리면서도 제대로 모르는 것에 관해서 배울 것이라는 힌트를 주면서 궁금증을 유발했다. 하지만 결과는 실망스러웠다.

「자동차」 프로젝트 관련 성취기준과 활동 내용

차시	교과	성취기준	활동 내용
1	국어	1412-1. 직접 경험하거나 들은 이야기에서 감동적인 부분을 찾을 수 있다.	자동차와 관련된 기억을 이야기해 보고, 단순한 운송 수단을 넘어 삶을 함께하는 자동차의 의미를 느껴 본다.
2 ~ 3	국어	1421-1. 설명하는 글, 의견을 제시하는 글을 읽고, 문단의 흐름에 따라 대강의 내용을 간추릴 수 있다.	'자동차의 역사'를 읽고, 자동차의 역사를 사진으로 간추리고 설명한다.
4 ~ 8	국어	1421-1. 설명하는 글, 의견을 제시하는 글을 읽고, 문단의 흐름에 따라 대강의 내용을 간추릴 수 있다. 1633-2 일의 절차나 방법을 설명하는 글을 쓸 수 있다. 1424-1. 중심 내용과 세부 내용의 개념의 차이를 말할 수 있다.	'자동차의 제작 과정'을 읽고, 제시된 영상을 바탕으로 자동차의 제작 과정을 설명하는 설명문을 작성한다. '자동차의 제작 과정'을 읽고, 사진을 바탕으로 연결시켜 중심 내용과 세부 내용을 파악하여 요약할 수 있다.
9 ~ 10	국어	1637-1. 자신이 쓴 글을 내용과 표현을 중심으로 고쳐 쓸 수 있다.	자동차의 제작 과정을 설명하는 설명문을 쓰고 이를 교정 부호로 고쳐 쓴다.
11	실과	6241-2. 전기 · 전자 제품에 사용되는 주요 전자 부품의 기능을 이해하고, 간단한 제품을 만들 수 있다.	모터와 전구, 전지를 사용하는 모형 자동차의 구조를 파악하고, 만들어 본다.
12 ~ 13	수학	64012-2. 비율을 분수, 소수, 백분율로 나타낼 수 있다. 64012-1. 두 양 사이의 비율을 이해한다.	스피드 체커기를 활용하여 스스로의 모형 자동차의 속도를 재어 보고 단위시간, 이동거리, 속력의 관계를 파악한다.
14 ~ 15	과학	6104. 전류가 흐를 때 전선 주위에 생긴 현상을 이용하여 전자석을 만들 수 있다.	전자석의 원리를 통해 모터의 구조와 기능을 파악하고 강한 모터를 만들어 본다.
16 ~ 17	국어 실과	실6241-1. 일상생활에서 열, 빛, 동력, 소리 등의 형태로 이용되는 전기 · 전자 제품의 종류와 기본 원리를 설명할 수 있다. 국1633-2. 일의 절차나 방법을 설명하는 글을 쓸 수 있다.	'자동차의 구조와 기능'을 읽고, 실제 자동차의 부분의 명칭과 기능, 작동 원리를 친구들에게 설명하고, 동생들에게 보여 줄 자료를 만들 수 있다.

차시	교과	성취기준	활동 내용
18 ~ 19	도덕	423. 자신에게 도움을 주거나 은혜를 베푼 사람들에게 감사하는 마음을 가지고, 이를 적절히 표현하며, 늘 감사하는 생활 태도를 지닌다.	자동차에 관하여 배운 내용을 동생들에게 가르치고, 배우며 모형 자동차를 만들 수 있다.
20 ~ 21	미술	(소통) 생활 속에서 판화가 활용된 예를 찾아보고, 판화의 특징을 안다.	판화의 원리를 파악하여, 스탠실 기법을 적용하여 모형 자동차가 달릴 수 있는 트랙을 제작한다.
22 ~ 26	국어 사회	국1613-2. 설득하거나 주장하는 말을 듣고 주장과 근거의 타당성을 평가할 수 있다. 사6034. 우리나라 국토수준에서 인간과 환경은 상호보완적인 관계임을 이해하고 친환경적인 태도를 실천하기 위한 방안을 제시할 수 있다. 국1416-3. 회의에서 다양한 의견을 수렴하면서 능동적으로 참여할 수 있다.	'웅천 100분 토론'을 통하여 자동차의 증가를 찬성하는 입장과 반대하는 입장으로 나눠 토론회를 한다. '웅천 100분 토론'을 통해 지속가능한 개발의 개념을 파악하고, 자동차의 증가와 환경 보존을 함께 이끌어 낼 수 있는 대안을 제시한다.
27 ~ 28	실과	실6261-2. 정보 매체를 활용하여 다양한 직업의 종류와 특성을 파악하여 일과 직업에 대한 긍정적인 태도를 가질 수 있다.	갤럭시노트를 활용하여 자동차와 관련된 직업을 찾아보고 모의 진로 설정을 통해 일과 진로에 긍정적 인식을 가진다.
29 ~ 30	사회 미술	사6033. 지속가능한 발전의 사례를 찾아 그 특징과 필요성을 설명할 수 있다. (주제표현) 주제 표현에 적합한 재료와 용구, 표현 방법 등을 모색하여 표현한다.	지속가능한 개발의 대안으로 미래의 자동차를 구상하고 만들어 본다.

교사: 이 영상을 보고 우리가 앞으로 배울 내용이 무엇일지 모둠에서 추측해 보세요.

은아: 택시? 우리 아빠 택시 운전하는데 맨날 늦게 온다. 새벽 2시, 3시까

지 하다 온다.

이지: 너희 아빠랑 우리가 배울 거랑 무슨 상관이냐? 차 타고 어디 가는 것 아닐까?

은수: 아니다. 택시로 의자 만들었잖아. 그니까 뭐 만드는 거다. 자동차 비슷한 거.

진솔: 그냥 대충 하다가 선생님이 말하면 아~ 하면 되잖아.

교사: 진솔아, 뭐라고?

진솔: 아, 아니에요. 샘. 못 들은 걸로 해 주세요.

– 2015년 5월 28일 수업 중에서

주제를 제시하는 데 있어서 적절하지 않은 광고였는지, 아니면 주제 자체가 아이들의 흥미를 유발하기 어렵고 생소한 것인지, 첫 시작부터 난관에 봉착했다. 수업에 시큰둥하던 녀석들은 장난거리가 생겼다고 느꼈는지 여기저기 떠들어 대며 난리였다. 결국 첫 수업은 주제를 공개하고 교사가 일방적으로 관련 활동을 소개하는 것에 그쳤다.

그래도 1차시 수업은 순조로운 편이었다. 2차시 수업 준비를 위해 직접 자동차의 구조와 제작 과정을 설명하는 텍스트를 만들고 영상 자료를 구한 다음 필요한 학습지까지 모두 일일이 직접 제작했다. 학습지에는 이전 학년에서 누적되어 온 학습 결손과 관련된 부분과 진단평가에서 부족했던 부분까지 성취기준에 있는 것은 모두 넣었다. 요약하기, 중심 내용 찾기, 틀린 부분 찾아 교정 부호로 수정하기, 텍스트와 영상 사이에 관련 부분 찾아 설명하기를 넣은 회심의 수업 자료를 보며 아이들이 이 수업으로 많은 것을 배울 것이라는 기대와 뿌듯함을 가지고 시작했다.

하지만 현실은 기대와 달랐다. 어려운 낱말들과 사전 지식이 전혀

교사의 욕심이 불러온 참패

없는 상태에서 제시된 자동차 구조와 제작 과정이라는 주제로 인해 아이들은 힘들어했고, 쉬는 시간과 점심시간도 없이 과제를 해결해야 했다. 한 학생이 말했다. "아, 그냥 하던 대로 하지. 너무 어렵고 힘들다." 교사의 욕심이 과했던 것이다. 뭔가 가르쳐 보겠다고 나섰다가 결국 아이들의 학습 흥미만 떨어뜨린 결과를 초래한 것이다. 이후 수업의 방향을 전면 수정해야 했다. 결국 아이들이 흥미로워하는 소재로 배움이 있는 수업을 만들어 보겠다는 야심찬 프로젝트의 첫 도약은 허무하게 실패했다.

유민이한테 뭔가 배우는 날이 오다니!

앞에서 맛본 실패의 쓴맛을 교훈 삼아 자동차의 기능과 관련된 텍스트에 변화를 크게 주었다. 텍스트 전반을 쉬운 단어와 직관적으로 이해되는 그림으로 구성한 다음 실제 자동차를 직접 활용하여 수업을 하기로 마음먹었다. 학습 안내를 한 뒤 자동차 각 부분의 명칭과 기능에 관하여 배울 것이라 설명하니 벌써 아이들 얼굴은

흙빛이었다. 아마 지난 국어 시간에 겪었던 어려움이 생생하게 떠올랐을 것이다. 그런데 주차장으로 나가서 선생님의 자동차를 직접 보며 공부할 것이라고 하니 하나둘씩 관심을 보이기 시작했다. 교실에서 대략적인 설명을 마치고 밖으로 나가서 자동차를 살펴보도록 했다. 직접 자동차의 각 부분을 보여 주고 만져 가며 설명하니 이해를 훨씬 잘하는 듯 했다. 남자아이들은 평소 수업에서는 볼 수 없었던 호기심 어린 눈빛으로 전조등과 내비게이션, 각종 전자 장비를 만져 보면서 기능을 익혀 갔다.

민재: 오른쪽은 위, 왼쪽은 아래로 이거 올리면 방향 표시등이 들어온다. 해 봐.

연수: 오~ 진짜네. 이거 어떻게 알았어? 여기에 없는데?

민재: 아빠가 알려줬다. 이거 밀면 라이트가 더 먼 데까지 보여 준다.

연수: 나도 아빠한테 배운 거 있다. 내려 봐. 여기 타이어 바꿀 때 이거 표시된 데까지 타이어가 닳으면 바꿔야 된다고 했다.

민재: 맞나? 그럼 선생님 타이어는 아직 바꿀 때가 아니네.

– 2015년 6월 8일 자동차 프로젝트 수업 중에서

자동차의 명칭과 구조 학습

아이들의 대화를 관찰하다 보니 서로서로 설명하고 알려 주는 과정을 통해 경험적으로 터득한 지식과 오늘 새롭게 알게 된 내용을 유기적으로 결합하는 모습이 보였다. 이전에 알고 있던 지식과 구체물을 통한 경험, 그리고 학습에 대한 흥미 삼박자가 참 중요하다는 생각을 하고 있을 때, 유민이가 어떤 물건을 가지고 와서 물어본다. 트렁크 아래쪽에 있던 야간 비상용 삼각대를 발견한 모양이다.

유민: 선생님, 이건 뭐예요?

교사: 뭐하는 데 쓰는 것 같아? 한번 펼쳐서 조립해 봐.

민수: 표지판 중 비슷하게 생긴 것 있지 않냐?

이지: 아! 아! 아! 이거 저기 무지개 놀이터 앞에 커브 길에 있다.

은아: 본 거 같기도 하다. 뭐지? 잘 모르겠는데. 선생님 전혀 모르겠어요.

교사: 힌트는 교통사고와 안전이다. 뭐에 쓸지 생각해 봐.

민수: 아~ 알겠어요. 밤에 사고 났을 때 차 뒤에 세워서 다른 차들이 피하는 거 맞죠?

교사: 완벽해! 차에는 꼭 필요하지. 집에 가서 아빠 차에도 있는지 확인해 봐라.

– 2015년 6월 8일 자동차 프로젝트 수업 중에서

위의 내용처럼 의도하지 않은 부분에서도 배움이 일어났다. 비상용 삼각대를 통해 자동차 사고에 대한 경험을 말하게 되었고, 얼마 전 학교 근처에서 발생한 사고와 음주 운전에 대한 이야기를 나누며 안전 운전에 대한 이야기까지 나누게 되었다. 무엇보다 수업 시간이면 딴짓을 하거나 졸던 유민이가 흥미를 보여서 무척 기뻤다.

자동차를 직접 관찰해 본 1교시를 마치고 교실로 돌아와 학습한 내용을 바탕으로 설명문을 쓰도록 했다. 또 다가오는 행복 맞이의 날 행사의 일환으로 4~6학년 통합 수업으로 자동차 구조를 공부하고, 모형 자동차까지 만들어 보기로 했는데 이때 먼저 자동차 학습을 한 6학년 아이들이 4, 5학년 동생들을 가르치기로 했다. 아이들은 동생들을 가르쳐야 한다는 생각에서인지 열심히 글을 썼다. 글을 쓰다가 모르는 내용이 있었는지 모둠에서 이야기가 들려왔다.

희주: 아, 이거 세 개는 다른 건데. 뭐더라? 기억이 안 나.

유민: 전조등, 방향지시등, 안개등.

희주: 너 대단한데? 그럼 이건 뭔지 아나?

유민: 자동차 바퀴 브레이크 잡으면 옆에서 잡아 주는 역할하는 거. 이런 식으로.

희주: 와! 내가 진짜 유민이한테 뭔가 배우는 날이 올지 몰랐다.

– 2015년 6월 8일 자동차 프로젝트 수업 중에서

유민이의 설명을 듣고는 희주의 얼굴에 놀라움이 스쳐지나갔다. 유민이는 멋쩍은 듯 으쓱하며 미소를 띤다. 교사로서 가르침의 보람을 넘어선 '희열'의 순간, 그날 유민이는 자신이 쓴 글 중 가장 긴 설명문을 써냈다.

유민 오빠,
진짜 똑똑하다!

행복 맞이의 날 아침이 밝았다. 아이들은 아침 일찍부터 진지한 표정으로 자신이 만든 모형 자동차를 정비하기도 하고 트랙에서 시험도 해 보며 적극적인 모습을 보였다. 또 4~5학년 동생들에게 설명해야 하기 때문에 자신들이 쓴 설명문을 다시 읽어 보고 보충하기도 했다.

'모형 자동차 만들기'와 '자동차 각 부분의 명칭과 기능 설명하기'라는 두 가지 과제를 주고 수업을 시작했다. 모형 자동차부터 만들기 시작하는 아이들과 자동차의 기능을 설명하러 나가는 아이들로 분주한 모습이었다. 항상 배우는 입장에 있던 아이들이 가르치는 입장이 되어 보는 경험을 통해서 스스로 학습의 순서를 정하고 또 알기 쉽게 설명하기 위해 노력하는 모습이 대견하게 느껴졌다.

유민: 이 부품은 실제 자동차에서 어떤 부품이랑 비슷하겠어? 힌트는 힘내는 곳이야.

지율: 엔진?

유민: 그래 바로 그거야. 이 모터가 바로 엔진 역할을 하는 부분이지.

지율: 오~. 오빠 진짜 똑똑하다! 어떻게 알았어?

유민: 배웠으니까 알지. 그러니까 잘 들어.

– 2015년 6월 12일 행복 맞이의 날 학생들의 대화 중에서

똑똑하다는 동생들의 칭찬에 유민이의 어깨가 으쓱해지고 입 꼬리가 귀에 걸렸다. 그러던 중 난관이 찾아왔다. 자신도 잘 모르는 부분을 후배가 물어본 것이다. 유리 워셔액은 어디에 넣는지를 물어보았는데 유민이는 잘 모르는 듯했다. 유민이의 반응을 궁금해하며 지켜보고 있는데 유민이가 기지를 발휘했다. 워셔액 넣는 곳 위에 그려진 그림을 보더니 여기에 넣는다고 동생들에게 말하고는 자기 말이 맞는지 내 눈치를 보는 것이다. 잘했다는 뜻으로 고개를 끄덕여 주고는 직접 통을

열고 워셔액도 보충해 보라고 했다. 이를 지켜본 주변 선생님들의 관심과 칭찬에 더욱 으쓱해진 유민이의 설명이 점점 더 장황해졌다.

2시간 정도의 설명 및 제작 시간이 끝나고 4~5학년 학생들이 자기 담임 선생님께 가서 배운 내용을 설명하는 시간을 가졌다. 동생들은 배웠던 내용을 더듬어 이야기하고, 가르친 선배들은 조마조마한 마음으로 지켜봤다. 동생들이 각 반 담임 선생님께 '참 잘했어요' 도장을 받고 나오자 여기저기서 하이파이브 소리가 들려왔다. 가르친 보람과 배우는 기쁨이 함께한 순간, 아이들의 유대는 더욱 강해지고 끈끈한 관계가 형성된 것이다.

수업을 마치고 6학년 학생들에게 소감을 들어 보았다. 가르치는 설렘과 기쁨도 있었지만 더 잘 가르쳐 주지 못한 아쉬움이 컸다고 말했다. 자신들이 열심히 배우고 준비한 자료를 동생들에게 더 잘 알려 주고 싶었는데 부족한 부분도 많았다고 했다. 그리고 4~5학년 동생들은 6학년 형들을 같이 노는 친구 정도로만 생각했었는데 자동차에 대해 공부를 하면서 자신들이 모르는 것에 대해 자세히 알려 준 형들에게 고마워하는 눈치였다.

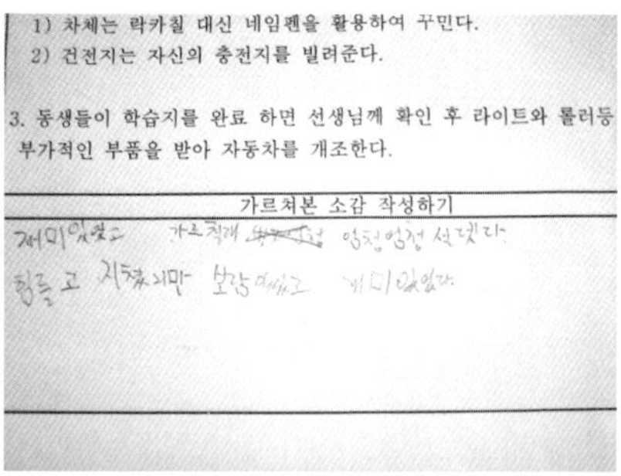

1) 차체는 락카칠 대신 네임펜을 활용하여 꾸민다.
2) 건전지는 자신의 충전지를 빌려준다.

3. 동생들이 학습지를 완료 하면 선생님께 확인 후 라이트와 롤러등 부가적인 부품을 받아 자동차를 개조한다.

가르쳐본 소감 작성하기

학교 오기가 싫던 아이들, 가르치고 배우며 설렌다.

배움과 실생활을 하나로

수업이 아이들의 흥미 유발에서 그친다면 진정한 배움으로 연결되었다고 보기 어렵다. 학습한 내용이 실제의 삶과 연결되고 실생활에서 유용한 가치를 지님을 알게 될 때 진정한 배움이 일어나기 때문이다. 그래서 자동차에 대해 학습한 내용을 수학 영역의 속도 및 속력과 관련지어 배워 보기로 했다. 모형 자동차 스피드 체커기를 활용하면 자동차의 속력과, 단위시간에 이동한 거리, 100m를 가는 데 걸린 시간을 측정할 수 있는데, 이를 바탕으로 단위시간, 이동거리, 속력의 관계를 찾아보도록 했다.

> 준현: 내 자동차는 16km 정도 나오는데 100m 가는 데 22초 나온다. 너는 얼마 나오는데?
>
> 수진: 12km 정도다. 100m는 30초 나온다. 느리니까 더 오래 걸리는 거 맞제?
>
> 민재: 가연이 차는 8km인데 그럼(100m 가는데) 44초겠네? 함 재 보자.
>
> 원남: 어, 진짜네. 속도가 두 배 느려지면 같은 거리를 가는 데 시간이 두 배 늘어난다. 답 적어라.
>
> – 2015년 6월 15일 수학 시간 중에서

굳이 공식을 통해서 유도하지 않았는데도 아이들은 스스로 답을 찾아냈다. 공식이라는 한 가지 풀이 방법만 제시하는 것이 아니라 추측하고, 검증해 보는 수단을 통해서 답을 알아내고, 머릿속으로 '속력=이동거리/단위시간'이라는 것을 그려 내는 것이다. 공식만을 외워서 거기에 대입해서 속력을 구하는 식의 수업에서는 보통 아이들은 공식이 왜 그렇게 되는지 전혀 이해하지도 못하고 조금만 문제를 바꿔서 내도 풀지 못한다. 하지만 아이들이 스스로 찾아내고 이해했기에 앞으로 공식이 기억나지 않더라도, 아이들은 속력에 관하여 이해하고 문제를 해결할 수 있을 것이다. 지난 1학기 수학 기말평가에서 자신이 만든 자동차의 속력과 그 자동차가 같은 속력으로 30분 이동했을 때 걸리는 시간을 적고 이유를 쓰는 문제에서 아이들은 자신들의 배움을 증명했다.

그리고 자동차 경주대회를 앞두고 아이들이 더 빠른 자동차에 대한 열망을 가지게 되었을 무렵, 자동차의 속도를 빠르게 하기 위한 방법을 찾는 과학 수업을 진행했다. 아이들이 학습 활동에 사용하고 있는 모형 자동차의 모터 내부는 전자석 하나와 영구자석 두 개로 이뤄져 있고, 전기를 공급하면 전자석과 자석 사이에 서로 밀고 당기는 힘이 작용하면서 모터가 회전한다. 그래서 전기 공급량을 늘리거나, 강한 전자석을 만들면 더 빠른 모터를 얻을 수 있다. 나는 아이들이 과학 수업을 통해 전자석과 모터의 원리를 배우도록 하고 이를 실생활에 적용하여 자신들의 자동차 모터를 더 빠르게 할 수 있는 방법을 알려주고자 했다.

수업을 시작하면서 세 가지 방법을 제시했다.

① 모터 분해: 모터를 구성하는 부품을 살펴보고 특징을 찾아보시오.

② 전자석 만들기: 전자석을 만들어 보면서 강한 전자석의 조건을 찾아보시오.

③ 무한 자기력 팽이: 팽이의 원리와 모터의 원리의 공통점을 찾아보시오.

첫 번째 과정에서 아이들은 모터를 분해하여 내부에 있는 부품을 살펴보았다. 하나의 자석과 전자석, 전기를 전달하는 브러시가 있음을 확인했다. 두 번째 과정에서 과학전담 선생님의 전자석 대표 실험을 통해 전자석을 만들고, 강한 전자석을 만들어 보도록 했다. 5학년 때 배웠던 내용이지만 아이들은 전자석 만들기에 어려움을 겪었다. 만든 전자석이 작동하지 않았던 것이다. 그 원인은 에나멜선 코팅을 벗겨 내지 않고 그대로 이어서 전기가 통하지 않았기 때문이었다. 아이들은 도체와 부도체에 대한 설명을 듣고 나서야 전자석이 작동하지 않은 문제점을 이해하고 해결할 수 있었다. 세 번째는 무한 자기력 팽이를 활용하여 모터의 원리를 찾아보는 활동이었다. 아이들은 처음 보는 검은색 팽이가 모터와 무슨 상관이 있을지 의아해하더니 한참을 만져 본 뒤 이야기를 꺼낸다.

민수: 둘 다 자석이네. 자기 부상열차 동영상이랑 비슷하다.

민재: 그럼 N극, S극이 반대로 번갈아 있어야 하는데 이건 그냥 밀어만 내잖아.

민수: 이게 자석이 원형이잖아. 그래서 위아래가 아니라 좌우 극이 다른 것 같은데.

원남: 그럼 도는 건 왜 돌아? 돌려면 밀기만 해서는 돌지 않잖아?

민재: 그니까……. 위에 있는 이 팽이 부분이 아래 위에 극이 달라서 처음에만 돌리면 N, S, N, S 이렇게 반복되면서 끌어당겼다가 밀었다 하는 거지.

이지: 그러니까 미니카 스위치를 켜면 모터 안에 있는 심이 자석이 되면서 이 팽이처럼 돈다?

민수: 그런 것 같긴 한데 좀 다른 것 같기도 하고……. 아, 머리 아프다.

이지: 아무튼 원리는 찾았네.

민재: 근데 정말 빨라질까? 일단 이 선 가져가서 모터를 개조해 보자.

– 2015년 6월 17일 과학 수업 중에서

모둠별로 원리를 발표해 보면서 모터를 빠르게 할 수 있는 결론을 도출했다. 아이들은 교실로 돌아와서 저마다의 모터를 분해하고 가장 빠른 자동차를 만들기 위해 열을 올렸다. 에나멜선을 너무 많이 감아서 회전되지 않는 모터도 있었고, 중간에 선이 끊어져 작동하지 않는 경우도 있었다. 모두가 나름의 방법으로 배운 내용을 적용하여 자신들의 자동차를 개조했다.

자동차 경주대회 당일이 되었다. 스피드 체커기를 활용한 속력전과 두 대의 자동차를 동시에 출발시켜 앞의 차를 따라잡는 방법으로 승부를 내는 추격전, 두 가지 종목으로 실시했다. 아이들은 자신의 자동차가 빨라지고 우승을 경험하게 되자 배움에 대한 인식이 조금씩 변화하고 성장하는 모습을 보여 주었다. 그래서인지 경주대회가 끝난 지금도 매일 아침 어김없이 자동차가 트랙을 달리는 소리가 들린다. 수업 시간에 배운 내용이 수업이 끝남과 동시에 끝난 것이 아니라 실생활에 이

자동차를 활용한 수학, 과학 수업

어져 계속되고 있는 것이다.

모형 자동차 관련 수업을 모두 마치고 사회 수업 시간에 두 장의 사진을 제시했다. 한 장은 멋진 자동차와 뻥 뚫린 도로, 다른 한 장은 도로 위에서 로드킬당한 동물의 모습이 담긴 사진이다. 자동차의 증가가 주는 장점과 단점을 비교하는 논설문과 이에 대한 대안으로 제시된 지속가능한 개발을 학습하기 위해서였다. 토론회 형식의 진행을 위해 몇몇 아이들을 모아서 미리 사진 자료와 대본을 주고 연습을 시킨 뒤 수업을 진행했다.

"웅천 100분 토론회에 오신 것을 환영합니다. '자동차가 2천만 대를 넘어선 것은 축복이고 좋은 일이다.'라는 측의 박윤지 선생님과, '자동차의 지나친 증가는 막아야 한다.'라는 측의 장희주 선생님, 그리고 진행에 저 김진솔입니다."

평소와는 다른 친구의 모습을 본 아이들은 웃음을 터뜨렸다. 하지만 곧 진지한 토론 역할극에 몰입하기 시작했다. 교과서 지문이 아닌 프로젝트 학습을 통해 미리 배운 내용을 익숙한 친구들의 목소리로 듣게 되니 더 잘 집중하는 것 같았다. 토론은 총 4부로 구성되었다. 1부는 찬성편과 반대편으로 나눠서 각 대표가 토론을 하고, 2부는 아이들이 각자의 의견을 이야기하고, 3부는 주연수 선생님이 등장하여 지속가능한 개발이라는 새로운 국면을 제시하고, 4부는 지속가능한 개발이 가능하도록 대안을 제시하고 발표하는 수업이었다.

토론을 진행하면서 아이들의 생각이 깊어져 감을 느낄 수 있었다. 평소 길가에서 죽어 있는 동물들을 아무 생각 없이 지나치다가 오늘 아침에 본 죽은 고양이를 떠올리며 자신의 입장을 바꾸는 아이들부터 지속가능한 개발에 대한 대안을 제시하는 아이들까지, 인간이 이로움을 위해 자연을 이용해도 되는가에 대한 토론이 끊이지 않고 이어졌다.

유민: 우리가 먹는 고기도 다 동물들을 죽여야 하는 것이기에 로드킬도 어쩔 수 없는 일이라 생각합니다.

태연: 하지만 먹고 살기 위해 죽이는 것과 차 때문에 사고로 죽는 것은 다르다고 생각합니다.

은아: 자동차가 달리다가 동물을 감지하면 속도를 줄이거나 경보를 울려서 동물이 피하도록 하는 장치가 있다면 로드킬을 어느 정도 줄일 수 있을 것입니다.

준현: 인터넷에 생태통로 검색해 보니 동물들을 잡으려고 덫 놓는 사람들이 많다던데 거기에 CCTV를 달아야 할 것 같아요. 생각해 보니 결국 사람들이 문제인 것 같아요.

은지: 자동차가 많아지는 건 정말 이러지도 저러지도 못할 문제인 것 같네요.

– 2015년 6월 18일 사회 수업 중에서

이어지는 열띤 토론, 앞서 실시한 수업을 통해 자동차에 대한 관심이 높아져서인지 한층 더 배우려는 의지가 생기고 할 말이 많은 것 같았다. 그리고 토론을 통해 제기된 문제를 해결할 수 있는 미래 자동차를

토론회와 미래의 환경 자동차 만들기

구상해 보고 만들어 보는 활동에서도 진정성이 보였다. 이렇듯 배움과 실생활이 연결되는 순간, 배움이 한층 더 깊어짐을 느낄 수 있었다.

「자동차」 프로젝트를 돌아보며

한편으로 생각하면 자동차라는 수업 주제는 실험적인 성격이 강했고 사전 정보도 부족했다. 더구나 교사의 의욕이 너무 앞서 학습자의 수준을 뛰어넘는 과제를 부여하기도 했고, 아이들의 사전 지식을 확인하지 않고 수업을 계획하여 어려움을 겪기도 했다. 하지만 연속된 실패를 통한 반성과 성찰 속에서 학습자 요소와 환경을 더 많이 파악하게 되었고, 이를 바탕으로 「자동차」 프로젝트의 질이 향상되는 결과를 이끌어 냈다.

이번 프로젝트 학습을 진행하면서 교육 변화의 흐름이 교육 방법의 변화에만 치우친다는 생각이 들었다. 교육을 교육 내용과 교육 방법으로 양분할 때, 다양한 수업 방법들(토의토론, 현장체험학습, 프로젝트 학습 등)은 교육을 바꾸는 절반의 변화이다. 교과서에 제시된 내용을 그대로만 가르치고자 한다면 학습자의 인지 구조 및 사고 방식과의 괴리가 발생하여 아이들의 학습 의지를 발현시키지 못한다. 따라서 교사의 유연성과 경험을 바탕으로 아이들이 처한 상황이나, 부족한 부분을 중점적으로 분석하여 주제를 선정하고 수업을 진행한다면 큰 효과를 거둘 수 있을 것이라 생각한다. 또한 배움이 배움으로만 끝나는 것이 아니라 배움과 실생활이 연결된다면 배움이 한층 더 깊어질 것이다.

학생들이 만들어 가는 동아리 활동

동아리 활동 부서는 선생님이 정하는 것

20여 년 전, 나의 초등학교 시절에도 동아리 활동은 '계발활동', '특별활동'이란 이름으로 존재했었던 것으로 기억한다. 그 당시 특별활동 부서를 조직할 때면 소심한 성격의 나는 늘 긴장을 했었다. 별달리 흥미를 끄는 부서는 없었고, 어떻게 하면 덜 지겹고 더 편안한 부서에 들어가서 1년을 별 탈 없이 보내 볼까 하는 생각이었다. 모두 나와 생각이 비슷했던지 늘 인기가 있는 부서는 독서부와 영화감상부였다. 그 인기가 얼마나 대단했는지 졸업 때까지 나는 한 번도 영화감상부에 들어가지 못했었다.

20여 년이 훌쩍 지난 오늘날에도 동아리 활동 부서로 독서부와 영화감상부는 어느 학교나 존재한다. 다만 학생들의 적성을 고려한 다양한 부서가 많아진 탓에 그 인기는 예전만 못한 것 같다. 우리 학교의 이전 해 동아리 활동 부서를 보면 역시 빠지지 않고 독서부와 영화감상부가 있었고 뉴스포츠부, 영어노래부, 창의과학부가 있었다. 대부분 학교의 경우 동아리 활동 부서는 교사의 특기와 지도의 편리성에 따라

각 교사가 정하는 경우가 많다. 특히 교사들이 한 해 지도할 동아리 부서를 정할 때 가장 우선시하는 것이 지도의 편리성이 아닐까 싶다. 독서부와 영화감상부가 빠지지 않고 있는 이유 역시 교사가 별다른 지도를 하지 않아도 되고, 별다른 재료 준비를 하지 않아도 되는 편함 때문일 것이다. 어떤 동아리 부서를 하느냐는 교사의 한 해에 중요한 부분을 차지하고 있다. 그래서 학년 초, 학년과 업무가 정해지고 나서 또 하나의 긴장된 시간이 바로 동아리 활동 부서를 정할 때이다. 한 학급의 담임으로서 수업을 할 때와 달리 여러 학반 또는 여러 학년 학생들을 모아 놓고 그들의 흥미에 맞는 수업을 한다는 게 그리 쉬운 일이 아니며 일종의 부담으로 다가올 때가 많기 때문이다. 교사로서 특별히 재미있고 의미 있는 활동을 떠올려 수업 계획을 세우는 것도, 흥미 없이 지겨워하는 표정의 아이들을 보는 것도 여간 힘들고 미안한 게 아니다.

올해 동아리 활동 부서 조직도 예년과 다를 바 없었다. 선생님들끼리 모여 각자 자기가 지도하길 원하는 부서를 먼저 정했다. '독서부를 담당하면 정말 편할 텐데. 하지만 특별한 활동이나 배울 거리가 없어서 아이들은 정말 지겨워하겠지?' 하는 생각으로 고민이 되었지만 굳이 힘든 부서를 맡아서 1년 동안 고생하고 싶은 마음도 없었다. 하지만 장구 학습을 하길 원하는 학교 분위기에 나는 이런저런 고민 끝에 내 마음 속에 있는 선의를 최대한 끌어내어 아무도 맡으려고 하지 않는 장구부를 맡기로 했다. 장구를 배우기만 했지 가르쳐 본 적이 없어서 지도하는 게 제법 힘들 것 같았지만 학생들만큼은 즐겁게 참여하지 않을까 하는 생각이 들었다. 다른 여러 선생님들도 자신의 장기나 지도하는 데 있어서의 편안함 등을 따져 나름의 고민 끝에 한 가지씩 부서를 결정했고, 결정된 부서는 독서부, 장구부, 영어회화부, 기계공학부,

체육부, 기타부였다. 독서부·장구부·기계공학부·체육부는 학교 선생님께서 하나씩 담당하여 맡기로 했고, 영어회화부는 해군 어학병의 지원을 받아 수업을 하기로 했다. 그리고 학교에 기타가 여러 대 있으므로 기타 강사를 초빙하여 기타부를 조직하기로 했다.

동아리 부서는 결정이 됐고 학생들을 동아리 부서에 배정하여 조직하는 날이 되었다. 5학년 담임인 나는 우리 반 학생들을 모아 놓고 동아리 부서를 소개했다. 우리 학교의 경우 학생 수가 적다 보니 3학년부터 6학년까지 무학년제로 동아리 부서를 조직한다. 지도교사가 전담교사까지 포함해서 5명밖에 되지 않다 보니 5개의 동아리 부서를 조직하여 6~7명 정도의 학생이 활동을 하게 된다. 아이들이 좋아하는 한 부서에 너무 몰리게 되면 부서 조직 및 운영이 힘들어지므로 학생 수를 최대한 균등하게 강제 배정할 수밖에 없다. 그래서 아이들에게 원하는 부서를 선택하라고 말한 뒤, 한쪽 부서에 많이 몰리면 본인 뜻과 다르게 강제 배정될 수도 있음을 알렸다. 아이들의 희망을 조사한 결과, 우리 반 11명의 학생 중 기계공학부에 7명, 체육부에 4명이 희망했고 나머지 부서는 지원자가 전혀 없었다. 이런 경우 보통 가위바위보에서 이긴 사람에게 우선권을 줄 때가 많았다. 이번에도 가위바위보를 해야 하나 고민하며 강제 조정에 들어가겠다고 하자 영진이가 부서를 바꾸겠다며 체육부에서 장구부로 옮겨 달라고 했다. 아마 담임 선생님이 장구부를 맡았으니 나를 배려해 장구부로 옮기겠다는 것 같았다. 어쨌든 정해진 시간 동안 동아리 부서를 조직해야 했기에 설득 반 강제 반으로 각각의 부서에 골고루 2~4명씩의 학생을 배정했다. 가위바위보에 이긴 아이는 신이 나서 환호성을 외쳤고, 져서 자기가 원하지 않은 부서에 배정받은 아이의 얼굴엔 짜증이 가득했다.

학생 중심의 동아리 조직

부서 조직이 끝나고 교사 협의 시간이 되어 오늘 있었던 동아리 활동 부서 배정에 대한 이야기를 나누다 보니 다른 학년의 사정도 마찬가지였다. 인기 있는 부서는 기계공학부와 체육부이며, 장구부는 희망자가 전혀 없었다. 영어회화부, 기타부, 독서부도 별반 상황이 다르지 않았다. 그때 연구부장 선생님이 한 가지 제안을 하셨다.

연구부장: 그럼 학생들이 직접 동아리 부서를 정해 보는 건 어떨까요?

전체: …….

이교사: 괜찮은 생각인 것 같은데요.

홍교사: 그런데 학생들이 원하는 부서를 하게 되면 교사가 지도하기 어려울 수도 있을텐데 괜찮을까?

문교사: 동아리 활동에 필요한 자료나 도구도 모두 갖출 수 없을 거예요.

김교사: 그래도 학생들이 스스로 동아리를 정하면 불만도 없을 것 같고 즐겁게 참여할 수 있을 것 같은데요.

연구부장: 일단 전체 학생을 모아 놓고 의논을 해서 부서를 조정하기로 하고 학생들 의견부터 들어 봅시다.

– 2015년 3월 24일 교사 협의회 중에서

그렇게 해서 그날 오후 3~6학년 학생 전체가 도서관에 모이게 되었다. 연구부장 선생님이 전체 학생들을 대상으로 모임의 취지를 간략하게 설명하고 원하는 부서를 말해 보라고 하셨다. 다양하고 황당한 동아리 부서들이 쏟아질 거라 예상했지만 회의 내용은 생각보다 무난했다. 애니메이션부나 바둑부를 만들자는 의견도 있었지만 한두 명의 소수 의견이었고, 결론적으로 만들기부, 체육부, 공학부, 음악부로 의견이 모아졌다. 그래서 구체적인 내용은 같은 부서를 희망하는 학생끼리 따로 모여서 결정하기로 했다. 나는 음악부를 희망하는 학생들이 모여서 어떤 악기를 배울지 의논하는 장면을 지켜봤다.

은영: 피아노 배우자.

혜진: 피아노는 강당에 1대밖에 없는데?

은영: 피아노를 배우려면 각자 1대씩 있어야 하니까 안 되겠다.

정임: 플루트는?

주원: 우리는 플루트가 없잖아.

수진: 그러면 리코더나 오카리나는?

전체: …….

은영: 실로폰은?

전체: 하하하하.

혜진: 학교에 있는 악기 중에서 정해야 될 것 같아.

정임: 학교에 기타가 많잖아.

수진: 그럼 기타 배우자.

전체: 어, 좋다!

– 2015년 3월 24일 동아리 부서별 협의 내용 중에서

처음부터 기타부는 동아리 부서에 존재했었는데 전혀 인기 없는 부서였다. 하지만 악기를 배우고자 하는 학생들이 모여서 의논한 결과 단 한 명의 반대도 없이 기타를 배우기로 결정한 것이다. 기타부가 동아리 활동 부서로 정해졌다는 결론은 같았지만 기타부가 정해지기까

지의 과정은 전혀 달랐다. 그리고 동아리 부서를 강제 배정할 때의 그 불평과 불만의 목소리들을 떠올린다면 그 과정에 따른 결과도 전혀 다른 것이었다. 학생들 전체가 모여 의논을 하고 결정을 한다는 것은 정말 신선한 경험이었다. 학창시절 사회 시간에나 들어 보던 고대 아테네의 직접 민주주의가 내 눈앞에 펼쳐졌다. 학생들은 자신의 목소리를 내어서 부서를 결정하는 과정에 진지하고 적극적으로 참여했고 자신들이 결정한 부서에 만족한 것 같았다. 100퍼센트 만족하지 못한 학생도 많았겠지만 스스로 의견을 내고 결정했기에 불만스러운 표정을 짓고 있는 학생은 찾아볼 수 없었다.

연구부장 선생님이 학생들끼리 의논해서 동아리 부서를 조직하자고 제안하셨을 때, 나는 학생들을 믿지 못했다. 결국 시끌벅적 한바탕 의논만 하고 난 뒤 아무 결론도 내지 못하고 결국 선생님들이 조정해서 부서를 정하는 상황이 벌어질 것이라 예상했다. 하지만 내 예상은 보기 좋게 빗나갔다.

결론적으로 학생들이 자발적으로 결정한 동아리 활동 부서는 창의미술부, 기타부, 체육부, 기계공학부이다. 영어회화부는 희망 학생이 두 명밖에 없어서 조직되지 못했는데 해군에서 어학병을 매년 지원해주고 있고 그들의 영어 능력이 우수하기에 영어부를 없애는 것은 아쉬움이 컸다. 그래서 어쩔 수 없이 6학년 선생님이 영어에 흥미와 소질이 있는 학생 두 명을 불러서 영어회화부에 들어가는 것이 어떻겠느냐며 설득을 했다. 영어회화부에 배정된 6학년 당사자들의 말에 따르면 담임 선생님의 강제적(?) 배정이라고 했지만 헤실헤실 웃으며 말하는 게 전혀 기분 나쁜 표정은 아니었다. 이렇게 해서 결국 영어회화부도 동아리 부서에 포함되게 되었다.

그리고 며칠 후, 동아리 부서별 아이들끼리 모여서 한 학기 동안 배우고 싶은 활동 내용을 정했다. 교사만이 원하는 활동이 아닌 지도교사와 학생들이 모여 서로 의논을 하며 활동 내용을 결정한 시간은 교사와 학생들 모두에게 가치 있는 시간이었다고 생각된다. 배움에 있어 수동적인 존재였던 학생들은 능동적으로 다양한 활동을 지도선생님에게 제출하기도 했다. 아이들이 정한 몇몇 활동들은 실제 수업 시간에 적용되지 못하기도 했지만 스스로 배우고 싶은 내용을 생각해 보는 과정 자체에서 능동적인 존재로서의 역할을 충분히 수행할 수 있다는 것을 책을 통해서가 아닌 현실에서 지켜보고 배울 수 있었던 시간이었다.

믿는 만큼 성장하는 아이들

그후 운 좋게도 나는 기타부를 담당하게 되었다. 왜냐하면 기타부는 기타 강사가 직접 아이들을 가르치고 나는 출석 관리 및 보조교사를 하면 되기 때문이었다. 게다가 기타부는 소수 정예로 3학년 2명, 6학년 3명, 교사 1명 총 6명으로 구성되어 학생 관리도 아주 수월했다. 그래서 나는 아이들과 함께 기타를 배운다. 나 역시 학생들과 함께 능동적으로 활동에 참여해 보기로 한 것이다. 하라는 연습은 하지 않고 조잘대고 뺀질거리는 3학년 어린 학생들의 모습이 너무 귀엽고, 늘 무표정하지만 6학년 학생들은 꽤 성실하게 임했다. 그런데 그 5명의 학생들이 기타를 배우는 과정을 보면 거의 신비로울 지경이다. 매주에 한 번꼴로 80분 동안 기타를 배우는데 두세 번 수업을 듣고 나니 어린 학생들도 간단한 코드를 짚어 가며 동요를 몇 곡씩이나 연주할 수 있게 되었다. 기타를 잠시라도 배워 본 사람은 알겠지만 고사리 같은 손으로 코드를 외우고 또 짚어 가며 연주하기란 그리

간단한 일이 아니다. 만약 자율적인 동아리 구성을 하지 않았다면 기타부는 어땠을까? 지금과 같은 귀엽고 소질 있는 아이들이 아니라 억지로 끌려온 아이들이 굉음을 내며 기타 줄을 불만스럽게 튕기고 있을 가능성이 높다. 물론 기대치 않게 우연히 기타를 접하게 되어 자신의 소질을 발견하게 된다는 멋진 가능성도 있었겠지만 말이다.

기타부와 영어회화부

교육이라는 것이 항상 예상한 대로의 결과를 가져다주는 것이 아니기에 섣부른 판단은 금물이겠지만 나는 학생들을 믿고 학생들에게 스스로 결정할 기회를 주었다는 것은 분명한 발전이라고 생각한다. 나는 오랫동안 교사로서 학생들을 믿지 못하고 선택권을 통제하는 것을 당연히 여겨 왔다. 오히려 그런 내 선택이 당연하다고 생각해 왔고 그럴 수밖에 없었다. 학생들은 믿는 만큼 성장하는데 나는 학생들을 믿지 않았다. 믿지 않았다는 것은 학생들이 성장할 기회를 박탈당한 것이니 학생들은 그에 따른 모습만 보여 준 것이었다. 사실 한 반의 학생을 맡아 지도하다 보면 항상 그들에게 자율적인 선택권을 제공할 수는 없다. 오히려 권위를 내세우며 강요해야 하는 경우도 종종 발생한다. 하지만 매번 그런 상황을 당연시 여기다 보면 학생들이 가진 잠재력과 성장 기회를 박탈하는 셈이 될 것이다. 학생들이 스스로 선택할 수 있는 권리와 스스로 교사가 될 수 있는 기회를 제공한다면, 학생에 대한 믿음을 가진 교사와 능동적인 학생들이 혼연일체가 되어 만들어 가는 수업이라면, 그 가운데서 교사와 학생은 충분히 만족하고 성장해 나갈 수 있을 것이다.

놀이를 통한 마음 키우기

재랑 하기 싫어요

통합교과의 친구와 손잡고 달리기 수업을 하기 위해 두 명씩 짝을 정해 주었다. 그런데 진규가 "선생님, 저는 준영이랑 하기 싫어요."라고 한다. 그러자 옆에 있던 주희도 "저도 재랑 하기 싫은데요."라고 투덜거린다. 이런 상황은 교사 생활에서 자주 겪는 장면이다. 수업 시간 중 짝을 지어 하는 활동이나 자리를 새로 바꿀 상황이 되면 누구랑 앉고 싶지 않다는 아이들의 이야기뿐만 아니라 짝을 바꿔 달라는 학부모의 전화도 매년 한 번씩은 받게 된다. 짝이 되기 싫은 아이와 짝이 되었을 때 겪는 속상함, 친구에게 싫다는 소리를 들은 아이가 받을 상처. 이 모두를 해결할 수 있는 방법은 없을까?

문제 해결을 위해 먼저 1학년의 교우 관계도를 조사해 보았다. 그 결과, 여학생 중에서는 승미가, 남학생 중에서는 진규가 가장 선호하는 짝으로 나왔다. 반면 짝이 되기 싫은 친구로는 채린이와 민석이를 많이 지목했는데, 그 이유는 괴롭히고 놀리기 때문이었다. 민석이는 그나마 어울려 노는 친구들이 있는 편이지만 채린이는 거의 혼자서 노는 경우가 많아 사실 친구 관계가 원만치 못한 편이다. 지난달 자리를 바꿀 때는 채린이랑 짝이 되기 싫다고 몇몇 아이들이 쑥덕거렸고 아무도 채린이랑 앉고 싶어하지 않아 결국 학습도움반 친구인 재석이의 짝으로 앉혔다. 이런 상황에 부딪히면 교사인 나도 고민이 된다. 채린이를 싫다고 하는 아이를 일부러 짝으로 앉힐 것인지, 아무도 짝을 하고 싶어하지 않으니 차라리 채린이를 혼자 앉게 할 것인지……. 하지만 근본적인 해결 방법은 새 짝을 누구로 앉힐 것인가가 아니라 아이들이 친구 싫어하는 마음을 없애 주는 것이라는 생각이 들었다. 그래서 아이들이 서로 싫다는 이야기를 멈추고 사이좋게 지낼 수 있는 방법이 없을까 고민했고 학습 활동 중에도 협력하는 활동을 가급적 많이 넣어 보는 노력도 했으나 그 효과는 미비했다.

6월, 메르스 여파로 학교 전체 행복 맞이의 날이 취소되고 학급 행복 맞이의 날을 담임 교사가 계획, 실시하게 되었다. 어떤 활동을 해 볼까 고민하다 이 기회에 친구를 배려하고 사이좋게 지낼 수 있도록 하고자 친구와 협력하는 놀이를 해 보기로 했다.

아이들은 놀이에서 배운다

통합교과 〈학교〉의 2단원 '우리는 친구'는 초등학생의 성장과 발달에 중요한 의미를 갖는 '나와 친구'를 주제로 이루어져 있어 바른 생활, 슬기로운 생활, 즐거운 생활의 교과를 통합하여 학습할 수 있도록 구성되어 있다. 이 단원의 내용을 재구성하여 친구에 대한 이해와 배려를 익힐 수 있는 활동 중심의 수업 내용을 계획했다. 바른 생활에서는 재미있는 동화를 통해 배려에 대한 의미를 알아보고,

배려의 약속을 다짐하는 시간을 두어 배려가 생활 속에서 지속적으로 실천될 수 있도록 했다. 슬기로운 생활에서는 나와 친구에 대한 관심과 이해의 기회를 제공했고, 즐거운 생활에서는 친구와 함께 어울려 노는 다양한 활동 기회를 제공하여 함께 놀이를 하면서 몸으로 직접 익힐 수 있도록 했다.

「우리는 친구」 활동 계획

차시	교과	차시 주제	학습 내용
1	바른 생활	배려의 뜻을 알아봐요	배려와 관련된 〈여우와 두루미〉, 〈장님과 등불〉 동화 듣고 배려의 뜻에 대해 알아보기
	슬기로운 생활	내 친구가 궁금해요	나눔 조각보를 완성하며 나와 친구에 대해 알아보기
			친구 별명 짓기
2	즐거운 생활	친구와 함께 해요	어깨동무
			나눠 먹어야 제 맛
			손으로 느끼는 친구
3	즐거운 생활	친구와 함께 놀아요	징검다리 놓기
			고리 전달하기
			친구와 함께 달리기
4	즐거운 생활	친구와 함께 놀아요	달팽이 놀이
	바른 생활	꼭꼭 약속해요	약속 쓰기
성취기준		〈바른 생활〉 학교에서 친구와 서로 도우며 공부할 수 있는 방법을 익힌다.	
		〈슬기로운 생활〉 친구 소개하기, 친구 관계 지도 그리기 등의 다양한 활동을 하면서 친구에 대해 관심을 갖는다.	
		〈즐거운 생활〉 다양한 방법으로 친구를 표현하며, 친구와 함께 할 수 있는 놀이를 한다.	

1차시에는 배려와 관련된 동화 〈여우와 두루미〉, 〈장님과 등불〉을 듣고 배려의 중요함에 대해 서로 이야기 나누어 보고, 배려의 의미를 알아보는 활동을 했다. 여우는 무엇을 잘못했는지, 장님은 자기가 보이지도 않는데 왜 등불을 들고 있었는지에 대해 이야기를 나누고, 배려가 무엇인지 이야기해 보았다.

교사: 그럼 배려란 무엇일까요?

민철: 아이스크림이 두 개 있을 때 하나를 친구한테 주는 거요.

재영: 희생이요.

유진: 친구한테 양보하는 거요.

교사: 네. 여러분이 말한 것이 다 맞아요. 배려란 관심을 가지고 보살피고 도와주는 것이에요. 그럼 여러분이 친구를 위해 할 수 있는 배려에는 어떤 것이 있는지 발표해 볼까요?

재영: 교구 가지고 놀 때 친구한테 줘요.

현철: 과자를 나눠서 같이 먹어요.

지연: 친구가 지우개 없을 때 빌려 줘요.

– 2015년 6월 25일 수업 중에서

1학년이다 보니 아직 배려가 무엇인지 정확하게 정의하지 못하지만 어떤 것이 배려인지는 알고 있었다. 또 배려가 희생이라고 말한 재영이의 대답은 1학년이라고 하기에 그 수준이 높았다. 친구를 위해 할 수 있는 배려를 물어보는 질문에 대한 대답은 거의 대부분이 음식을 나눠 먹는다는 대답이었다. 한 아이가 음식을 이야기하면 다른 아이들도 비슷한 대답을 하는 경향이 있어 이처럼 고정화된 답이 계속 나올 때는 교사가 다른 예를 들어 주어 좀 더 다양한 대답이 나오도록 유도하는 것이 좋다. 친구에게 해 줄 수 있는 작은 것, 사소한 것들도 다 배려가 될 수 있다는 것을 알도록 다양한 배려의 사례를 제시해 주었다.

두 번째 활동으로 먼저 친구와 나는 다르다는 것을 알게 할 필요가 있었다. 서로의 다름은 틀린 것이 아니라 다를 뿐이라는 것을 알고 인정해 주는 것이 배려의 첫 번째 단계이다. 이를 위해 '나눔 조각보'를 활용하여 친구를 이해하는 활동을 했다. '나눔 조각보'는 가로 세 칸, 세로 세 칸으로 가운데에 자신의 이름을 쓰고, 이름을 기준으로 상하좌우에 자신의 장점을 쓴다. 그리고 종이를 시계방향으로 돌리면서 친구의 나눔 조각보에 적힌 장점을 보고 친구에게 예쁜 별명을 지어 주고 왜 그런 별명을 지었는지 적는다. 나의 장점을 적어 봄으로써 긍정적 자존감을 높이고, 친구에게 예쁜 별명을 붙여 주는 활동을 통해 친구에 대한 이해를 높이고 친밀도를 향상시킬 수 있다.

자신의 장점을 적어 보라고 하니 금방 다 적는 친구는 한두 명뿐이고 거의 대부분의 아이들이 네 칸을 채우지 못해 낑낑거리고 있었다. 그만큼 아이들은 평소 자신이 무엇을 좋아하고, 무엇을 잘 하는지, 그리고 무엇을 하고 싶어하는지 등에 대한 자기 인식이 부족했다. 자아정체성을 형성해 가는 초기 단계에 있는 1학년인 점을 고려한다면 그 수준에 적합한 내용으로 예시를 제공하는 것이 효과적일 것이다. 그래서 바른 글씨 쓰기, 인사 잘 하기, 친구와 사이좋게 지내기 등과 같은 사소한 것들이 자신의 장점이 될 수 있음을 설명해 주면서 자신감을 갖도록 해 주었다.

내 장점 쓰기가 완료되면 '나눔 조각보'를 시계 방향으로 돌려 친구의 별명을 지었다. 친구를 놀릴 때는 싫은 별명을 잘만 짓던 녀석들이 예쁜 별명을 지어 보라고 하니 또 힘이 드나 보다. 천하장사, 배려공주, 인사천사, 우사인볼트, 귀요미, 책벌레, 미남 등 다양한 별명들이 나왔다. '변유미'라는 이름 때문에 친구들이 변태라고 자주 놀려서 학교 오기 싫다는 아이는 공주, 방글이, 멋쟁이, 화가라는 예쁜 별명을 많이 얻게 되어 종일 싱글벙글했다.

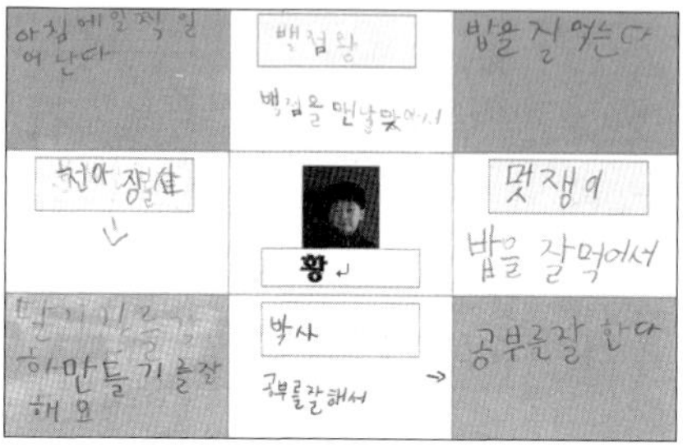

완성된 '나눔 조각보'

2, 3, 4차시에는 배려에 대한 실천이 이루어지도록 다양한 놀이 활동으로 구성하여 배려심을 기를 수 있도록 했다. 2차시에는 「어깨동무」, 「나눠 먹어야 제 맛」, 「손으로 느끼는 친구」 세 가지 놀이 활동으로 구성했다. 먼저 「어깨동무」 놀이는 교과서에 나오는 '어깨동무' 노래를 부르며 처음엔 2명씩, 그 다음 4명씩, 8명씩 점차 수를 늘려 가며 친구와 어깨동무를 하고 좌우로 몸을 흔들며 노래를 부르는 활동이다. 키가 서로 다른 친구들이 어깨동무를 하면 높낮이가 달라 좌우로 흔들기가 힘들다. 키가 큰 친구는 키가 작은 친구를 위해 몸을 낮추는 배려를 해 주어야 훨씬 하기 편하다는 것을 몸으로 느끼게 해 주었다.

「나눠 먹어야 제 맛」은 두 줄로 마주 서서 "반갑습니다."라고 인사말을 하며 악수를 나누고 친구에게 과자를 먹여 주는 활동이다. 음식을 같이 먹으면서 서로 정이 든다는 말처럼 과자를 서로 먹여 주면서 사이를 돈독하게 해 주는 활동이다. 아이들이 아침부터 가장 기다리던 과자를 먹을 수 있는 시간이다. 과자 봉지를 열자마자 민철이와 민식이 두 녀석은 참지 못하고 과자를 몰래 입에 넣었고 다른 아이들이 고자질을 했다. 민철이와 민식이에게 물어보았다.

교사: 민철아, 배려란 과자를 나 혼자 먼저 먹는 것일까요?

민철: 아뇨.

교사: 민석아, 그럼 어떻게 해야 배려일까요?

민석: 친구랑 같이 먹어야 해요.

교사: 여러분, 과자 먹고 싶죠?

학생들: (아주 큰 소리로) 네에!

교사: 이번 활동은 여러분이 먼저 먹지 않고 배려하는 마음을 가지고 친구에게 과자를 먼저 먹여 주도록 할 거예요.

– 2015년 6월 25일 수업 중에서

위의 경우처럼 아이들의 잘못된 행동은 학습의 좋은 소재가 된다. 두 아이의 잘못된 행동을 통해 배려가 무엇인지 다시 한 번 확인하고 이야기 나누는 시간을 가질 수 있기 때문이다. 자기가 가져온 과자를 친구에게 먼저 먹여 주는 활동을 시작했다. 서로 입에 과자를 넣어 주면서 머쓱해하는 친구도 있고, 과자를 먹는 게 신난 먹돌이 친구도 있었다. 나중엔 서로 자유롭게 과자를 나눠 먹는 시간도 가졌다. 과자를 못 가져와 시무룩했던 유진이는 친구들에게 얻은 과자가 접시에 가득하자 나에게 자랑까지 했다. 과자를 맛있게 먹으면서 친구에게 과자를 먹여 준 기분을 물어보았다.

지은: 친구 입에 과자를 넣어 줬더니 친구가 고맙다고 해서 기분이 좋았어요.

민철: 친구가 주니까 더 맛있어요.

주희: 친구가 가져온 과자가 제 과자보다 더 맛있었어요.

경주: 친구가 먹는 모습이 귀여워요.

– 2015년 6월 25일 수업 중에서

친구에게 과자 먹여 주는 모습

1학년 아이들은 아직 자기중심적이어서 맛있는 것을 가져오면 혼자서 먹는 편이다. 아무리 옆 친구가 달라고 해도 주지 않는 경우가 많고 아니면 자기가 좋아하는 친구만 줘서 울거나 싸울 때도 많다. 하지만 이 활동을 통해 혼자 먹는 것보다 친구와 같이 먹는 것이 더 즐겁고 좋다는 것을 아이들이 알게 된 것 같다. 과자를 나 혼자만 먹으면 한 가지 과자 맛만 볼 수 있지만 서로 나눠 먹으면 22가지 과자 맛을 볼 수 있다는 것을 말이다. 과자를 서로 먹여 주고 고맙다고 인사를 나누며 서로 나누는 배려는 더 큰 행복으로 돌아온다는 것을 아이들이 직접 느끼는 시간이었다.

「손으로 느끼는 친구」는 안대를 쓰고 친구의 얼굴을 만져 보는 활동이다. 친구의 얼굴을 만지며 스킨십을 통해 친밀감을 높이고, 누구인지 맞혀 보는 활동이었는데 아쉽게도 시간이 부족해서 아이들과 해 보지 못했다. 너무 욕심을 내서 놀이 활동을 한 차시 안에 너무 많이 계획했던 것 같다.

3차시 활동은 「친구와 함께 달리기」, 「징검다리 놓기」, 「고리 전달하기」 활동으로 본격적인 협력놀이를 구성했다.

「친구와 함께 달리기」는 두 명이 서로의 한쪽 다리를 묶고 달리는 2인 3각 경기로, 함께하는 즐거움을 느낄 수 있는 놀이이다. 서로의 걸음을 맞춰 주지 않으면 넘어지거나 제대로 걸을 수가 없다. 서로 협력하여 왼발과 오른발을 맞춰 걸어야지만 잘 걸을 수 있는 것이다. 서로 두 명씩 짝을 정해 주는데 아니나다를까 진규가 준영이랑 하기 싫다고 말했다. 진규에게 이유를 물어보니 평소 운동을 잘 하지 못하는 준영이와 하면 못할 것 같아서라고 했다. 나는 진규에게 준영이랑 한번 같이 해 보라고 타일렀다. 마지못해 한 팀이 된 진규와 준영이는 처음엔 걸음이 맞지 않아 삐걱대며 한 걸음도 걷지 못했다. 그런데 조금 지나고 보니 의외로 정말 잘 걷고 있었다. 처음부터 걸음을 잘 맞춰 걷던 유진이와 유경이는 발을 맞추어 뛰기까지 했다. 장난꾸러기 현철이는 마음만 급해서 발이 꼬여 주저앉아 누워 버리고 재석이는 그런 현철이를 한 발로 끌고 가기도 했다. 승부욕 불타는 스포츠맨 명우와 정윤이는 둘이 합치면 천하무적일 줄 알았는데 승부욕이 지나쳐서인지 도리어 속도가 떨어졌다. 이 놀이는 운동을 잘하는 아이보다는 서로 마음을 맞추고 협력하는 아이가 더 잘할 수 있는 놀이인 것이다. 모두의 예상을 뒤엎고 진규와 준영이 팀이 1등을 했다. 진규는 "내가 1등을 하다니 정말 기분 좋다."라며 무척 즐거워했고 준영이도 기뻐서 폴짝폴짝 뛰었다. 이번 경기를 계기로 진규와 준영이가 더 친해지고 준영이가 운동에 흥미를 가지길 기대해 본다.

「친구와 함께 달리기」 하는 모습

「징검다리 놓기」는 네 명이 한 팀이 되어 한 친구가 앞으로 걸어갈 수 있도록 세 명의 친구가 징검다리 노릇을 해 주는 놀이이다. 서로 힘을 합해 열심히 하는 팀은 앞으로 쭉쭉 나갈 수 있지만, 하기 싫다고 투정 부리는 친구가 빠진 한 팀은 계속 꼴찌를 했다. 화가 난 그 팀은 하기 싫다고 빠진 친구에게 불평을 쏟아부었고 교사인 내가 그 아이를 달래어 다시 참여시켜 보았지만 이미 서로 마음이 틀어진 뒤라 결과가 좋지 않았다.

「고리 전달하기」는 원을 만들어 손을 잡고 훌라후프를 서로 도와가며 전달하는 놀이이다. 친구가 훌라후프를 잘 통과하게 해 주기 위해선 옆의 친구가 훌라후프를 잘 들어 주어야 한다. 어떤 친구는 옆 친구가 통과하도록 훌라후프를 들어 주는데, 어떤 친구는 자기가 통과했다고 옆 친구를 도와주지 않고 구경만 하고 있었다. 그러다 보니 훌라후프를 통과하지 못해 힘들고 결국 다른 모둠보다 속도가 늦었다. 하지만 두세 번 하고 나니 이제 방법을 깨달았는지 친구를 도와주는 아이가 많아졌다.

「징검다리 놓기」와 「고리 전달하기」 놀이 모습

4차시 활동은 「달팽이 놀이」와 「약속 쓰기」 활동으로 「달팽이 놀이」는 달팽이 모양의 원을 그려 두 팀으로 나누어 하는 팀 경기이다. 두 편으로 나누어 안과 밖의 출발선에 서서, 시작하면 서로 마주보고 달리다가 만나면 가위바위보를 한다. 이기면 계속 나아가고 지면 다른 사람으로 바꾼다. 이렇게 하여 상대편의 진영에 먼저 도착하는 사람이 이긴다. 가위바위보를 잘하는 유진이는 남학생들을 계속 이기면서 달려 나갔고 남자팀 진영을 거의 앞두고 아쉽게 졌다. 두 팀 모두 1 대 1 무승부로 끝났지만 아이들은 자신의 팀을 응원하며 하나 된 마음을 느꼈을 것이다.

교실로 돌아와 오늘 활동에 대한 소감을 나누어 보았다. 유진이는 유경이와 발맞춰 달리기를 한 것이 재미있었다고 했고, 정윤이는 친구와 과자를 같이 먹으니까 더 맛있었다고 했다. 진우는 앞으로 친구를 도와주고 사이좋게 지내야겠다고 했다. 소감을 나눈 후 학교에서 친구와 함께 할 수 있는 일을 생각해 보고 친구와 함께 학교에서 지켜야 할 약속을 적어 '나는 ☐ 친구가 될 것을 약속합니다.'라는 약속 카드를 만들어 보았다. 자신이 쓴 약속 카드를 친구들 앞에서 큰 소리로 발표하며 실천 의지를 다지는 시간도 가졌다. 혼자보다는 친구들과 함께 하는 것이 삶을 풍요롭게 만드는 것임을 알고, 친구와 사이좋게 지내기 위하여 실천할 일들이 무엇인지 알 수 있는 시간이었다.

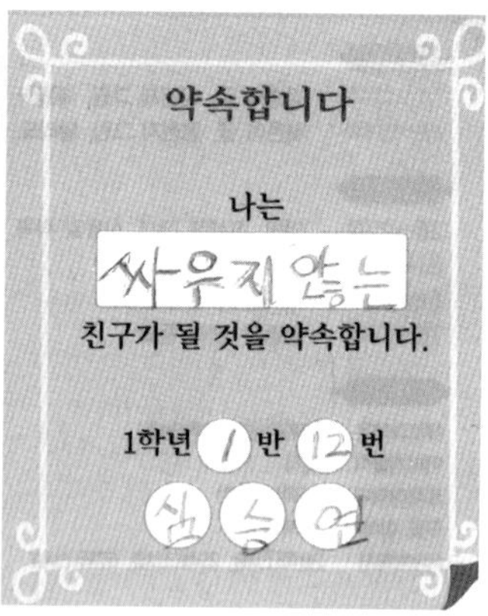

「달팽이 놀이」 모습과 약속 카드 쓰기

배려를 꿈꾸며

4차시의 모든 활동을 마치고 나서 아이들이 하교하고 난 후 교실에서 오늘 활동을 되돌아보았다. 첫째, 오늘의 놀이를 통해 아이들은 친구와 배려를 알게 되었다. 친구의 장점과 별명을 지으며 그동안 생각해 보지 않았던 친구의 좋은 점도 생각해 보았을 뿐 아니라 친구의 좋은 점을 닮고 싶다는 생각도 가지게 된 시간이었다. 혼자가 아닌 둘이 함께하는 즐거움, 서로 도와서 뭔가를 이루어 내는 아이들의 모습 속에서 친구를 배려하는 태도를 볼 수 있었다. 둘째, 교사는 녹초가 되었지만 아이들은 움직이고 활동하는 놀이를 좋아했다. 진정한 배움이란 교과서를 읽고, 쓰고 하는 것이 아니라 직접 해 보고 몸으로 익히는 것이라 생각한다. 특히 이런 도덕적 가치 덕목의 경우 지루한 수업보다는 활동적인 수업이 더 효과적인 것 같다. 다른 '예절', '책임', '준법' 등의 가치 덕목의 수업도 놀이 활동으로 구성한다면 더 효과적인 내면화가 이루어질 것이다. 하지만 배려를 알게 하고픈 나의 지나친 욕심으로 너무 많은 놀이 활동을 계획한 것 같았다. 활동을 차시당 1~2개 정도로 줄이면 활동의 질도 좀 더 높아지고 시간적인 여유가 있었을 것이라고 반성해 본다.

오늘 단 한 번의 수업으로 아이들이 100% 바뀌지는 않을 것이다. 며칠 지나지 않아서 또 아이들은 서로 놀리며 다툴 것이다. 하지만 조금씩 반복적으로 해 나가다 보면 아이들도 그만큼 성장하고 변하리라 믿는다.

계절학교로 꿈에 날개 달기

방학에 뭐하고 놀아요?

아이들이 3월에 가장 많이 하는 질문 중 하나는 여름 방학이 언제냐는 질문이다. 그만큼 방학이란 설레고 기다려지는 시간이기 때문이다. 학기 중에 하지 못했던 친척 방문이나 다양한 곳으로의 여행과 체험학습, 공부에 지친 몸과 마음을 신나는 일로 달래는 꿀 같은 재충전의 시간들. 그래서 방학식 날의 아이들 눈빛은 생기 그 자체이다.

그래서 기말고사가 얼마 남지 않은 날, 방학을 미끼로 아이들의 시험공부를 독려하고자 이야기를 꺼냈다.

교사: 많이 힘들지? 기말고사 치고 2주 지나면 방학이니 조금만 힘내라.

태연: 방학에 더 할 일이 없어요.

교사: 무슨 소리냐? 방학하면 놀러 가고, 친척집도 가고 그럼 되지.

혁민: 아빠가 바빠서 안 돼요.

교사: 그래도 방학이면 게임도 마음대로 하고, 놀면 좋잖아?

진솔: 그것도 매일 해서 지겨워요.

– 2015년 7월 1일 아이들과의 대화 중에서

천천히 아이들의 표정을 살폈다. 학교에서 공부하는 것도 좋아하지 않는 편이기에 방학을 기다릴 거라 생각했는데, 거의 대부분의 아이들 표정이 별로 좋지 않았다. 가정 환경이나 바쁘신 부모님 때문에 특별한 곳으로 놀러 가지 못하더라도 방학동안 놀 시간이 많아지고 자유가 주어지면 분명히 좋아하는 것이 일반적인 반응인데 이해가 되지 않았다. 그토록 원하던 '자유'가 주어졌는데, 왜 좋아하지 않을까? 고민하던 찰나에 학교 주변 환경이 너무 열악하다는 생각이 들었다. '문화의 집'이라는 작은 놀이 공간을 제외하면 아이들이 살고 있는 이 마을에는 어떠한 문화 시설도 없었다. 수영장을 대신할 동네 뒷산의 작은 계곡 하나가 전부인 실정이라 아이들이 놀려고 해도 놀 곳이 없었다. 하다못해 PC방, 오락실 하나도 없으니 평소 아이들이 매일 공사판에서 장난을 치거나 유치원 놀이터를 서성거렸던 모습도 이해되었다.

그러고는 아이들의 가정 환경을 돌아보았다. 부모님이 출근하고 난 집에서 아이들에게 주어진 것은 '자유'가 아니라 '방치'였다. 밥을 제때 챙겨 먹을 리 만무했고, 더운 날씨에 축 처져 있을 아이들의 모습이 떠올랐다. 이런 상황이라면 방학은 아이들에게 오히려 더 지루하고, 재미없는 시간이 될 것이 당연했다. 그제야 방학이 신나지 않다는 아이들의 말과 표정이 이해되었고, 주변의 좋지 않은 환경과 요소들을 해결하기 위해 관심을 기울이기 시작했다. 아이들이 평소에 좋아하던 레고 만들기나 운동, 영화 보기 등을 넣어서 방학 중에 할 수 있는 「계절학교」 프로그램을 대략적으로 구상한 다음 교사 회의 시간에 이야기를 꺼냈다.

이교사: 아이들이 방학 때 방치되는 느낌인데 여름방학 때 2주간 이런 계절학교 프로그램을 하는 건 어때요?

오교사: 음, 좋다. 취지도 좋고. 그런데 너무 노는 것만 있는 것 같으니 부진아 지도를 이때 같이 해 보도록 하자.

문교사: 오후 5시까지 하면 밥을 줘야 하는데 애들 밥은 어떻게 해요?

홍교사: 밥이 제일 문제다. 식중독 문제도 있고, 자칫하면 안전사고 위험도 크고…….

김교사: 그럼 이 기간 동안에 전 교사가 다 나와야 해요?

이교사: 아니요. 5, 6학년이 할 거니까 주로 저랑 5학년 선생님이 나오고요. 근무일에 나오시면 좀 도와주세요.

오교사: 교감 선생님께 상의도 드리고 운영위원회 심의도 해야 하니 계획서를 일단 써 봐.

허교사: 여름방학 방과 후 교실 지원 사업비가 있는데 요리 교실을 같이하면 어때요?

이교사: 그렇게 하면 좋죠. 애들이 직접 만들어서 먹으면 더 좋아하죠. 그럼 밥은 해결된 것 같고, 그럼 제가 예산 계획을 한번 짜 볼게요.

– 2015년 7월 1일 회의 시간 중에서

사실 방학 때 하는 활동이라 선생님들의 협조를 구하는 일도 조심스럽고, 아이들의 참여도 걱정되었다. 선생님과 아이들 모두 7월이면 지치고 휴식이 필요함을 온몸이 부르짖는 시기이기 때문이다. 또 2주라는 긴 시간 동안 이루어질 「계절학교」 계획은 학생들의 안전사고가 발생할 가능성이 높았고, 필요한 예산과 지도 선생님의 출근 등 제한사항이 많았다. 하지만 열 분의 선생님 모두가 학생들의 방학 중 생활에 대한 문제의식에 공감하고, 선뜻 자신의 재능과 자원을 투자하여 아이들이 방학을 의미 있게 보낼 수 있도록 도와주겠다고 하셨다. 협의를 통해 나의 엉성했던 계획에 학습 부진아 지도 계획이 추가되었고, 관계 개선을 통한 학교폭력 예방을 위하여 함께 어울려 식사하고 학교에서 하룻밤을 보내는 캠핑 활동도 추가되었다. 각 활동을 지도할 교사가 부족하여 아이들이 한 종목씩 맡아서 선생님이 되어 서로 가르쳐 보고 배우도록 하는 '또래 교사' 방법을 적용해 보기로 했다. 머릿속에 혼자 맴돌던 계획이 집단 지성의 힘을 받아 멋진 계획으로 재탄생한 것이다.

여름방학 계절학교 계획

<table>
<tr><th colspan="2">요일
교시</th><th>월</th><th>화</th><th>수</th><th>목</th><th>금</th></tr>
<tr><td rowspan="2">1</td><td rowspan="2">9:00
~
10:50</td><td colspan="5">【공학교실】
레고 테크닉, 과학 상자를 활용한 움직이는 장난감을 만들고 K1A1 탱크, 호버크래프트 등 스냅키트 조립을 통하여 과학적 원리를 찾는다.</td></tr>
<tr><td colspan="5">☞또래 교사: 강○○, 정○○, 고○○, 문○○, 김○○, 임○○</td></tr>
<tr><td>2</td><td>10:50
~
13:00</td><td colspan="5">【요리교실】
직접 만든 요리를 계절학교 동안 점심식사로 활용하면서 자립심과 책임감을 키우며 균형 잡힌 식생활을 향유하며 팀별로 요리를 만들며 협동심을 지니도록 한다.</td></tr>
<tr><td rowspan="2">3</td><td rowspan="2">13:10
~
15:00</td><td colspan="5">【또래교실】
부진아 지도와 연계하여 국어와 수학을 방학 동안 보충하며, 각자의 장기를 활용하여 수업을 구성하여 가르치고 배우면서 성장하도록 한다.</td></tr>
<tr><td colspan="5">☞또래 교사: 장○○, 한○○, 정○○, 김○○</td></tr>
<tr><td rowspan="4">4</td><td rowspan="4">15:10
~
17:00</td><td colspan="5">【체육교실】
티볼, 패드민턴, 하키 등 뉴스포츠 종목을 통해 심신을 단련한다.</td></tr>
<tr><td colspan="5">☞또래 교사: 김○○, 박○○</td></tr>
<tr><td colspan="5">【영화교실】
역사적인 의미를 담은 영화를 시청하면서 역사의식을 지닌다.</td></tr>
<tr><td colspan="5">☞또래 교사: 이○○, 김○○</td></tr>
</table>

계절학교 캠핑 계획(1박 2일)

내용 / 시간	활동 내용	비고
17:00~19:00	저녁식사	장보기, 식사 준비, 식사
19:00~21:00	자율 레크레이션	팀별 장기자랑
21:00~22:00	취침 준비	여학생: 5학년 교실(문○○) 남학생: 6학년 교실(이○○) 총괄관리: 오○○, 홍○○
22:00~07:00	취침	22:00~01:00 이○○, 01:00~03:00 문○○ 03:00~05:00 홍○○, 05:00~07:00 오○○
07:00~08:00	기상 및 세면	기상 및 세면 – 온수 활용
08:00~09:30	아침식사	아침식사 및 도시락 준비
09:30~12:00	백일계곡 물놀이	안전 관리: 이○○, 홍○○
12:00~13:00	점심식사	삼겹살, 밥, 라면

재탄생된 「계절학교」 계획은 학교 운영위원회 심의를 통과하며 예산도 확보되었고, 교장 선생님의 승인을 받아 최종적으로 진행하게 되었다.

또래 교사 라이선스

계절학교 계획이 승인되면서 일정이 바빠졌다. 아이들은 각자 5가지 영역 중 한 영역을 골라 다른 아이들을 가르칠 계획을 수립하고 통과되어야 라이선스를 발급받아 선생님 자격을 획득할 수 있고, 라이선스가 있어야 학생들 앞에서 설 수 있었기에 아이들의 움직임은 분주했다.

희주: 샘, 샘들 컴퓨터로 수업하는 사이트랑 아이디, 비밀번호 좀 주세요.

교사: 팔빙수 사이트? 거기랑, 여기도 한번 써봐. 전국 선생님들 자료가 다 모인 곳이다.

민재: 호버크래프트 다 만들었어요. 이제 통과한 건가요?

교사: 오~ 좋아. 이제는 과학적 원리랑 만드는 과정을 찍은 사진 모아서 PPT를 만들어 보자.

민재: 샘, 너무 어려워요. 준비가 너무 많이 필요하네요.

교사: 그렇지? 그렇게 준비하면서 민재는 정확하게 알게 되는 거야. 민재가 아는 만큼 아이들도 배우게 되는 거지.

민재: 부담 작렬이네요.

– 2015년 7월 16일 아이들과의 대화 중에서

1학기 동안 수업을 하면서 비고츠키의 근접발달영역 이론을 바탕으로 아이들이 또래의 언어로 가르치는 것이 더 이해가 잘되고, 학습 효과가 크다는 것을 봤기에 계절학교 프로그램을 구상하면서도 이러한 요소를 적극적으로 반영했다. 가르치고, 배우는 프레임을 적용하여 가르치는 순간에는 또래 교사로, 배우는 순간에는 학생으로 역할을 하도록 했다. 누군가 일방적으로 가르치고, 배우는 것이 아니라 다른 과목을 가르치고 배우면서 자기 효능감을 증진시키고, 아이들 간의 학습 격차로 인하여 형성된 상하 관계가 대등하게 성장하기를 바라는 마음이 깊이 작용했다. 아이들은 가르쳐야 한다는 부담과 새로운 것에 대한 두려움을 극복하면서 또래 교사 라이선스를 취득했다. 라이선스를 취득한 아이들에게 또래 교사의 상징인 명찰과 가르치는 데 필요한 학용품, 교재를 모두 주고 관리하도록 했다. 별 실감 없이 준비하던 아이들도 학생 27명 분의 전동탱크 스냅키트와 건전지가 주어지자 교사라는 자리가 실감이 났는지 더 열심히 준비했다. 먼저 통과한 아이들에게 노하우를 물어보기도 하고, 서로 가르쳐 주면서 빛나는 생각들도 나왔다.

가족 여행으로 계절학교에 참여하지 못해 아쉬워하던 준현이는 일정이 바뀌어 계절학교에 나올 수 있게 되었지만 또래 교사 준비 과정이 부족했기에 교사 역할을 부여받지 못했다. 그런데 역사에 흥미가 많고 역사 지식에 해박한 준현이가 방학을 하기 이틀 전날 나를 찾아와 새로운 아이디어를 제시했다.

> 준현: 선생님 K1A1이 한국군 주력 탱크잖아요. 그래서 역사를 좀 같이 가르쳤으면 좋겠어요.
>
> 교사: 응? 그게 무슨 소리야?
>
> 준현: 6·25 때 우리나라에 탱크가 없어서 3일 만에 서울이 함락당했거든요. 그래서 전쟁 과정을 설명하면서 탱크 같은 국방력이 필요하다는 것도 자료로 만들어서 하면 될 거 같아요.
>
> 교사: 와~, 정말 선생님 해도 되겠다. 선생님이 PPT 자료 줄게. 편집하고 이야기 구상해서 만들어 봐.
>
> 준현: 네. 탱크 만들기 전에 이걸 알려 주면 더 열심히 할 거 같아요.
>
> – 2015년 7월 20일 준현이와의 대화 중에서

또래 교사를 부여해 주지 못한 유일한 학생이 준현이라 마음이 불편했는데 준현이는 자신의 재능을 살려 스스로 아이디어를 가지고 왔다. 자신이 잘 할 수 있는 분야, 자신이 좋아하는 분야에서 스스로 준비해 보는 과정이 바로 또래 교사의 첫 준비 과정인 것이다. 준현이뿐만 아니라 아이들이 계절학교 교사 자격을 획득하는 과정을 지켜보면

라이선스 명찰

서 또래 교사가 되어 가르치기 위하여 아이들이 알고 있던 내용을 직접 구조화하고, 부족한 내용을 보충하여 지식을 구성하는 과정을 목격했다. 그리고 지식을 구성하는 데서 멈추지 않고 친구들의 수준에 맞는 언어로 바꾸고, 예상되는 질문의 답을 찾는 일련의 과정을 통해 자신들의 분야를 정교화하기도 했다. 아이들은 단순히 있는 지식을 그대로 가르치는 것이 아니라 자신들만 아는 것을 수준에 맞게 전해야 한다는 것을 경험으로 깨달은 것이다. 가르칠 분야에 대한 지식과 정보를 찾고, 연결하고, 무리지어 통합하는 과정을 통해 새로운 '창의'가 발현되는 것을 느낄 수 있었다.

계절학교를 준비하는 20시간 동안 아이들은 각 부분의 전문가로 성장했고, 계절학교에 '교사'로서, '학생'으로서 모두 참여하게 되었다. 방학식 날 모두 또래 교사 라이선스를 취득하고, 자신의 이름이 담긴 명찰을 만들었다. 자신의 이름에 부끄럽지 않은 멋진 교사들이 될 것을 다짐하며.

계절학교 속으로
【공학교실】

8월 3일, 드디어 계절학교의 막이 올랐다. 아이들이 너무 적게 오면 어쩌나 하는 고민도 잠시, 학교는 여느 때처럼 아이들의 이야기 소리로 가득 차기 시작했다. 교실에 들어가 보니 1교시를 담당한 아이들이 스냅키트를 챙기고 준비한 PPT를 화면에 띄우고 있었다. 평소에는 종이 울리고 나서도 "책 꺼내라.", "필요 없는 물건은 집어넣어라.", "집중해라." 등 수없이 많이 이야기한 뒤에야 겨우 수업 준비를 하는데, 지금은 말도 하기 전에 미리 수업 준비를 하고 있는 것이었다. 이런 기적 같은 모습에 놀라서 민재에게 물어보았다.

교사: 민재야, 평소와 좀 다른 것 같다?

민재: 네? 뭐가요? 똑같은데요.

교사: 평소에 수업 준비하려면 종 치고 몇 분 걸렸잖아.

민재: 에이~ 이건 다르죠.

교사: 뭐가 다른데?

민재: 음……. 그러니까……. 그냥 달라요.

교사: 그래 뭐. 수업 준비하는 거 보니까 좋긴 하네.

– 2015년 8월 3일 계절학교 1일차 민재와의 대화 중에서

드디어 종이 울리고 수업이 시작되었다. 1교시 수업은 공학교실. 두 반으로 나누어서 한 반은 탱크와 호버크래프트 스냅키트를 만들고, 한 반은 과학상자와 레고를 조립했다. 스냅키트는 상당히 정교하고 2채널 조종기로 유선 조종을 할 수 있는 탱크와 물에 띄울 수 있는 호버크래프트를 만들어야 하기에 상당한 손재주가 필요했다. 1주일 동

안 학습을 하고 나면 반을 바꾸는 방식으로 진행했고, 평소에 학습보다는 만들거나 조작하는 활동에 소질을 보이던 아이들이 또래 교사로 나서서 아이들을 가르쳤다.

제일 처음은 준현이가 준비한 역사 수업으로, 준현이가 6·25 전쟁의 경위와 강력한 국방의 필요성을 역설한 뒤 아이들은 본격적으로 전동 탱크 조립에 들어갔다.

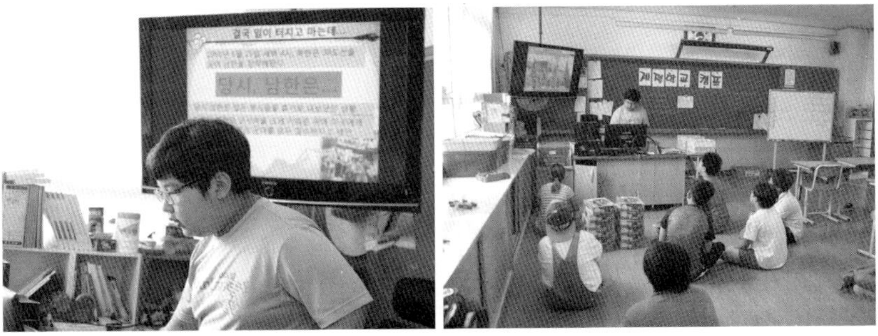

6 · 25 전쟁의 경위와 K1A1 전동 탱크 만들기 수업

이지: 잘 안 된다. 똑같이 생겼는데 왜 안 들어가지?

민재: 봐라. 거기 부품 번호가 다르잖아. 튀어나온 부분이 없네.

이지: 진짜 어렵다. 좀 해주라.

민재: 어허! 생각해 보고, 물어보고, 스스로 해야 진짜 자기 것이 된다.

이지: 이걸 그냥 확! ……. 샘처럼 말하지 마라.

민재: 나도 순간 놀랐다.

– 2015년 8월 3일 계절학교 1일차 공학교실 수업 중에서

아이들이 선생님이라는 명찰을 달았을 뿐인데 평소에 내가 아이들에게 하던 소리를 똑같이 하고 있는 것이 아닌가! 아이들 앞에선 냉수도

못 마신다는데 정말 보이는 그대로 배운다. 말과 행동을 아이들 앞에서 한결 다듬고, 조심해야겠다는 생각이 들었다.

설명서를 읽고 정확하게 부품을 일치시켜서 만드는 모습을 보자니 마치 미래에 건물이나 기계의 설계 도면을 보면서 만들어 가는 엔지니어의 모습을 보는 것 같았다. 나름의 방법으로 자신의 장기를 살려 친구들에게 도움을 주는 또래 교사들의 모습에 마음이 뭉클했고, 아이들의 수만큼 다양한 기준으로 아이들을 바라봐야 한다는 값진 교훈도 얻었다.

계절학교의 감초
【요리교실】

배꼽시계는 정확했다. 2교시 시작 시간이 되면 벌써 아이들은 코를 킁킁거리며 오늘의 점심 메뉴를 예상하며 과학실로 하나둘씩 모여든다. 계절학교를 계획하면서 가장 신경을 썼던 부분이 점심식사에 대한 내용이었다. 도시락이나 배달 음식 등 다양한 이야기가 나왔지만 한식 요리사 자격증을 소지하고 평소 요리에 조예가 깊으신 허선생님의 재능 기부로 아이들은 멋진 요리교실 프로그램을 만날 수 있었다. 똑같은 방법과 재료를 주었음에도 만드는 아이들 수만큼의 다양한 요리가 나오는 신기한 경험을 하면서 아이들은 매우 창의적인 요리 실력을 키워 나갔다.

교사: 너무 맹물인데? 양파를 더 넣어봐.

이지: 양파 넣으면 국물이 달아져서 못 먹어요.

교사: 무슨 소리야? 양파 넣으면 국물에 단맛이 난다고?

이지: 네. 양파로 국물 만들면 달아요. 어제 파스타 만들 때 설명 들었어요.

교사: 그럼 소금을 더 넣어봐.

이지: 안돼요. 소금보다는 그냥 졸여서 여기 햄에 있는 맛이 나오게 할래요.

– 2015년 8월 5일 계절학교 3일차 이지와의 대화 중에서

요리를 하면서 맛에 대한 민감성을 가지게 되고, 관련된 지식을 얻게 되는 것을 보고 요리를 통해서 아이들이 성장하는 부분이 많다는 생각이 들었다. 수없이 많은 재료들과 가공방법, 재료들끼리의 조화 등을 종합적으로 고려해서 만들어 내는 것이 요리이기에 아이들이 어떠한 재료를 넣으면 맛의 변화가 어떻게 되는지 예상하고 또 원하는 맛을 내기 위하여 생각하는 과정에서 사고력이 상당히 신장될 것이라는 생각이 들었다. 그리고 요리를 하고 뒷정리를 하면서 남녀의 역할에 대한 편견을 씻어 버리고 가사 일을 분담하는 연습도 되고, 요리의 어려움을 알고 부모님께 대한 감사의 마음도 가지니 1석 3조의 효과를 거둘 수 있었다. 교장 선생님께서 오셔서 안전에 대하여 지도해 주시고 요리

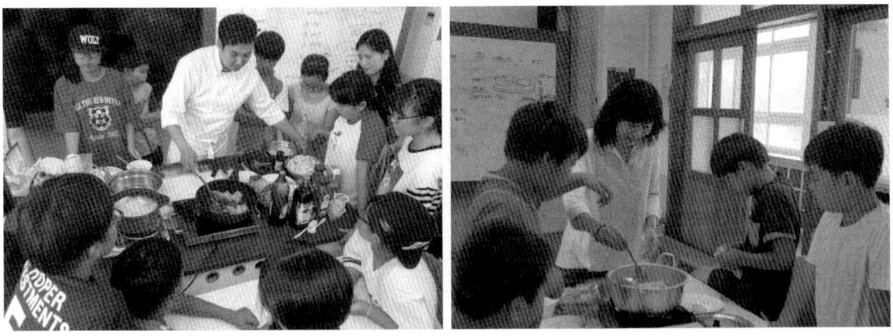

코리안 쉐프 허 선생님과 교장 선생님의 요리 지원

를 도와주셔서 아이들은 30년 경력의 베테랑 주부로부터 요리를 배우는 기회도 얻어 더욱 풍성한 요리 교실이 되었다.

계절학교의 늪 【국어, 수학교실】

계절학교 프로그램을 계획하면서 1학기 동안 부족했던 학습적인 요소를 보충하는 국어와 수학 시간을 넣었다. 평소에 글쓰기를 잘하고 맞춤법과 국어 문법에 소질을 보였던 연수를 국어 또래 교사로, 수학 시간에 어려운 수학 문제가 있으면 "1588-0909(공부공부)로 전화 주세요."를 외치고 다녔던 가연이와 희주를 수학 또래 교사로 임명했다. 아이들에게 선생님들이 사용하는 교수학습 자료가 많은 사이트를 알려 주고 자료를 만들도록 했다. 늦은 밤까지 학교 드롭박스에 아이들의 자료가 업로드되었음을 알리는 알림이 울렸다. 그렇게 순조로운 준비를 보며 흐뭇했다.

그러나 첫날부터 또래 교사들은 울음을 터뜨리며 뛰쳐나왔다.

가연: 선생님, 안 할래요. 국어 수업 진짜…….

교사: 왜? 애들이 말 안 듣나?

가연: 다들 말 안 듣고, 유민이는 엎드려 자고, 딴짓하고, 보라고 해도 보지도 않아요.

교사: 재미있는 것 준비한 것 같은데 애들이 왜 그러지?

가연: 제가 만만한 거죠. 뭣도 아닌 애가 나와서 가르치려 하니까. 이건 첨부터 안 될 일이예요.

교사: 수업 방법이나 내용을 다시 생각해 보자. 애들은 선생님이 집중시

킬게.

가연: 그냥…… 안 하고 싶어요.

– 2015년 8월 3일 계절학교 1일차 가연이와의 대화 중에서

아이들이 비록 친구이지만 선생님이라 생각하고 잘 배울 거라는 생각은 보기 좋게 빗나가고 말았다. 요리교실이 끝나고 나른한 3교시라 그런지, 아니면 너무 어려운 것을 가르쳐서 그런지 정확한 이유는 알 수 없었지만 열심히 준비한 또래 교사들의 실망감은 생각보다 컸다. 어떻게 할까 고민하다가 또래 교사들에게 수업 방법을 코칭해 주었다. 단순하게 맞춤법을 강의식으로 가르치지 말고 받아쓰기 형태로도 해 보고, 게임 방법을 도입하여 해 보도록 한 것이다.

다음날 수업은 맞춤법에 대한 강의를 한 뒤 받아쓰기를 하면서 학생들의 수준을 점검해 보는 것으로 시작했다. 100점 맞으면 앞으로 계속 국어 수업을 안 해도 좋다는 선생님의 권위(?)를 마구 휘두르면서 수업이 시작됐다. 당연히 100점을 맞을 거라고 자신만만하던 아이들의 점수는 절반에도 못 미쳤다. 자신들의 현재 수준을 알고 나자 수업에 관심을 가지고 참여하기 시작했다.

국어교실과 수학교실

또래 교사들이 가르치는 데 자신감이 붙고 익숙해지자 이번에는 배우는 아이들이 고통을 호소해 왔다. 두 시간 동안 국어와 수학을 1시간씩 번갈아 배우는데 시간도 너무 길고 또래 교사들이 선생님보다 더 엄격하게 대해서 너무 힘들다고 했다. 몇몇 학생들은 차라리 선생님께 배우겠다고 무서운 또래 교사를 피해서 도망쳐 오기도 했다. 그러던 중 2주차 중반쯤 되어 일이 생겼다. 싸움이 벌어진 것이다.

진솔: 네가 하라면 다 해야 되나?

연지: 내가 선생님이잖아. 이거 다 하고 놀아. 못하면 나한테 물어보면 되잖아.

진솔: 좀 천천히 하면 되지. 어떻게 바로바로 다 하는데?

연지: 1학기 때 배운 건데 뭘? 그냥 풀어봐. 할 줄 알잖아.

진솔: 다 까먹었는데.

연지: 자랑이다.

진솔: 아, 진짜! 좀 살살해라. 하기 싫어진다.

연지: 잔말 말고 하라고.

– 2015년 8월 13일 수학교실 수업 중에서

권위를 가져 본 적이 없던 아이들에게 교사의 권위를 주고 힘을 실어주었더니 이를 아이들을 통제하는 수단으로 사용하는 것이었다. 강압적인 환경을 구성하고 시간이나 양을 정해 주고 권위를 이용하여 통제하는 모습이었다. 평소 수업이 상당히 여유 있고, 재촉하거나 강한 통제를 가하지 않았음에도 아이들의 눈에 비친 교사라는 존재의 모습은 통제하는 모습이었던 것이다. 또래 교사들을 불러서 남은 2일의 수업은 배운 내용으로 게임도 하고 조금은 쉬어 가며 하도록 했다. 이런 아이들의 행동을 보면서 교사로서 또 한 번 반성하는 기회가 되었다.

계절학교를 돌아보며

공학교실, 요리교실, 국어·수학 교실, 캠핑 활동, 학부모와 함께하는 영화 관람, 영화와 체육교실 등 알찬 프로그램을 담은 계절학교가 무사히 마무리됐다. 방학이라는 시간 동안 무의미하게 방치될 아이들을 위해 기본적인 보육의 기능을 학교에서 수행하자는 선생님들의 마음과, 학부모들과 학생들의 적극적인 참여와 지원으로 탄생한 「계절학교」는 아이들과 교사들에게 새로운 의미의 시간이었다.

처음 준비하다 보니 계획이나 실행에서 부족한 부분이 많았고, 국어·수학 교실처럼 갈등 상황도 많이 생겼다. 오후 활동으로 계획한 체육교실은 날씨가 너무 더워 잘 이뤄지지 못해 결국은 교실에서만 체육 활동을 하기도 했다. 또 요리교실에선 메뉴에 대해 불평을 하거나 요리가 끝난 후 뒷정리를 하지 않고 도망가는 모습, 먹을 것을 놓고 서로 더 먹겠다고 다투는 모습 등을 보면서 무엇을 위해 내가 이 자리에 있는지 회의감도 들었다.

그러나 계절학교를 운영하면서 얻은 가장 큰 성과는 학교의 역할과 기능을 다시 생각하게 된 것이다. 과거처럼 지식을 전수하는 장으로써의 기능이 아니라 학교에 다니는 학생들과 지역의 특수성을 고려하여 먼저 손길을 내미는 용기를 보인 것이다. "학교가 보육시설도 아니고 학교에서 뭐 그런 일까지 하는가?" 하고 묻던 사람들에게, 배움의 의미와 학교의 의미를 다시 생각해 볼 수 있는 계기가 되었다. 선생님들도

「계절학교」라는 프로그램에 참여하면서 더 넓고 깊은 교육적 시야를 가지게 되었다.

> "Tell me and I forget, teach me and I may remember, involve me and I learn."
>
> (말하면 잊을 것이요, 가르치면 기억할 것이다. 그리고 체험하면 배울 수 있을 것이다.)

벤자민 프랭클린의 말처럼 교육 공동체 모두의 진정한 참여를 통해서 학생과 교사 모두가 학교의 역할과 기능에 대한 배움을 이뤄 낸 값진 시간이었다.

나의 사랑 나의 가족 프로젝트

어린이날 선물

6학년 아이들은 초등학교 마지막 어린이날이 다가오자 기대감에 잔뜩 부풀어 있었다. 자기가 기대하는 선물을 받을 수 있을지, 이번에는 어디에 놀러가서 즐거운 추억을 만들지 등에 대한 이야기가 자주 들려오던 어느 날, 교실에서 한 사건이 벌어졌다. 20만 원을 호가하는 자전거를 부모님이 사주지 않는다고 소리 지르는 아이와 아버지가 시간을 내지 못해 어린이날에 약속한 놀이동산을 가지 못한다던 아이가 서로 자기가 더 불쌍하다며 싸우기 시작한 것이다. 싸움의 자초지종을 듣다가 문득 어린이날 3일 뒤에 찾아올 어버이날에는 무슨 계획을 세웠는지 물었다.

교사: 그런 걸로 싸우지 마라. 부모님이 일부러 그러시겠냐? 근데, 너희들 어버이날에는 무슨 계획이 있길래 그렇게 큰 선물을 바라냐?

진솔: 네? 안마 한번 해 드리죠. 아니면 뭐 또 쿠폰 만들어서 드리고 청소 좀 하면 돼요.

연지: 어차피 그날 아빠는 집에도 없는데 준비하면 뭐해요?

태연: 저는 네이버 보고 편지 한 통 베껴다 줄래요.

유민: 돈 없어요. 해 줘봐야 좋은 것도 없잖아요.

– 2015년 4월 28일 아침 시간 대화 중에서

말문이 막혔다. 부모님에 대한 가장 기본적인 존경심마저 보이지 않는 아이들의 모습에서 순간 화가 치밀었다. 사랑을 주고받으며 기본적인 인성을 길러 가는 부모와 자식 간의 관계가 아닌 요구하고 받기만 하며 고마움을 모른 채로 자란다는 생각을 하니 가슴이 답답했다. 아

「가족」 프로젝트 수업 계획안(6학년)

교과	단원	영역	성취기준	활동 내용
국어	3. 마음을 표현하는 글	쓰기	주제와 목적에 맞게 내용을 생성하여 조직할 수 있다. 자신이 쓴 글을 내용과 표현을 중심으로 고쳐 쓸 수 있다.	부모님께 감사의 마음을 담아 편지를 쓰고, 고쳐 써보기
	5. 광고 읽기	읽기	매체를 통한 소통의 특성을 설명할 수 있다.	나의 부모님을 광고하는 광고문 만들기
미술	2. 알아 가는 미술 탐구실	미적 체험	평면, 입체, 영상 등 다양한 표현 형식의 특징을 안다.	선물을 담을 수 있는 사이즈의 보관함 만들기, 선물 채우기
	8. 행복한 영상 제작소	표현	평면, 입체, 영상 등의 다양한 표현 효과를 활용할 수 있다.	부모님께 드릴 영상 편지 만들기
음악	2. 마음을 담아	감상	5~6학년 수준의 악곡의 특징을 살려 혼자 또는 여럿이 외워서 노래 부를 수 있다. 생활 속에서 음악을 활용하며 즐길 수 있다.	부모님의 사랑과 관련된 노래를 익혀서 불러 드리기

이들의 마음 속에 가족 간의 사랑과 바른 인식을 심어 주는 것이 그 어떤 인성교육보다 중요하다는 생각이 드는 순간 머리 속에 프로젝트 수업 주제가 떠올랐고 어버이날까지 남은 수업 시간을 모두 재구성했다. 그렇게 「가족」 프로젝트 학습은 시작되었다.

우선 아이들과 부모님과의 관계를 파악해 보았다. 해군 아버지를 둔 가족도 있고, 불규칙한 출퇴근 시간과 안정적이지 못한 수입으로 오랜 시간 일터에 계신 분이 많았다. 또 한부모 가정이거나 조손 가정도 있어서 부모님의 사랑과 소중함이라는 감정을 공유하기가 어려웠다. 부모님이 바쁘신 건 가족의 생존을 위한 어쩔 수 없는 선택이었음을 아이들에게 알려 주고, 내가 먼저 사랑을 주는 경험을 통해 가족의 소중함과 사랑을 확인하도록 하는 수업을 설계했다.

가족의 사랑을 알아 가는 아이들

아이들의 실제 생활 속에서 필요성을 직감하여 구성한 프로젝트이기에 어버이날까지 준비할 시간이 상당히 촉박했다. 아이들은 연례행사처럼 어버이날 하루 전 날에 카네이션을 만들고, 편지 한 통을 대충 써서 주고 넘기면 되는데 이러한 수업을 하는 이유조차 알지 못하는 상황이어서 어려움은 더했다.

우선 감정적 공감을 통해 부모님의 사랑을 알게 하는 것이 급선무였다. 「인간극장」에서 암으로 죽어 가는 상황에서도 아이들을 위해 풀빵을 파는 '풀빵엄마'의 영상을 보여 주었다. 아이들을 위해 죽음의 순간까지 풀빵을 파는 모습이 나오자 숙연해졌다. 장난처럼 엄마에 관하여 이야기를 하던 아이들도 조용히 영상을 보기 시작했다. 하나둘 울기 시작하더니 급기야 교실은 울음바다가 되었다. 그런 분위기 속에서도 감정의 동요가 없어 보이는 한 아이가 있었다. 바로 진솔이었다. 그런데 진솔이가 점심 시간에 밥을 먹다 말고 갑자기 서럽게 울기 시작했다. 우선 진솔이를 달래고 왜 울었는지 물어보았다.

진솔: 엄마 때문예요. 엄마가 암으로 아프셨거든요.

교사: 지금도 많이 아프시나?

진솔: 아니요. 많이 좋아지셨어요.

교사: 아까는 아무 생각 없더니 왜 여기서 울고 그래?

진솔: 모르겠어요. 눈물이 나요.

교사: 그래도 아들이 이렇게 엄마를 생각해 주는데 금방 나으실 거다.

– 2015년 4월 30일 진솔이와의 대화 중에서

아프신 어머니로 인해 어린이날을 특별하게 보내지 못할 것에 대한 원망을 가졌던 진솔이는 '풀빵엄마'의 모습을 보면서 자신의 어머니를 생각했고, 생사의 기로에 있던 어머니와 투정 부리던 자신 사이에서 지난날을 되돌아보았던 것이다. 아이들도 유사한 상황을 대리 경험하면서 당연하게 생각했던 부모님의 사랑을 되새기고, 보이지 않는 부분에서 자신들을 위해 노력하시는 부모님의 모습을 알게 되면서 「가족」 프로젝트에 점차 관심을 갖고 참여하기 시작했다.

감정적 공감을 통해 부모님의 마음을 알고, 고마움을 느끼자 아이들이 수업에 임하는 태도에 변화가 찾아왔다. 처음 국어 시간에 썼던 감사편지는 3줄, 5줄 정도로 억지로 쓴 흔적이 역력했지만 매일 국어 시간의 일부를 할애하여 다시 쓰고, 고쳐 쓰는 과정을 반복하다 보니 부모님에 대한 감사한 마음을 구체적으로 표현하기 시작했다. 친구와 서로의 편지를 살펴보면서 표현 방법을 배워 나가며 부모님에 대한 사랑과 감사를 종이 위에 써 내려갔다.

그리고 미술 시간을 활용해서 선물상자 만들기 활동을 실시했다. 하드보드지를 전개도 형태로 자르고 종이테이프와 글루건으로 상자모양을 만든 다음 한지로 예쁘게 꾸며 완성했다. 평소 만들기 수업을 하면 30분 만에 다했다고 장난 거리를 찾던 아이들이 포장용 끈과 비즈 등을 활용하여 상자를 꾸미기도 하고 한지를 꼼꼼하게 풀칠하여 붙이는 전에 없던 모습을 보였다. 심지어 남은 재료들을 모아서 하나 더 만들겠다는 아이들도 있었다. 상자를 만들고 난 뒤에는 각자 부모님께 드릴 선물을 넣도록 했다. 선물을 준비한 아이들도 있고 못 가져온 아이들도 있어서 보물찾기를 통해서 부모님께 드릴 선물을 마련할 기회를 주었다. 교실 구석구석에 과자와 사탕들을 숨겨 두고 찾도록 했고 찾아낸 과자와 사탕을 자신이 준비한 선물과 함께 선물상자에 넣고 국어 시간에 완성한 편지도 같이 넣었다. 아이들이 완성한 선물상자를 모두 모아 놓고 점검하고 있는데, 저희들끼리 사진을 찍고 좋아하기에 물어보았다.

교사: 사진 찍어서 뭐하게?

연수: 엄마한테 보여 주고 뭐 있는지 궁금하게 만들려고요.

교사: 궁금해하실까?

연수: 당연하죠. 선물 처음 하는데요. 그리고 특별 선물도 넣을 거거든요.

– 2015년 5월 4일 연수와의 대화 중에서

연수의 이야기를 듣고, 아이들의 1주일을 돌아보았다. 갑작스레 시작되어 바쁘게 달려온 시간이지만 아이들은 힘들어하지 않았고, 쉬는 시간까지 열심히 활동을 했었다. 그렇게 만들어 낸 자신들의 선물을 부모님께 얼른 보여 주고 싶었던 것이다. 사랑을 주는 기쁨이 받는 기쁨보다 크다는 것, 늘 곁에 있어 고마움을 잊고 살던 부모님의 존재를 '소중함' 속에 담아 가고 있었다. 사진을 받아 본 부모님들께서 어버이날에 대한 기대감으로 하루하루를 즐겁게 보내실 생각을 하니 즐거웠다.

아이들이 만든 어버이날 선물상자

2주차에는 영상편지를 만드는 내용이 중심이었다. 그동안 쉬는 시간이나 점심 시간에 틀어 주어 아이들의 귀에 익숙해진 부모님의 사랑을 주제로 한 가요들을 음악 시간을 활용하여 불러 보았다. 5학년 선생님께서 악보를 구해 오셔서 부분 2부 합창을 연습했다. 라디의 '엄마', 싸이의 '아버지'를 듣고 부르면서 가사가 전하는 의미를 알아 갔다. 끝없는 사랑을 주는 어머니의 존재를 뒤늦게 알아 가는 자식들과, 처절한 세상살이를 견디면서 가족 앞에서 웃는 아버지의 애환을 담은 노래는 영상편지 모음의 배경음악이 되어 아이들 부모님의 휴대전화로 전해졌다.

프로젝트 활동이 막바지에 왔을 때 아이들의 부모님에 대한 인식 변화가 궁금했다.

교사: 자, 여러분들이 어버이날에 부모님을 위해 무엇을 할 수 있을까?

은진: 저는요 용돈이 5만원 있는데요, 이걸로 3만원 하는 커플 티 사 드리고 2만원으로는 영화를 보여 드릴 거예요.

교사: 음, 좋아. 그런데 용돈 다 쓰면 네가 쓸 게 없잖아?

은진: 그래도 이때까지 엄마 아빠가 해 주신 것에 비하면 아무것도 아니죠.

교사: 은지 기특한데? 진솔이는 지난번 생각대로 안마해 드릴 거야?

진솔: 안마도 해 드리고, 누나랑 돈 모아서 엄마 영양제 사기로 했어요.

교사: 그렇구나. 좋은 생각이다.

– 2015년 5월 7일 수업 시간 중에서

대화를 통해서 아이들의 변화를 감지할 수 있었다. 처음에는 어린이날에 대한 기대감만을 가지고 자신의 욕구만 채우고자 했던 아이들의 마음에 변화가 생긴 것이다. 이미 5월 5일은 지나갔지만 아이들은 선물에 대한 이야기나 섭섭함에 대한 이야기를 하지 않았다. 2주간의 프로젝트를 통해서 부모님에 대한 사랑을 마음속에 조금이나마 담은 것이다. 가족의 사랑을 느끼고 표현하길 바란 목표를 달성함은 물론, 분절되어 있던 단원의 내용을 모아서 '가족' 이라는 주제로 엮어 주고, 어버이날 선물 만들기라는 공통된 목표를 향해 가다 보니 각 차시별 수업에서의 배움도 깊었다. 학습 내용과 방법 그리고 주제가 모두 잘 맞아떨어진 것이다.

사랑받아야
사랑할 수 있다

나는 의도적으로 유민이에게도 어떤 선물을 할 건지 물어보았다. 첫 시간에 돈도 없고 선물해 봐야 의미가 없다고 말했던 유민이가 수업을 하면서 부모님께 드릴 선물을 열심히 만들기에 내심 기대를 했다. 하지만 그의 입에서 나온 말은 아이들의 변화를 보고 행복감에 젖어 있던 나를 단번에 현실로 돌아오게 했다. 유민이의 대답 한마디 한마디는 자신이 처한 현실을 여실히 드러내 주었다.

유민: 어린이날이고 어버이날이고 왜 있는지 모르겠어요. 진짜 짜증나요.

교사: 그래도 이렇게 열심히 선물 준비했는데, 선물드리고 노래도 불러 드리면 좋아하시지 않을까?

유민: 저는 선물 받아 본 적도 없고, 주기도 싫고 돈도 없어요.

교사: …….

– 2015년 5월 7일 수업 시간 중에서

유민이는 수업 시간 중에 만든 부모님 광고에서 '엄마 게임 말고 요리하세요.'라는 구절로 자신의 상황을 이야기했었다. 하지만 그때 민감하게 받아들이지 않고 한바탕 웃음으로 보냈던 것이 미안해졌다. 부모님께 사랑을 받아 보지 못한 유민이는 어린이날이 되면 부모님께 선물을 받고 사랑을 받는 다른 친구들과 자신을 비교하면서 부모님을 향한 부정적인 감정이 심각한 상황이었다. 부모와 자녀 간의 애착이 형성되고, 부모로부터 받은 사랑의 감정이 다른 사람에게 표현되고 전달되는데 유민이는 부모와의 기본적인 애착 형성이 부족하다 보니 수업을 하면 할수록 더 부정적으로 변했던 것이다.

부모님께 드릴 선물 장보기

방과 후에 유민이와 이야기를 했다. 흥분해 있던 감정의 안정을 찾도록 하고 부모님께 드릴 선물을 정하면 금전적인 부분은 내가 도와주기로 했다. 한참을 생각하더니 어머니께 요리를 해주고 싶다고 하기에 동네에 있는 슈퍼마켓으로 향했다. 이것저것 구경하면서 물건을 들었다가 놓았다를 반복하던 유민이는 햄과 떡볶이, 가쓰오 어묵 우동 그리고 후식으로 먹을 핫도그와 음료수를 골라 왔다. 자신이 직접 요리를 할 수 있는 것을 찾다 보니 고른 것은 결국 즉석식품이었지만 엄마가 좋아하는 음식을 찾기 위해 나름 최선을 다해 하나하나를 살펴보며 골랐다. 계산을 마치고 함께 유민이 집으로 향했다.

교사: 아까 엄청 신중하게 고르던데 뭘 보고 골랐어?

유민: 그거 뒤에 실과 시간에 배운 그거 뭐더라? 아무튼 그거 보고 골랐어요.

교사: 수업 시간에는 대충 하는 것 같던데?

유민: 그래도 엄마 줄 건데 잘 보고 사야죠. 몸에 좋은 걸로요.

교사: 그래, 기특하네, 가서 음식 잘 해드리고 선물 만든 것도 드려라.

유민: 네, 선생님 고맙습니다.

교사: 그래, 내일 보자.

유민: (집에 들어서며) 엄마, 선생님이 어버이날이라고 음식해 주는 거 사줬어. 내가 해줄게. 있어봐.

유민 엄마: 진짜? 고마워, 유민아!

– 2015년 5월 7일 유민이 집 앞에서

집에 들어가면서 한껏 높아진 유민이의 목소리와 웃음소리를 뒤로 하고 학교로 돌아왔다. 유민이의 표정과 대화 속에서 비록 어린이날에 멋진 선물을 주지 못하지만 자신을 사랑하는 부모님의 마음을 알고 자기가 먼저 부모님께 사랑을 주려는 어른스러움이 묻어나는 것 같았다.

어머님은 정말로 자장면이 싫었을까?

5월 8일 어버이날, 나도 아이들의 부모님들께 작은 선물을 준비했다. 바로 동네 자장면 가게에서 자장면을 가족들이 함께 먹을 수 있도록 한 것이다. 2주 동안 어린이날도 잊어 가면서 열심히 어버이날을 준비한 아이들이 너무 기특했고, 아이들에 대한 나의 마음도 전하고 싶었기 때문이다. 자장면을 선물로 선택한 것은 가수 GOD의 '어머님께'라는 노래를 아이들과 함께 연습하면서 가사 속의 부모님 마음이 와 닿았기 때문이다. 종례 시간이 되어 직접 노래를 불러 주었다. 가사가 흘러나오자 몇몇 아이들이 따라 불렀다. '어머님은 자장면이 싫다고 하셨어~ 어머님은 자장면이 싫다고 하셨어~♬' 노래가 끝나고 아이들에게 물었다.

교사: 가사에서 엄마는 자장면이 싫다고 했는데, 왜일까?

희주: 엄마도 먹고 싶은데, 돈은 없고 애기 먹이려고 그렇게 말만 하는 거죠.

교사: 캬~, 공부 제대로 했네. 선생님도 준비한 선물이 있다. 주말 동안 가족과 함께 자장면 먹고 신나게 놀아라. 미리 반점에 말해 두었다. 부모님이 시간이 안 되시면 형이나 동생과 같이 가서 먹어도 좋고. 대신에 너희들과 함께하고 싶지만 그렇게 못하는 부모님의 마음도 좀 알아 주면 좋겠다.

– 2015년 5월 8일 수업 시간 중에서

바쁜 일상과 생업으로 아이들을 신경 쓰지 못하는 것에 미안해하고 마음 아파하는 부모님의 마음을 아이들이 조금이라도 헤아리기를 바라면서 준비한 자장면 한 그릇. 훗날 자신들도 자식을 낳고 부모가 되어 그들의 마음을 알 때가 오면 과거 속 오늘을 기억할 것이다. 다음 날 아침, 아이들이 자장면을 먹으면서 찍어 보낸 사진 속에서 아이들의 얼굴에 천진한 미소가 번진다.

「가족」 프로젝트의 의미를 돌아보며

가정의 기능이 점점 무너지고 있다. 어려운 세상살이의 틈바구니에서 여유를 잃어 가고, 날카로워진 마음들이 서로를 상처 입힌다. 그런 분위기 속에서 아이들을 따뜻하게 안아 주는 엄마, 아빠의 모습을 보기 어려워지고 있다. 하지만 사랑은 받는 것만으로 기쁘지 않다. 일방적으로 받는 사랑은 적응되면 그 고마움을 잃기 때문이다.「가족」프로젝트를 통해 아이들은 부모님의 사랑을 알고, 부모님께 자신들의 사랑을 전해 주는 소중한 경험을 했다. 가족의 사랑을 서로 확인하면서 정서적 지지감과 안정감을 지니게 된 것이다.

최근 문제가 되는 학교폭력이나 청소년 일탈 문제의 발단은 무너진 가정 환경에 기인하는 경우가 많다. 가정에서 기본적인 애착 형성에 실패하고, 어른에 대한 존중을 배우지 못한 아이들이 잘못된 행동을 하거나 자신의 정체성을 찾지 못하고 방황하게 되는 것이다. 수업을 통해서 가족들의 소중함을 알고, 사랑을 주고받는 기쁨을 배운 우리 아이들이 더 나은 세상을 만드는 밑거름이 될 것을 확신한다.

협력교수로
모두가 행복한 교실

아주 멋진 동물원

특수교사 10년차인 나는 새 학년이 되어 특수학급(이하, 도움반)에 1학년 장애학생 세 명을 도움반 학생으로 맞이했다. 보통 장애학생의 경우 원적학급인 일반학급에서 통합 수업을 하지만 국어나 수학과 같은 기초 도구 교과의 경우 학습을 따라가는 데 어려움이 많아 도움반에 와서 분리된 수업을 한다. 나 역시 처음엔 1학년 담임 선생님과 의논하여 기존에 하던 방식대로 국어, 수학 시간에만 도움반에 와서 학습을 하기로 했다. 첫 번째 국어 수업 시간은 '동물' 낱말을 주제로 다양한 동물의 종류를 알아보는 활동이었다. 말을 정확하게 할 줄 알지만 읽고 쓰는 게 거의 되지 않는 재영이와 발음이 다소 부정확하되 의사소통에는 문제가 없지만 역시 읽고 쓰는 게 되지 않는 진혁이, 말을 전혀 못하지만 간단한 지시 따르기가 가능한 민석이, 특수교육 실무원선생님, 나 이렇게 총 다섯 명이 교실에서 국어 수업을 시작했다.

허교사: 내가 좋아하는 동물을 이야기하고, 그 이유를 말해 볼까?

진혁: 저는 호랑이가 좋아요! 어흥! 동물 중에서 제일 힘이 세서 좋아요.

허교사: 그럼 재영이는?

재영: 저는 달리기 잘하는 치타가 좋아요!

허교사: 그렇구나!(침묵) 그럼 보조 선생님께서는 어떤 동물 좋아하세요?

보조 교사: 강아지를 좋아해요. 사람을 잘 따라서 좋아요!

허교사: 선생님은 앵무새를 좋아해. 목소리도 예쁘고 사람 말을 따라 말하는 게 신기해서 좋아.

– 2015년 3월 23일 도움반 수업 중에서

각자 자기가 좋아하는 동물을 말하고 말을 전혀 못하는 민석이가 손으로 고른 동물을 포함했는데도 고작 다섯 종류의 동물밖에 나오지 않았다. 더 이상 좋아하는 동물 말하기 수업을 진행하는 것은 무리였다. 결국 이야기 나온 동물들의 이름과 목소리 등에 관하여 이야기하고 따라 읽어 보면서 수업을 마쳤다. 그런데 다음날 1학년 선생님의 출장으로 보결 수업을 하게 되었다. 특별한 준비 없이 들어간 수업이었기에 도움반 아이들에게 했던 것과 같은 국어 수업을 했고 자기가 좋아하는 동물을 말해 보라고 했다. 그랬더니 호랑이, 사자, 토끼, 고양이, 강아지, 햄스터, 판다곰, 코뿔소, 카멜레온, 장수풍뎅이, 펭귄 등 여기저기서 귀가 따가울 정도로 자기가 좋아하는 동물을 대답했다. 순간 교실이 아주 멋진 동물원으로 변했다. 도움반에서는 다섯 종류밖에 되지 않았던 작은 동물원이 일반교실에서는 다양한 종류의 동물들이 살고 있는 큰 동물원이 된 것이다. 나는 생각지도 않게 하게 된 보결수업에서 큰 깨달음을 얻었다. 도움반에서 장애아동끼리 모여 수업을 하는 것보다 장애아동들이 일반아동들과 함께 학습한다면 다양한 어휘나 생각의 과정을 접하면서 부족한 배경지식을 습득할 수 있어서 오히려 도움이 될 수 있겠다는 것이었다. 또한 일반학생들의 말과 행동을 모델링하여 행동으로 옮기면서 정상아동의 담화나 행동 양식을 배우는 비형식적인 교육이 자연스럽게 일어날 수 있다는 것이었다. 도움반 학생들을 더 이상 작은 동물원에 두고 싶지 않았다. 다른 1학년 친구들과 함께 더 크고 멋진 동물원에서 공부를 하는 것이 좋겠다는 생각이 들었다. 장애학생과 일반학생이 함께 배우는 통합학급에서의 수업이 장애아동들이 성인이 되어서도 사회에 속하지 못하고 겉돌면서 살아가는 안타까운 현실을 극복할 수 있는 대안이 되지 않을까 하는 생각이 들었다. 그래서 도움반 아이들을 일부러 일반학생들 사이에 노출시키면서 아이들의 모습을 관찰했다.

입학 후 수업 시간에 앉아 있기를 힘들어하고 공부하는 것에 거부감을 느끼던 진혁이가 1학년 친구들이 수업 시간에 즐겁게 참여하며 공부하는 모습을 보고는 자신도 열심히 공부하는 모습을 보이고, 양치하는 친구들의 모습이나 놀이를 하는 친구들을 관찰한 뒤 돌아와서는 자신도 하고 싶다는 의사를 표현하는 것을 보면서 확신을 가지게 되었다. 이미 기존의 학교에서는 통합학급이라는 이름으로 도움반 아이들과 일반학급 아이들이 한 교실에서 수업을 해 오고 있지만 수업을 진행하는 데 있어서 도움반 학생보다는 일반학생에게 초점을 맞춰 수업을 하고, 도움반 학생들은 소외되는 경우가 많았기 때문에 믿음이 가지 않았다. 또 담임 선생님들도 도움반 학생이 있으면 돌발 행동이나 위급 상황 대처 등으로 꺼렸기 때문에 기존과는 다른 통합 방법을 모색할 수밖에 없었다.

그러던 찰나 머릿속을 지나간 '협력교수'. 특수교사와 일반학급 교사가 함께 수업에 참여하는 교수 방법으로 아이들의 수준차를 고려한 개별 지도는 물론 두 명의 교사가 수업의 진행이나 구상하는 과정 등에서 많은 도움을 주고받을 수 있어서 도움반 아이들과 일반학급 아동들이 만나는 데 최적의 방법이라는 생각이 들었다.

하지만 자신의 수업을 다른 교사에게 매일매일 공개해야 한다는 불편함 때문에 1학년 선생님이 협력교수를 과연 받아들여 줄지 걱정이었다. 도움반 아이들이 보여 준 변화의 모습과 나의 용기를 저울질하다가 조심스럽게 1학년 선생님에게 협력교수를 제안했다. 나의 제안에 1학년 선생님은 처음엔 부담스러워하셨지만 나의 생각을 듣고 난 후에는 다행히 특수교육을 대학원에서 배우신 경험이 있으셔서인지 흔쾌히 해 보자고 하셨다. 그렇게 특수교사 10년차가 되어서야 대학 이론서와 논문에서만 들어 보던 협력교수를 하게 되었다. 이론상 가장 효과적이라는 통합교육과 협력교수를 실시하는 실제 수업 장면을 본 경험이 없어서 막막하고 두려움도 많았지만 도움반 학생들에게 멋진 동물원을 보여 주고 싶었다. 그래서 국어, 수학 교과에서 협력교수할 내용을 선정하고 계획을 세워 매일 1시간씩은 협력교수를 실시해 보기로 했다. 그리고 협력교수를 위한 기반 마련을 위하여 여러 자료를 찾아보고 협의 과정을 거치며 도움반 아이들이 하루빨리 일반아동들과 함께 성장하기를 바라는 기대에 부풀었다.

괴물이 나타났다!

어느 날 급식소 앞에 있는 도움반 교실 앞에서 "괴

물이다!" 하는 고함 소리가 들렸다. 한두 명의 소리가 아니었다. 설마 아니겠지 하는 나의 예상은 빗나갔다. 도움반을 나서는 준영이를 보고 1학년 아이들이 지른 소리였다. 희귀병으로 인한 안면구강근육마비로 자신의 의지와는 상관없이 입을 벌리고 혀를 내밀고 있는 준영이를 보고 괴물이라며 소리를 지르고 있었다. 아이들은 잘 모르고 내뱉은 말이었지만 이 말 속에서 나는 불현듯 '차이'를 '차별'로 인식하며 장애에 대한 색안경을 끼고 바라보는 사회의 단면을 느낄 수 있었다. 차가운 아이들의 시선과 목소리를 들으면서도 환한 미소를 지으며 아이들에게 반갑게 손을 흔드는 준영이, 이 역설적인 모습을 보면서 협력교수 이전에 아이들의 관계가 우선이라는 생각이 들었다.

먼저 도움반의 문을 활짝 열었다. 이상한 사람들이 있는 곳, 무서운 곳이라는 이미지를 벗어던지기 위해 창문에 있던 시트지를 떼어 버리고 교실 환경을 재미있는 교구들로 꾸몄다. 그리고는 중간놀이 시간과 점심 시간에 아이들이 언제나 놀러와서 놀 수 있도록 했다. 다양한 보드게임, 장애아동을 위한 다양한 학습 도구들을 함께 만져 보고 같이 놀

아이들의 놀이터가 된 도움반 교실

면서 도움반 친구들이 자신과 별반 다르지 않은 친구라는 생각을 아이들이 가지게 유도했다. 가끔 요리도 같이 만들어 먹고, 같이 산책도 하며 서로 친해져 갔다. 도움반 교실을 향해서 손가락질하며 겁내던 아이들이 도움반에 자연스럽게 들어와서 이야기를 나누고 놀았다. 서로가 친구라는 이름으로 맺어지면서 저절로 '괴물' 이라는 단어는 사라져 갔다.

하지만 이따금씩 아이들이 왜 도움반 아이들은 다른지, 장애가 무엇인지 물을 때면 장애이해교육이 필요하다는 생각이 들었다. 정확히 알고 어떠한 마음으로 장애를 가진 친구들을 대하면 좋을지를 알려 주면 좋겠다는 생각에 전 학년을 대상으로 2시간씩, 통합학급을 대상으로는 매달 장애이해교육을 실시하기로 했다. 이러한 교육을 통해 장애에 관하여 바른 인식을 가진 아이들이 자라서 장애인, 비장애인의 차별이 아니라 따듯한 시선과 서로를 존중하는 마음을 지니고 살아가길 바라며 프로그램을 구상했다.

1학년을 대상으로 장애이해교육을 하는 날이 왔다. 아이들을 둘러보니 도움반에 놀러오는 낯익은 아이들도 있었지만 아직까지 얼굴이 생소한 아이들이 훨씬 더 많았다. 3명의 도움반 학생을 수업하다가 22명의 학생을 수업하려니 조금은 떨리고 긴장된 마음으로 도움반 아이들과 장애에 대한 이야기를 꺼냈다.

교사: 누구나 장애인이 될 수 있어요. 우리나라의 장애인 중 태어날 때부터 장애인인 사람은 10명 중 1명뿐이에요. 나머지 9명은 사고나 병으로 장애인이 된답니다.

경미: 그럼, 민석이는 태어날 때부터 그랬어요?

교사: 민석이는 태어난 다음에 많이 아파서 그렇게 됐어요.

진주: 빨리 나으면 좋겠어요.

교사: 그죠? 하지만 장애는 감기처럼 걸렸다가 낫는 병이 아니예요.

정윤: 아! 불쌍해요. 장애는 왜 있는 거예요?

– 2015년 4월 13일 1학년 장애이해교육 중에서

수업을 진행 하던 중에 "장애는 왜 있는 거예요?"라는 질문을 받았다. 어린 1학년 학생들의 생각 속에 담긴 장애는 불편하고, 안 좋은 것, 없어져야 하는 것이었다. 장애이해교육을 하다 보면 이런 질문을 받을 때마다 원해서 장애를 가진 사람은 없고 불의의 사고나 병으로 장애를 얻게 되었다는 것을 이야기하지만 아이들은 이해하지 못하는 경우가 많았다. 저학년 아이들의 경우는 더 어려웠기에 스토리텔링 형식으로 사람을 창조했다는 하느님 이야기를 들어 말 못하는 도움반 아동의 이야기를 들려주었다.

교사: 하느님께서 우리 1학년 친구들을 만드실 때, 사람마다 생각주머니를 만들어 주셨어. 그런데 민석이는 아직 말을 못하지? 그리고 말을 잘 못 알아듣는 거 같지? 하느님께서 생각주머니를 친구들에게 많이 주느라 민석이에게 조금만 줘서 아직 말을 못하는 거예요. 혹시 이 반에 안경 쓴 친구 있어요?

민주: 저요! 저는 유치원 때부터 안경 썼어요.

교사: 그래. 민주처럼 눈이 조금 나쁜 친구도 있을 수 있어요. 하느님께서는 민주를 만드실 때, 눈에 조금 나쁨을 넣으셨나 봐. 하지만 민주는 이렇게 예쁘고 발표도 잘하잖아. 그지? 그럼 얘들아, 너희들은 안경 안 썼는데 눈이 나빠 안경을 쓴 민주가 장애인이니?

아이들: 아니오!

유림: 민석이는 생각주머니를 작게 가지고 있어서 말을 못하는 거예요?

민기: 내 생각주머니를 조금만 민석이한테 주고 싶다. 민석이도 말을 할 수 있게.

– 2015년 4월 13일 1학년 장애이해교육 중에서

장애이해교육 연간계획

월	주제	지도 내용	지도 방법 및 자료	비고
3	우리 친구를 만나면 이렇게 하세요	▶ 도움반 알기 – 도움을 주는 일과 이용방법 – 도움반 선생님이 하는 일 ▶ 장애 친구를 만나서 할 일 알기 – 이름 불러 주기 – 보통 친구로 대하기 – 놀이방법 가르쳐 주기 ▶ 장애 관련 비디오 시청하기	유인물, 시청각 자료를 통해 지도	도움반 교사
4	장애 체험하기	▶ 장애 영역별로 체험하기 – 시각장애 체험: 안대하고 흰지팡이 이용하여 계단 오르기 – 청각장애 체험: 간단한 수화 배우기 – 지체장애 체험: 목발 짚고 걷기, 휠체어 타고 반환점 돌아오기	각 장애별 포스트에서 체험활동을 통해 보장구 사용법 및 지원방법 교육	장애인 종합 복지관
5	우리 친구를 돕는 방법	– 우리 친구 ○○의 행동 특성 알기 – 우리 친구 ○○의 수업 방해 행동 조절 방법 익히기	선생님, 질문 있어요 사다리 게임	도움반 교사
		– 1인 1역을 할 수 있도록 도와주기 – 알맞은 청소 활동 찾아 도와주기 – 학급 일에 함께 참여하기	문장 완성하기 친구 알기 질문에 대답해 보세요	
6	너는 특별하단다	– '너는 특별하단다' 비디오 시청하기 – 이야기 나누기 – 소감문 쓰기 – 과제: '도전 골든벨'	시청각 자료 소감문 양식 '도전 골든벨' 문제지	도움반 교사

월	주 제	지도 내용	지도 방법 및 자료	비고
7	장애를 극복한 사람들	– 장애를 극복한 위인들, 장애 관련 서적을 읽고 독후감 쓰기	독후감 쓰기 독서감상화 그리기	통합반 교사
9	올바른 장애 개념과 태도	– 장애에 대한 바른 인식 갖기 – ○× 퀴즈 맞히기 – 인터넷 학습지	○× 퀴즈 문제 ○× 퀴즈 도움말 인터넷 학습지	도움반 교사
10	나는 나는 자라서	– 나는 자라서 무엇이 될까? – 나와 내 친구가 할 수 있는 일 찾기 – 장애인 직업 성공 사례 보기	학습지 시청각 자료 직업성공사례 목록	통합반 교사
11	장애인의 이동권	– 이동권의 개념 알기 – 지체장애 친구가 외출할 때 겪는 어려움 알아보기 – 우리 학교 편의시설 알아보기	함께 공부해요 편의시설 조사표 신문자료	도움반 교사

장애이해교육을 마친 뒤 1학년 학생들에게 작은 변화가 있었다. 장애이해교육을 하기 전 1학년 아이들은 민석이나 진혁이에게 다소 무관심했다. 말을 못하는 민석이나 발음이 부정확한 진혁이가 하는 말을 못 알아들어 의사소통이 되지 않다 보니 같이 논다거나 어울리는 일이 별로 없었다. 하지만 장애이해교육을 통해 장애가 왜 생긴 건지, 장애의 불편함이 얼마나 힘든 건지 알게 된 아이들은 어린 동생 돌보듯 민석이를 도와주고, 챙겨 주었다. 그리고 놀이 규칙을 전혀 모르는 진혁이를 데리고 나가 함께 손을 잡고, 가르쳐 주며 같이 뛰어놀아 주기도 했다. 이런 친구들이 좋은지 민석이도 항상 친구들을 보러 가기 위해서 쉬는 시간 종이 울리기만을 기다렸고 등교 시 부모님 차에서 내린 후에는 뒤도 안 돌아 보고 학교로 달려 들어가 친구들을 만났다. 한 달 전까지만 해도 학교 오기를 두려워하고 엄마와 떨어지지 않으려고 분리

민석이와 진혁이, 그리고 1학년 친구들

불안 증세를 보이던 도움반 아이들의 변화에 부모님들의 눈시울이 붉어졌다.

일반학급의 아이들도 민석이와 진혁이에게 무언가 해 줄 수 있다는 생각에 기뻐하는 눈치였다. 자신들이 알고 있는 놀이 방법이나 재미있는 것을 알려 주면 잘 듣고 고개를 끄덕이는 모습에서 말이 통하지 않지만 서로의 눈빛과 표정으로 소통할 수 있는 친구임을 알아 가는 듯했다. 이렇게 도움반 학생들과 일반학급 학생들의 관계가 형성되어 가면서 점차 협력수업을 위한 준비에 박차를 가하기 시작했다.

첫 협력교수의 날

4월 셋째 주, 첫 협력수업이 시작되었다. 학습 활동은 일반학급 교사인 김 선생님이 이끌어 가고, 도움반 학생들의 개별 지도와 1학년 학생 중 학습이 부진한 학생들 지도를 내가 하는 쪽으로 수업의 형태를 잡았다. 협력교수를 준비하는 과정은 순탄치 않았다. 대학에서 이론적으로 협력교수를 배웠지만 실질적으로 행하기에는 참고할 만한 사례가 적었고, 수업할 내용을 선정하고 방법을 정하는 과정에서 학생들을 이해하는 관점이나 방향이 달라서 수업을 준비하는 데 오랜 시간이 걸렸다. 누가 주가 되어 수업을 진행할 것인지, 어떤 부분을 나누어 지도할 것인지 등에 대해 많은 고민을 했다. 결국은 수업을 해 보면서 아이들의 반응이나 수업 후 협의를 통하여 어떤 방법이 더 효과적인지를 판단해 보기로 했다. 협력교수의 첫 단추를 끼우는 역사적인 날이 왔다.

김교사: 1학년!

학생들: 1반!

김교사: 목소리도 씩씩하고, 자세도 바른 1학년 1반 친구들을 만나러 귀여운 동물 친구가 놀러왔대요. 함께 "나와라! 얍!" 하고 불러 볼까요?

학생들: 나와라! 얍!

허교사(특수교사): 친구들 안녕? 난 우탄이라고 해.

학생들: 우탄아! 안녕!

허교사(특수교사): 만나서 반가워!

– 2015년 4월 22일 협력수업 중 동기 유발 중에서

1학년 아이들 역시 입학하고 학교에 온지 그리 오랜 시간이 지나지 않았기에 선생님이 두 명인 상황에 적응이 필요하다는 생각이 들었다. 그래서 첫 수업은 선생님보다는 오랑우탄인 '우탄이'가 되어 1학년 친구들을 만났다. 학생들이 도움반 선생님인 나를 민석이나 진혁이의 아

우탄이와 첫 만남

빠로 생각하거나 내가 누구인지 모르는 경우가 많았기 때문에 목소리를 통해서 먼저 친숙해진 뒤에 수업에 참여해야겠다는 의도도 있었다. 우탄이의 목소리로 이야기를 할 때 반겨 주는 아이들의 설레는 목소리를 듣고 내 욕심 때문에 일반학급 아이들이 피해를 보는 것은 아닐까 하는 걱정은 사라졌다. 그리고 그 속에서 들려오는 민혁이의 즐거운 웃음소리는 내가 최선의 선택을 했다는 확신이 들게 해 주었고 계속 협력교수를 해나갈 수 있는 힘을 주었다. 두 교사가 함께 주고받으면서 구성한 역할극을 통해 일반학급 학생들과 도움반 학생들 모두가 학습에 대한 긍정적인 인식을 지니고, 몰입하게 되었다. 교사 혼자서 역할극을 하기란 매우 힘들었겠지만 두 교사가 함께 만든 역할극은 아이들의 학습 동기를 이끌어 낸 멋진 작품이었다.

김 선생님이 수업을 전체적으로 진행하는 과정 속에서 나는 도움반 학생들을 살피며 개별 지도를 했고, 학습에서 부진한 일반학급 학생들을 지도하기도 하면서 우리만의 협력교수의 틀을 잡아 갔다. 매주 금요일 오후에는 다음 주 수업 협의를 통하여 각 교과의 내용에 따라 협력교수 방법을 결정하고 역할을 분담했다. 그리고 대략의 활동을 서로 짚어 본 후 좋은 아이디어를 내거나 꼭 필요한 자료에 대해 의논을 하며 수업의 깊이를 더했다.

학부모 참관 공개수업

협력교수를 진행하면서 가장 많은 변화가 있었던 것은 도움반 학생들도 일반학급 학생들도 아닌 바로 나 자신이었다. 항상 수업에 대한 고민은 혼자서 해 왔다. 많은 선생님들과 같이 근무했지만 특수교사의 수가 적고, 학년이 달라 수업에 대해 오랜 시간 이야기할 기회가 없었기 때문이다. 같은 수업과 교육 내용을 바탕으로 수업에 대한 이야기들을 나누다 보니 자연스럽게 김 선생님의 경험과 기술을 배울 수 있었고 특수교사의 관점에서 일반학급 교사의 수업을 바라보는 눈을 가질 수 있었다. 때로는 일반학급 교사처럼, 때로는 특수교사처럼 행동하는 나 자신을 보면서 웃음도 나왔다. 협력교수를 하는 재미에 푹 빠져 지내다 보니 어느새 6월이 다가왔다.

학부모 공개수업을 앞두고 수업에 대한 의논을 하기 위해 김 선생님을 찾았다.

김교사: 부모님들이 협력교수에 관해서 궁금한 점이 많으신 것 같더라. 좀 걱정스럽게 바라보시는 분들도 있는 것 같고…….

허교사(특수교사): 협력교수의 과정을 한번 보시면 학부모들도 이해하시고 좋게 바라봐 주실 거 같은데, 공개수업도 협력교수로 같이 해 보면 어떨까요?

김교사: 그것도 좋긴 한데 아무래도 협력교수를 하면 변수가 많지 않겠니? 도움반 아이들 컨디션도 기복이 있으니 걱정된다.

허교사(특수교사): 그래도 한번 보여 드려요. 수업과정을 보고 학부모들의 걱정을 좀 덜 수 있게요.

김교사: 좋아, 한번 해 보자. 그럼 과목은 협력교수를 하는 국어나 수학으로 해야겠네. 아이들이 재미있어하는 수학 수업이 어떨까?

허교사(특수교사): 네. 좋아요. 그리고 학부모들도 1학년 첫 공개수업에 오시는 만큼 활동에 참여했으면 좋겠어요.

김교사: 그것도 좋겠네. 수업을 구상해 보자.

– 2015년 5월 29일 협력수업 협의회 대화 중에서

보이지 않게 협력교수를 하는 모습을 보고 가신 부모님들이 이야기를 하신 것 같았다. 장애학생과 한 교실에서 두 명의 선생님과 수업을 한다고 하니 궁금하기도 하고 불안하기도 했을 부모님들의 마음이 느껴졌다. 그럴수록 협력교수가 가지고 있는 장점을 잘 보여 드리고 장애에 대한 인식도 바꾸는 기회가 되길 바라며 수업을 구상했고 마침내 공개수업의 날이 찾아왔다.

생각보다 많은 부모님들이 오셨다. 일반학급에서 잘 적응하고 공부하는지 기대 반 걱정 반으로 찾아오신 도움반 부모님들과 협력교수가 뭔지 궁금해하시며 찾아오신 일반학급 부모님들로 교실은 어느 때보다 가득 차 보였다.

수학 교과에서 '비교하기' 단원을 선택하여 길이를 비교해 보는 수업을 실시했다. 새로운 길이를 비교하는 어휘인 '더 길다'와 '더 짧다'를 도입하여 길이를 비교하는 것을 학습목표로 잡았다. 또 길이의 차이

처럼 장애 역시도 작은 차이임을 보여 주고 차별하지 않도록 가르치고 싶어서 활동을 구상했다. 이번 수업은 협력교수 방법 중 팀교수를 적용하기로 했다. 팀교수는 두 교사가 한 교실 안에서 공유된 교수 지도력을 가지고 교수 활동에 동등하게 참여하는 협력교수 방법이다. 그래서 특수교사인 내가 학습 도입을 위해 새로운 어휘를 소개하고, 일반학급 교사인 1학년 선생님이 수업을 진행하면 특수교사인 내가 학생들이 그 내용을 획득하도록 모니터하기로 했다.

첫 활동은 특수교사인 내가 새로운 길이를 비교하는 어휘인 '더 길다'와 '더 짧다'를 소개하는 것이었다. 두 교사가 길이가 서로 다른 두 개의 줄넘기 줄의 길이를 비교하는 상황을 연출하며 어떻게 해야 길이 비교가 되는지 아이들에게 직접 찾아보게 했다. 한 기준을 맞추지 않고 길이를 비교하는 잘못된 상황에서 아이들은 어떻게 해야 누구 줄이 더 긴지 길이를 정확하게 비교할 수 있는 방법을 두 교사의 상황극에 빠져 열심히 찾아내기 시작했다. 아이들이 찾아낸 방법을 통해 길이를 비교하는 방법을 습득하게 하고 새로운 어휘인 '더 길다'와 '더 짧다'를 인지하게 했다.

아이들이 길고 짧음에 관하여 알게 된 후 적용 학습으로 길이를 비교하는 활동을 두 그룹으로 나누어 실시했다. 이때 '더 짧다' 그룹은 일반학급 교사인 김 선생님이, '더 길다' 그룹은 특수교사인 내가 맡아서 따로 활동을 했다. 학생들에게 길이가 제각각인 빨대를 하나씩 나누어 주고 먼저 짝과 길이를 비교해 보게 했다. 비교 후 길이가 더 짧은 친구는 '더 짧다' 그룹으로 가고, 길이가 더 긴 친구는 '더 길다' 그룹으로 가서 모이는 것이다. 교실 앞과 뒤의 각 그룹에 따로 모인 아이들은 그룹 안에서 '가장 짧다'와 '가장 길다'를 찾아내며 구체물 비교를 통한 길이 비교를 학습했다. 저학년의 경우 실제로 길이를 비교하는 활동을

수업 장면 – 길다와 짧다

여러 번 직접 경험해 보는 것이 중요하기 때문에 이렇게 그룹을 나누면 더 적은 인원으로 훨씬 더 빠르고 효과적으로 학습할 수 있었다. 도움반 학생들도 두 그룹으로 각각 나누어져 친구들과 어울려 도움을 받으며 길이 비교 학습을 하고 있었다. 만약 협력교수를 하지 않고 도움반에서 따로 수업을 했더라면 길이 비교는 두세 번의 비교로 끝나 버리고 말았을 것이다. 길이를 비교하는 방법을 모방하고, 친구의 도움을 받으며 특수교사인 내가 특별히 알려 주지 않아도 일반학급 학생들 속에 어우러져 학습을 하는 모습을 보면서 나의 선택이 틀리지 않았음을 한 번 더 느꼈다.

마지막 활동으로 길이재기 기네스북에 도전했다. 이날은 특별히 학부모들이 오셨기 때문에 학부모들까지 기네스북에 참여시키기로 했다. 김 선생님은 아이들을 대상으로, 특수교사인 나는 학부모들을 대상으로 해서 고무찰흙 가장 길게 만들기를 시작했다. 아직 요령이 없는 아이들은 길게 만들어지지 않아 울상을 짓기도 하고, 손에 너무 힘을 줘서 끊어지기도 하며 1등을 차지하기 위해 저마다 노력을 했다. 참관하러 오신 부모님들도 늘 아기 같던 자녀들이 바른 자세로 수업에 잘 참여하는 모습에 감동을 받으신 듯 이에 질세라 정말 열심히 고무찰흙을 길게 길게 만드셨다. 마치 자녀들에 대한 깊고 긴 사랑처럼 고무찰흙을 정말 열심히 길게 만들었고 동석이 아버님이 가장 길게 만들어 오늘의 기네스북에 올랐다.

수업을 마친 후 참관 오신 학부모들과 이야기를 나눴다. 협력교수에 관하여 설명해 드리고 수업의 목적과 의도를 알려 드리자 걱정하시던 일반학급 학생들의 어머니들도 안심하셨다. 아이들이 따듯한 모습과 부드러운 학급 분위기 속에서 즐겁게 배우는 모습을 직접 보시면서 계속 두 선생님이 같이 수업을 해 주시면 많은 도움이 될 것 같다며 협력교수를 지지하는 말씀을 남겨 주셨다. 도움반 학생 어머니들은 1학년 학생들이 장애를 가지고 있다고 차별하거나 다르게 보지 않고 자신들이 돌봐주고 도와줄 수 있는 친구라 생각해 주는 모습에 감사한 마음을 전했다. 학부모 공개수업의 날은 그렇게 저물어 갔다.

도움반 아동들을 위한 안전지도 만들기

매년 학교에서는 안전교육 강화 차원에서 학교 안전지도를 만들어 보곤 한다. 자신들이 살고 있는 마을의 위험요소나 사각지대 등을 찾아 표시하여 안전지도를 만들어 보는 것이다.

김교사: 우리 다음 2교시에는 창의적 체험활동 안전교육으로 우리 학교 주변 안전지도를 만들어야 하는데. 한 시간동안 학교 주변을 다 다니면서 완성하려니 시간이 부족할 것 같아. 게다가 전부 데리고 다니면 안전 문제도 그렇고. 그래서 학생들을 두 팀으로 나눠서 다니면 좋을 것 같은데, 허 선생님이 한 팀을 맡아 줄 수 있을까?

허교사(특수교사): 네. 알겠어요. 그럼 학교 주변을 두 지역으로 나눠서 각 팀을 인솔해서 살펴보면 되겠네요.

김교사: 응. 그러고 나서 교실로 돌아와서 아이들끼리 발표를 시키면 좋을 것 같아. 그리고 위험지역은 사진을 좀 찍어와 주면 좋겠어.

– 2015년 7월 3일 협력수업 사전 협의회 중에서

'우리 학교 주변은 얼마나 안전한가?' 하는 주제로 창의적 체험활동 시간을 이용해 학교 주변을 직접 돌아다니며 안전지도를 만들어야 하는데 1학년 학생들의 작은 걸음으로는 정해진 시간에 학교 주변을 돌아보기에는 역부족이었다. 또 많은 아이들을 데리고 다닐 때 일어나는 교통안전 문제도 있어 어떻게 해야 하나 고민하던 김 선생님이 나에게 협력수업으로 해 보자며 도움을 요청하셨다. 그래서 협력교수 모형 중 평행교수 방법을 적용하여 협력교수를 하기로 했다. 평행교수는 토론수업 시 찬성과 반대, 체육 활동 시 청군과 백군처럼 한 교사와 학생들이 팀을 이뤄 하는 활동에 다양하게 적용할 수 있는 방법이다. 그래서 반 학생들을 두 팀으로 나눠서 김 선생님과 내가 한 팀씩을 맡기로 했다. 학교를 중심으로 북쪽, 남쪽으로 구역을 나눠 우리 학교 주변의 위험한 시설물, 공사 중인 곳, 가로등이 없는 곳, 차량이 많이 다니는 곳 등을 찾아다니기로 사전 협의를 마쳤다.

수업 당일 출발하기 전 주의할 안전교육을 마치고 나서 김 선생님과 나는 각 팀을 인솔해 출발했다. 먼저 학교 정문 앞에서 학생들에게 지도의 모습과 지도상에서 우리가 현재 위치한 곳을 견주어서 우리가 돌아볼 지역을 설명해 주었다. 아직 1학년들이라 위성지도의 모습과 실제 지형지물을 비교하는 것이 쉽지 않았기 때문에 조금씩 이동할 때마다 지도상의 현재 위치를 확인하는 과정을 가졌다. 학생들은 우리 동네의 모습이 지도에 그려진 것이 신기했는지 지도를 관찰하는 것을 좋아했다. 농협 사거리 앞에서, 학생들과 이야기를 나누었다.

허교사(특수교사): 얘들아, 여기는 사람이 다니는 길이 맞아?

학생들: 아니예요. 여기는 차가 다니는 차도예요.

허교사(특수교사): 그지? 그런데, 차가 어디서 오고 있지?

학생들: 저기요! 여기요! 뒤에서도 와요! 아 저기 골목에서도 차가 나와요. 안에 주차장이 있거든요.

허교사(특수교사): 그럼 우리가 이곳을 다닐 때는 어떻게 해야 할까?

학생들: 차가 오는지 잘 살피며 다녀야 해요.

허교사(특수교사): 그럼 여기는 안전지도에 어떤 지역이라고 표시할 수 있을까?

학생들: 차가 많이 다니는 곳! 교통사고가 많이 날 수 있는 곳!

허교사(특수교사): 우와! 정말 잘 찾아냈다.

– 2015년 7월 8일 안전지도 만들기 수업 중에서

아이들과 학교 주변의 큰 길과 골목길을 누비고 다니며 이 장소가 안전한지 위험한지 서로 이야기를 나누고 해당되는 스티커를 찾아 아이들에게 직접 붙여 보도록 했다. 40여 분을 돌아다닌 끝에 학교를 중심으로 한 남쪽 안전지도가 완성되었다. 완성된 지도를 가지고 돌아와 교실에서 다른 팀에게 안전지도를 설명하는 시간을 가졌다. 만약 한 교사가 한 팀으로 많은 아이들을 데리고 다녔더라면 아이들은 많은 곳을 돌아다녀야 해서 힘이 들었을 것이고, 많은 학생 수로 인해 안전이나 학습 활동 참여 면에서 어려움이 있었을 것이다. 하지만 두 교사에 의해 이루어진 협력수업으로 같은 시간에 많은 활동을 할 수 있었고 좀 더 질 높은 안전지도 제작이 이루어졌다.

학교 주변 안전지도 만들기

학습에
날개를 달다

협력교수를 하면서 가장 좋았던 점은 수업에 많은 학생들을 효율적으로 참여시키고, 다양한 활동들을 학생들과 함께 만들어 갈 수 있다는 점이다. 한 교실에 같은 목표를 가진 교사가 두 명이나 있다 보니, 두 교사가 학생들의 다양한 질문과 반응에 적절한 호응을 해 줌으로써 학생들의 반응을 존중하고, 학생들의 수업 참여도를 높일 수 있는 것이다.

김 선생님과 내가 대부분 적용했던 협력교수 모형은 대안적 교수 모형이었다. 일반학급 교사인 김 선생님이 대부분의 학생 교수에 책임을 지고, 특수교육교사인 나는 교육과정 수정을 요구하는 학생들의 집단을 가르치는 방식이다. 수업 전 아동의 능력에 따라 집단을 편성하여 특수교육 요구 학생이 소속된 집단에는 기초적인 내용을 지도하는 방식으로 운영했다.

김교사: 애들이 (두 자리 수)-(한 자리 수) 뺄셈 계산을 어려워해. 구체물로 하면 잘 하는데, 반구체물로 하다 보면 동그라미를 잘 못 쳐서 실수하는 애들도 많고, 숫자로만 보고 계산하기도 어려워하고 시간이 걸리더라도 학생들이 완전히 익힐 수 있게 했으면 좋겠는데…….

허교사(특수교사): 네, 좋아요. 배움 활동 후에 형성평가를 풀어서 학생들이 완전히 이해했는지 확인을 하도록 하죠.

김교사: 그러자. 그런데 도움반 아이들은 더 어려워할 텐데 걱정이네.

허교사(특수교사): 그럼 선생님은 수업 활동하시고 저는 도움반 아이들이 있는 모둠에서 구체물로 개별 지도를 할게요.

김교사: 그래. 민혁이나 우람이도 수학이 잘 안 되니까 도움반 아이들과 같이 지도해서 뺄셈 개념을 확실히 인지하게끔 신경을 좀 써 주면 좋겠다.

– 2015년 10월 30일 협력수업 사전 협의회 대화 중에서

공통된 학습 활동의 개념을 함께 학습하고, 개별 학습이나 활동지를 풀어야 하는 시간에는 두 교사가 각기 다른 수준의 학생들을 궤간 순시하여 학습을 지원했다. 이런 대안적 교수 모형은 거의 대부분의 수업에서 이뤄졌는데 시간이 지날수록 배우는 학습 내용이 복잡해지고 어려워졌기 때문이었다. 입학 초기만 해도 간단한 단어, 낱말, 수세기 등의 학습 내용에서 장애학생이나 비장애학생의 수준차가 크게 나지 않아 수업 중에 목표 달성을 할 수 있었다. 하지만 갈수록 수학에는 복잡한 연산과 문장제 문제가 등장하고, 국어는 읽고 생각하는 문장이 나오면서 한 교실 내에서 같은 교수·학습 활동으로 배우기에는 한계가 있었기 때문이었다.

국어 시간에 장면에 어울리는 문장을 표현하는 제재 학습에서도, 특

수교사인 내가 도움반 아동의 수준에 맞는 쉬운 수준부터 설명을 했다. 장면에서 보이는 그림들을 찾고, 그 그림들의 낱말을 익힌 뒤, 그림카드를 나열하여 이야기를 만들고 나중에 그림카드를 낱말로 문장으로 발전시켜 배우는 방식으로 그 차시의 학습목표에 도달하게 했다. 이렇게 과제 분석을 통해 문장을 쉬운 단계에서부터 높은 수준으로 표현하는 과정을 설명했다. 그랬더니 일반학급 학생에게도 쉬운 단계에서부터 본시 학습목표까지 개념 학습을 재복습하는 시간이 되었다.

민석이도
공부할래요

여름방학이 지나고 찾아온 9월, 다시 시작된 교실, 학기 초 서먹하기도 하고 한글을 잘 몰라서 의사소통에 어려움을 겪던 1학년 친구들이 말이 많아졌다. 학교에서 1학기 동안의 수업을 통해서 알게 된 어휘나 문장을 이용하여 제법 조리 있게 자신의 의사를 표현하면서 글로도 쓰게 된 것이다. 친구들이 점점 이야기를 많이 하자 친구들의 행동을 따라 하고 싶은 도움반 아동들은 부쩍 말하고 싶은 열망을 표출하기 위해 소리를 내었다. 학습을 통해 아는 어휘나 의미가 많아졌지만 표현하지 못하는 것이 답답했을 것이다. 이런 민석이를 위해서 '세이펜'을 활용해 보기로 했다. 세이펜은 펜과 스티커로 구성되어 있는데 음성을 녹음한 것을 해당 스티커에 가져다 대면 녹음된 음성이 나오는 것이다. 다양한 예시 문장도 있어서 말하기, 듣기 및 문장을 조합하는 데 효과적이다.

세이펜을 활용하여 스티커를 종류별로 구분한 다음 주어, 목적어, 동사 등을 구분여 조합해 보는 공부를 해 보았다. 1학년 친구들이 자신의 목소리로 하고 싶은 이야기를 녹음하여 스티커를 주기도 했다. 인지 능력이 떨어져 끊임없는 반복이 필요한 도움반 아동들에게 이 세이펜은 놀이처럼 느끼며 반복 학습을 할 수 있는 최고의 아이템이었다. 이러한 세이펜을 적극 활용하여 도움반 아동들은 여러 가지 사물의 이름을 익히거나 자신들이 말하고 싶은 열망을 조금이나마 채워 나갔다.

도움반에서 공부하고 일반학급 아동들과 함께 수업을 한다고 해도 학습 격차를 피할 수 없었다. 동일한 수준을 목표로 잡고 가기에는 역부족인 상황이 찾아온 것이다. 그래서 찾아낸 방법은 같은 제재를 가지고 수업을 하되 학습 활동의 내용을 쉽게 만든 교과서를 제작하여 활용하는 것이다. 이렇게 하면 한 반에서 같은 공부를 할 수 있고, 수준에 맞는 목표에 도달할 수 있는 것이다. 문장을 조합하는 국어 수업 시간에 '현석이는' '물을 마신다'라는 문장을 구성하면서 일반학급 아동들은 글을 쓰고 다양한 단어를 적용하여 문장을 만든다면 도움반 아동들은 문장이 적혀 있는 스티커에 세이펜을 갖다 대 발음을 들어 보고 조합 가능한 것을 연필로 이어 주는 식으로 구성하는 것이다. 교

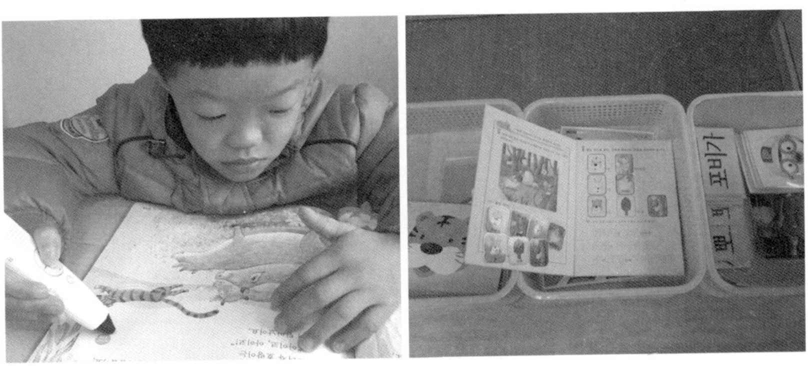

세이펜 활용 모습과 수준별 교과서

과서 내용을 모두 제작하기에는 시간이 허락하지 않아서 중심활동만 재구성하여 도움반 아이들의 수준에 맞도록 구성했다.

특별한 교과서로 수업한 지 일주일 정도 지나자 몇몇 아이들은 도움반 아동들의 교과서에 관심을 가지기 시작했다. 단순한 흥미가 아니라 어떤 활동을 하는지 물어보고 자신들도 직접 해 보기 시작했다. 세이펜이 아이들이 흥미 있어하는 활동이라면 세이펜을 수업에 도입할 생각으로 아이를 불러 이야기를 시작했다.

허교사(특수교사): 준민아, 뭐가 재미있어 보여? 재미있으면 수업 시간에 같이 해 보자.

준민: 받아쓰기가 어려워요. 또 남아서 공부했어요. 그런데 진혁이는 안 쓰고 맞는 거 고르니까 쉬워 보여서 저도 이걸로 하고 싶어요.

허교사(특수교사): 그래, 그럼 선생님 이야기를 듣고 골라 봐. '준민이가 학교를 마치고 집에 갔습니다.'라는 문장에서 '갔습니다' 의 받침을 골라 봐.

준민: 음……. 이거요. 이거요.

허교사(특수교사): 맞았어. 고른 걸 그대로 쓰면 되지 않을까?

준민: 보고 하는 건 쉬운데 쓰기가 어려워요.

허교사(특수교사): 그럼 먼저 보고 고르는 것을 배우고 그 다음 써 볼래?

준민: 네. 그게 좋을 것 같아요. 저도 이 책 주면 안 돼요?

– 2015년 9월 10일 도움반 대화 중에서

일반학급 학생들 사이에서도 이해력에 따라서 수준차가 많이 나는 모양이었다. 특히 받아쓰기 같은 경우는 언어적 직관성과 많은 독서량을 바탕으로 한 어휘력이 확보되어 있어야 가능했기에 1학년에 입학해서 문자 공부를 시작한 아이들에게는 어려운 과제였다. 그래서 도움반 아이들을 위한 활동 내용을 수준에 따라서 일반학생들에게도 적용해 보기로 결정했다. 준민이처럼 약간의 발판만 있으면 목표에 도달할 수 있는 아이들을 위해서 활동의 수준을 다양화하여 제공했다. 그 결과 받아쓰기에 어려움을 겪던 아이들이 받아쓰기를 더 이상 두려워하지 않게 되었다.

협력교수를 돌아보며

협력교수를 막상 해 보려고 결심했을 때 이론만으로 알았지 실제 수업 장면을 본 경험이 없어서 막막하고 두려움이 많았던 것도 사실이다. 도움반 아이들이 일반학급 아이들과 함께 생활하고 공부하면서 그들의 삶 속으로 들어가기를 바라는 마음에서 시작한 협력교수는 교육 공동체 모두에게 잊을 수 없는 기억을 주었다.

가장 먼저 도움반 아이들, 학교 오기 싫어하던 아이들에게 이제 학교는 그들이 가장 좋아하는 공간이 되었다. 학교에 오면 언제나 '행복하세요!'를 외치며 정답게 인사를 나눈다. 일반학급의 아침 활동을 함께하면서 친구들과 잘 어울린다. 학습에도 열심히 참여하여 제법 글도 쓰고 셈도 한다. 무엇보다 가장 중요한 것은 일반학생들의 모습을 보고 따라 함으로써 정상인의 생활양식을 배워 가고 있다는 것이다. 이 시간들이 모여 도움반 아이들이 성장했을 때 사회에 훌륭하게 적응하고 살아나갈 원동력이 될 것이다.

1학년 학생들에게 장애학생과 비장애학생이 서로 다름을 인정하되 틀린 것이 아니고, 함께 더불어 살아갈 수 있다는 인식을 심어 주게 된 것이 가장 값진 결실이라고 생각한다. 조막만한 여학생들이 민석이와 진혁이의 신발을 신겨 주고 같이 노는 모습을 보면 웃음이 나온다. 장애의 여부와 상관없이 모두가 친구가 되어 함께하는 그들이 성장하여 따듯한 시선으로 서로를 바라보길 바란다. 이런 모습을 바라보는 학부모들은 미소와 신뢰로 학교를 바라봐 주시며 언제나 든든한 후원자가 되었다.

협력교수에 참여한 선생님들도 같이 수업을 하고 이야기를 나누면서 많이 성장했다. 일반학급과 함께 수업을 하면서 그동안 같은 학교에서 근무하지만 동떨어진 섬 같은 도움반의 모습을 벗어버리고 학교라는 유기체의 일부분으로 역할을 하며 교육의 본질에 다가갈 수 있게 된 것이다. 아울러 일반학급의 생활 모습과 수업 장면 속으로 들어가 생생하게 느끼고 고민해 보면서 일반학생과 장애를 가진 학생들 모두를 바라볼 수 있는 눈을 지니게 되어 다양한 교육적 시도를 할 수 있게 된 부분에도 감사하다. 실패에 대한 두려움과 충분한 논의나 시도가 없어 두려움 속에서 시도한 협력교수였지만 그 결과는 한 교사의 인생을 완전히 바꾸어 놓았다. 10년차에 접어들면서 소리 없이 젖어 들던 타성을 버리고 새로운 도전의식과 성찰을 불러일으켜 주었다. 또 시설과 지원의 부족함을 원망하기보다는 교육의 본질을 다시 돌아볼 수 있었다. 장애를 가진 학생들이 원하는 것은 좋은 시설이나 지원이 아니다. 장애가 '차이' 가 아니라 '다름'인 것을 인정하고 이해하는 따듯한 시선과 같은 공간에서 함께 삶을 살아가며 그들 속에서 자신들의 존재를 확인하고 자리를 찾아가는 것이 그들이 진정으로 원하는 것임을 알게 되었다. 누구나 장애 여부와 상관없이 차별받지 않고 자신의 꿈을 가지고 인간으로서 존엄성을 가지고 살아갈 수 있는 미래를 준비하는 것이 바로 교육의 본질임을 돌아볼 수 있게 해 준 소중한 시간에 감사한다.

3장

행복한 학교 공동체 만들기

- 특별한 개교기념일
- 또 하나의 가족
- 현우의 특별한 생일
- 아이들 맞춤 교육과정
- 학부모와 함께하는 교육 공동체
- 서로 배려하는 협의 체제
- 우리들의 든든한 지원군
- 우리 학교에 찾아온 선물
- 어느 여 교사의 하루

특별한 개교기념일

쉬는 날의 아이들

2015년 4월 14일은 웅천초등학교의 109번째 개교기념일이다. 정신없이 바빴던 3월을 뒤로하고 맞이하는 휴일이라 기분이 들떠 있었다. 여행을 갈지, 지친 심신을 위로하기 위한 힐링의 시간을 가질지 즐겁게 고민하다가 우리 반 아이들은 개교기념일에 무엇을 하면서 보낼 것인지 궁금해졌다.

교사: 개교기념일에 뭐하고 놀 거야?

태연: 별로 할 거 없어요. 그냥 집에 있어요.

진솔: 용돈 받으면 PC방 가서 캐시템 지를 거예요.

유민: 밥 먹을 데가 없어서 별로예요.

교사: 아니, 맨날 학교 오기 싫어하던 애들이 논다니까 왜 갑자기 그러냐?

희주: 어디서 뭐하고 놀까요?

– 2015년 4월 9일 종례 시간 중에서

한껏 들떠서 물어본 나의 기분을 숨죽이게 만든 아이들의 대답은 만연한 봄 날씨와는 다르게 차가웠다. 순간 쉬는 날이지만 부모님의 직업적 특성이나 환경상 아이들과 외출하기 어려운 가정이 많고 근처에는 갈 만한 놀이 시설도 없는 현실이 무섭게 다가왔다. 학교 인근의 유일한 문화시설인 문화의 집에 있는 만화책과 컴퓨터 6대, 그리고 학교에 있는 유치원 놀이터가 아이들이 즐길 수 있는 전부였던 것이다. 그러면 주말에는 무엇을 하고 노는지 물어보니 근처 폐가에서 논다는 말도 있고, 평일에 많이 못한 스마트폰 게임을 하거나 TV 재방송을 하루 종일 보면서 주말을 보낸다는 대답을 들으면서 아이들이 3월 한 달 동안 보였던 원인을 알 수 없던 증상들을 조금은 이해할 수 있었다. 월요일 아침에는 침체된 모습으로 학교에 온 뒤 금요일까지는 조금씩 밝아지고 한층 좋아진 모습을 보이다가 주말이 지나고 다시 학교에 왔을 때 다시 공허한 눈빛과 무기력감에 빠져 있는 모습들은 주말을 보낸 방법에 기인한 것이었다.

쉬는 날 가정체험학습을 하면서 학교를 떠나 배움의 기회를 가져야 할 아이들이 휴일에 오히려 방치되면서 성장하지 못하는 현실. 나는 그런 사실도 모르고 노는 날이라며 좋아하면서 흥얼거렸으니, 아이들은 얼마나 이질감을 느꼈을까? 엄습하는 부끄러움과 아직 아이들과 하나 되지 못한 나를 발견한 순간, 가슴이 철렁했다.

학급
행복 맞이의 날

아이들을 하교시키고 나서, 주말을 우울하게 보내는 아이들을 위해서 뭐라도 해야겠다는 생각이 들어 무작정 주변에 갈

만한 곳을 찾아보았다. 마땅한 장소가 없었기에 고민하다가 교감 선생님께 여쭤 보았다. 웅천초등학교에서 4년째 근무하시면서 주변에 있는 시설들을 훤히 알고 계셨기 때문이다.

교사: 교감 선생님, 개교기념일에 애들이랑 어디 갈 만한 데가 없을까요?

교감: 갈 데? 뭐하려고?

교사: 애들이랑 좀 친해져 보려구요. 애들도 할 일이 없어 보이구요.

교감: 그럼 여기 뒤에 천자봉 한번 가봐. 가면 정자도 있고 넓어서 놀기 좋다.

교사: 네. 그럼 등산을 한번 가보겠습니다.

교감: 애들 점심은 먹어야 할 것 아니냐?

교사: 도시락 싸오라고 하겠습니다.

교감: 그래도 그렇지. 간 김에 목욕도 하고 애들 밥도 사줘. 연구부장 불러다가 계획이랑 품의 올리라고 할 테니 행정실에서 카드 받아 가.

교사: 네, 감사합니다.

– 2015년 4월 9일 교감 선생님과의 대화 중에서

교감 선생님께 여쭤 보면서도 반신반의했다. 교육 경력도 얼마 되지 않은 젊은 교사가 주말에 아이들 데리고 어디 간다고 하면 혹여나 사고라도 날까 봐 노심초사하고, 동료교사와의 비교나 다른 학년과의 형평성 등을 문제 삼는 경우가 많았기 때문이다. 하지만 잘하는 일이라고, 점심값과 목욕비, 간식비까지 챙겨 주시니 지지받는다는 느낌이 들어서 뿌듯했다.

다음날이 되어 연구부장 선생님이 「학급 행복 맞이의 날 계획」이라는 제목으로 계획서를 만들어 결재를 받아 주셨다. 하지만 가장 중요한 아이들의 참석 여부를 물어보지 않은 상황이었다. 교실로 올라와서 아이들에게 계획을 설명하고 가고 싶은 사람은 손을 들어 보라고 했다. 서로 눈치를 살피며 하나씩 들기 시작하더니 나중엔 대부분의 아이들이 손을 들었다. 그래서 개교기념일 아침 9시에 학교에서 만나기로 하고 종례를 마쳤다.

함께 보낸 하루

개교기념일 전날, 혼자서 한번 천자봉을 올라가 보았다. 시루봉 정상까지 올랐다가 바람재를 지나서 천자봉으로 해서 내려와 본 적이 있었기에 익숙한 길이었지만 혹시나 위험한 곳은 없는지 살펴보기도 하고 벌집이나 위험한 동물이 있는지도 보았다. 다행히 진해 드림로드라고 해서 임도가 잘 되어 있고 위험한 곳도 없었다.

개교기념일 아침, 아이들이 먹을 간식을 사서 조금 늦게 학교로 갔다. 혹시나 아무도 안 올까 하는 걱정을 했지만 모퉁이를 돌아 주차장으로 시야를 옮겨 아이들을 본 순간 혹시나 했던 걱정은 눈 녹듯이 사라졌다.

희주: 샘~, 왜 늦었어요! 빨리 가요.

이지: 우리 엄마가 기다리고 있단 말이예요. 도시락 땜에요.

민재: 은수가 산 입구에서 먼저 기다린다고 올 때 말하래요.

– 2015년 4월 14일 아이들과의 대화 중에서

금요일에 계획을 말할 때는 별 관심도 없고 생각도 없어 보이던 아이들이 막상 오늘은 올라가며 서로 장난을 치고 잡았다가 도망갔다가 하면서 웃고 떠들었다. "야호!"를 연신 외치며 즐거움을 만끽했다. 갑갑한 집에서 혼자 있는 것보다 친구들과 나와서 움직이는 과정 자체가 의미 있을 것이다.

이지 어머니께서 산에 간다고 도시락을 싸 주셔서 아이들과 나눠 먹었다. 원남이의 짐을 민재가 들어 주고 서로 밀어 주고 도와주면서 올라가는 모습이 기특했다. 중간에 정자에서 도시락을 사이좋게 까먹고 다시 올라갔다. 11시 반쯤 정상에 도착했다. 아직 차가운 기운이 남아 있는 봄날임에도 온몸이 땀범벅이 되었다. 그럼에도 아이들은 힘이 넘쳤다. 깡통 차기, 술래잡기 등을 한 시간 정도 하며 신나게 놀았다.

맛있는 도시락과 목욕탕

내려가는 길에는 여유가 생겨서 나는 평소에 친구들과 잘 어울리지 못하는 아이들이나 힘들어하는 아이들과 이야기를 하며 내려갔다. 학교라는 딱딱한 장소를 벗어나 긴장이 풀렸는지 이런저런 이야기를 잘해 준다. 마음 아픈 가족 이야기, 자신의 힘든 현실에 관하여 담담하게 이야기하는 아이들을 보며 그저 즐겁게 놀고 행복해야 할 때인데 자신의 어깨에 지워진 무게가 괜찮다고 말하는 모습이 슬프도록 대견했다. 내려가다 보니 어느새 동네 목욕탕 앞이었다. 등산으로 지친 몸을 달래기 위해 넉넉하게 시간을 잡고 들어갔는데 목욕탕에 손님이 하나도 없었다. 처음에 눈치를 보며 조용히 씻기 시작하던 아이들이 차차 본색을 드러내더니 목욕탕이 순식간에 워터파크로 바뀌었다. 아이들과 함께 잠수놀이, 바가지 배 침몰시키기, 손 물총 싸움, 물귀신 놀이 등을 하며 어린 시절로 돌아간 듯 한참을 놀았다. 정작 목욕은 안 하고 놀기만 했는데 시계가 벌써 5시를 가리키고 있었다. 늦게 나가면 여자애들의 잔소리를 들을 것이 뻔했기에 한 줄로 쭉 서서 대충 서로를 밀어 주고는 밖으로 나갔다. 등산으로 흘린 땀을 씻어내서인지, 오늘 하루가 행복해서인지 씻고 나온 아이들의 얼굴이 반짝반짝 빛나는 것 같았다.

그 길로 바로 옆에 있는 중국집으로 가서 자신들이 원하는 메뉴를 시켰다. 탕수육, 짬뽕, 자장면 등을 나눠 먹으며 등산과 목욕으로 허기진 배를 채웠다. 역시 먹을 때 가장 즐거운 아이들이다. 맛있게 먹는 모습을 보니 '엄마의 마음이 이런 거구나.' 하는 생각이 들었다. 잘 먹고 건강한 것 하나만으로 세상 모든 것에 감사하는 어머니의 마음, 그런 사랑을 받고 자라 비로소 사랑을 줄 수 있는 사람이 된다는 세상의 이치를 생각하며 아이들을 바라보았다. 저녁 먹은 것을 끝으로 하루의 일정을 모두 마치고 나서 환하게 웃으며 인사하는 아이들을 뒤로하고 집으로 돌아왔다.

다음날 뻐근한 다리를 이끌고 들어간 교실의 공기가 부드럽고 아이들의 인사 소리가 밝았다. 멍하게 있던 모습과 달리 활기가 넘치니 나의 기분까지 상쾌했다. 아직도 서먹서먹하던 남자 애들이 먼저 와서 발목이 아프다며 말을 걸기에 파스라는 만병통치약을 처방해 주고 머리를 쓰다듬어 주었다. 어제 함께한 경험이 아이들의 상처 난 마음에도 파스처럼 만병통치약이었길 기대해 본다. 힘들고, 즐겁고, 발가벗고 놀면서 마음의 거리가 가까워졌음을 느낄 수 있었다.

마음 '통' 하기

학교라는 공간이 어느 순간 교사와 학생의 대결 공간처럼 느껴진다. 과거 교사가 지녔던 지적 권위는 시대의 변화로 더 이상 힘을 발휘하지 못한다. 새로운 세대의 아이들은 고리타분하고 학습만을 강요하는 선생님에게 더 이상 애정을 가지지 못함은 물론, 첫 만남부터 기선을 제압하고 아이들을 통제하는 교사 앞에서 교사에 권위에 도전하는 것으로 대응할 뿐이다.

이러한 환경 속에서 배움은 먼 나라 이야기다. 반감을 가지고 무엇 하나도 배우려 하지 않을 것이다. 어느 정도 자신들만의 배경과 관계가 형성된 아이들을 대할 때, 교사는 자신의 지적 권위를 내세우기보다는 그들의 삶 속으로 뛰어들어 녹아들어야 한다. 학교에서 만나는 지식의 전달자로서의 교사의 모습이 아니라, 같은 사람으로서 배울 것이 있고 따르고 싶다는 생각이 드는 인간상으로 다가가는 것이다. 아이들의 마음을 열고 자신들의 세계에 교사를 받아들이는 순간 마음이 통한다. 마음이 통하는 순간 교육은 시작된다.

또 하나의 가족

나는 교사인가, 엄마인가

늦은 저녁 시간이나 주말에 학교나 학부모에게서 걸려오는 전화는 늘 마음을 불편하게 했다. 별 일도 아닌데 다음 날 근무 시간에 연락해도 될 일을 왜 퇴근 후 늦은 시간에 물어보는지 이해하지 못했다. 교사라는 것이 내 삶의 중요한 부분이기는 하지만 교사로서가 아닌 개인적인 삶 또한 중요하다는 면에서 항상 학교와 가정은 분리되어야 한다는 생각을 평소에 했기 때문이었다. 하지만 학교와 학생의 환경이 변하고 있다 보니 이런 나의 생각도 변할 수밖에 없었다. 맞벌이 가정이 늘고 외동인 아이가 많아지는 등 아이들의 가정에도 많은 변화가 있었고, 수업을 마친 후 따로 학원을 가지 않아도 학교에서 방과 후 수업을 들을 수 있고 저녁 늦은 시간까지 학교 돌봄 교실에 머무르는 아이도 많다. 나 역시 아이를 어린이집에 데려다 주고 출근을 하면서 몇 년 후 아이가 학교에 다니게 될 상황을 떠올려 보며 학교의 기능에 관하여 다시 생각해 보게 되었다.

우리 학교 아이들의 가정을 살펴보면 한부모 가정, 조손가정, 다문화 가정 등 다양한 가정의 비율이 전체 학생 수 대비 매우 높은 편이다. 양 부모님이 모두 계신다 하더라도 밤늦도록 일을 하셔서 가정 내 돌봄 기능이 이루어지지 않는 경우도 많다. 그런 가정 사정을 반영하듯 아이들은 가정에서 받아야 할 기본적인 사랑을 받지 못하고 또 이로 인한 여러 가지 문제점들이 보였다. 결혼 전이었거나 출산 전이었더라면 속 썩이는 아이들이라고 생각하면서 그렇게 만든 책임을 아이의 부모님께 전가하고 학교에서의 생활만 내가 책임지면 그만이라고 생각했을 것이다. 하지만 아이를 낳고 어린이집에 맡기면서 어린이집 선생님이 내 아이에게 부모님처럼 대해 주길 기대하게 되었고 나 역시 학교와 가정을 엄밀히 분리하기보다는 학교와 학생들을 내 삶의 일부로 구분 없이 받아들여야겠다는 생각이 들었다.

새로운 이름 짓기로 학생 들여다보기

아이들을 마음에 담기 위해 더 많은 정보가 필요했고, 아이들 사이의 관계를 파악해 보기 위해 이름 앞에 별명을 지어 이름과 함께 불러 보자고 제안했다. 처음에는 어리둥절하던 아이들이 서로의 특징과 환경을 파악하여 별명을 지어 주었다.

별명 짓기로 학생들의 가정사나 환경, 특성 등의 정보를 알아낼 수 있었다. 5년이란 오랜 시간을 한 반으로 함께 보내고 자라 온 친구들이기에 서로에 대해 가장 잘 알고 있었기 때문이다. 그중 유독 한 아이가 눈에 띄었다. 바로 지우였다. 이목구비가 뚜렷하여 연예인을 연상시키는 외모에 공부를 잘하고 성격도 좋아 인기투표에서는 늘 1위를 하던 아이였다. 그런데 본인이 지은 별명은 아이들이 지어 준 별명과는

아이들이 서로에게 지어 준 별명

본명	개인적 배경 및 성격	별명+이름
지우	갓난아기 때부터 아빠, 누나 세 식구가 함께 살고 있음	아기 지우
현중	막내로 사랑과 관심을 독차지하며 자라다가 몇 년 전부터 어린 사촌 동생 진현이가 집에서 함께 살게 됨. 관심을 독차지하고 싶어하고 조금만 억울해도 감정 조절을 못하고 폭발하는 경우가 많음	곰돌 현중
우용	겉으로 순하고 무난한 성격이나 자신감이 없고 내재된 스트레스가 매우 많음	오! 우용
지수	늘 고개를 숙이고 있고 교사에게 먼저 다가오지 않음	우리 지수
민정	원만한 가정에 학업성취도가 높고 자신감이 있음	별명을 짓지 않음
여울		

다르게 아기 지우였다. 지우에 대한 이야기를 들으며 지우의 배경에 대해 알게 되었다. 지우는 갓난아기 때부터 아빠와 누나 그리고 자신까지 세 식구만 생활해 왔기에 엄마의 사랑과 관심을 받지 못한 것이다. 그런 지우가 원하는 것은 아기가 되는 것이다. 비록 멋진 아빠, 명석한 머리와 예쁜 외모, 친구들로부터 많은 관심을 받고 부러움을 사고 있지만 정작 자신은 아기가 되고 싶다는 별명으로 엄마의 사랑을 받고 싶다는 자신의 결핍을 표현한 것 같았다.

또 하나 인상적인 별명은 현중이의 별명이었다. 유순하고 순진한 현중이는 어린 시절 갑작스레 사촌 동생이 함께 살게 됨으로써 막내로 누리고 있던 모든 관심과 사랑을 한순간 잃게 되었다고 한다. 또 자라면서 형이라는 역할의 강요와 어린 사촌 동생과의 비교 등으로 부정적인 정서가 심화되었다. 그리하여 현중이는 아주 사소한 일이라 할지라도 불공평하거나 억울하다 싶으면 교사에게 심하게 대들고 따지는 경우가 많았다. 그런 현중이가 그려 낸 자신의 캐릭터는 귀염성 있는 곰돌이였다. 사랑받고 인정받던 자신의 모습으로 다시 돌아가고 싶은 마음을 담은 것 같았다.

최근에 사춘기 누나의 방황과 부모님의 불화 등으로 많은 스트레스를 받고 있고, 학교에서는 특별한 개성이 없어서 자신감이 없던 우용이의 별명도 눈에 띄었다. 친구들이 지어 준 별명은 '오! 우용'. 본인 이름 그대로를 강조한 별명으로 성씨인 '오!'를 강조하며 반갑고 신나게 부를 수 있어서 친구들이 불러 주면서 자신을 기억해 준다는 생각에 기뻐했다. 그리고 '우리 지수'는 내가 직접 지어 준 별명이다. 왠지 모를 거리감이 느껴지고 친하기 어려울 것같이 겉도는 학생이어서 '우리 지수'로 늘 불러 주었는데 그 이름이 마음에 들었는지 바꾸지 않고 그대로 둔 것이다. 반면 별다른 가정적 문제가 없어 보이고 가정 및 학교의 여러 면에서 우수한 학생인 민정과 여울이는 뚜렷한 별명을 짓지도 않았고 별명에 큰 관심을 보이지 않았다.

아이들이 바람과 결핍, 누구에게도 말하지 못한 이야기들을 담은 별명을 보면서 한참을 생각했다. 여태껏 학교와 가정을 분리하여 단순한 직업인으로서 교사의 삶을 생각하던 나 자신이 부끄럽기도 했고, 아이들에게 가정에서 채워지지 못한 것을 채워 주리라 마음먹었다. 아이를 낳고 키우면서 생겨난 모성에 대한 본능들이 학교에서 아이들을 대하는 나의 태도를 변화시킴에 놀라기도 하고 이제야 아이를 낳아 보고, 길러 본 선생님들이 아이들을 사랑으로 대하는 모습을 이해할 수 있게 되었다.

공부보다 밥이 먼저

교사이기 전에 한 아이의 엄마로서 가장 신경을 쓰는 일은 아이를 잘 먹이는 일이었다. 정서적 교류가 가정 먼저라고 해도 실제 엄마가 되어 본 사람이라면 좋은 음식을 제대로 먹이는 것이 가장 중요한 일이라는 것은 누구나 인정할 것이다. 엄마의 사랑이 들어간 음식을 배불리 먹은 아이라면 엄마와의 정서적 교류도 어느 정도 안정적일 것이라는 추측을 해 본다. 그래서 급식 시간만큼은 반 학생들이 음식을 골고루 남김 없이 먹을 수 있도록 신경을 써서 지도한다. 그런데 엄마가 없는 학생들의 아침식사는 어떨까? 아침 표정만 봐도 학생들의 아침식사 여부를 알 수 있다.

다행히 우리 반 학생들 대부분은 엄마가 있다. 지우만이 엄마 없이 아빠와 언니 세 식구가 함께 산다. 지우는 매일 아침 힘이 없어 보였고 아침 등교 직후 책상에 엎드려 있는 경우가 많았다. 게다가 매우 마른 체형이다. 2교시 후 우유급식을 한 뒤나 급식을 마친 오후 시간에는 총명한 눈빛이 살아나고 활기가 느껴진다. 지우에게 힘 좀 내라며 아침은 먹고 다니는지 물었더니 맥이 풀린 눈으로 아니라는 대답을 한다. 아침마다 힘이 없었던 이유는 영양 부족인 듯했다. 직장생활로 아버지도 바쁘실 것이고 당연히 지우의 식사는 불규칙하고 제대로 된 영양 섭취도 어려울 것이다. 그리고 지우는 고기 반찬을 싫어하는 등 편식이 심하고 먹는 데 관심조차 없었다. 아빠가 챙겨 주시기 힘드실 것 같아서 빵이라도 사서 먹고 다니라고 말을 했지만 듣는 둥 마는 둥했고 그 뒤로도 계속해서 아침 시간에 힘이 없어 보였다.

영양가 있는 아침도 중요하지만 지우에게는 무엇보다 식사를 통한 에너지 보충이 먼저일 것 같아서 시리얼을 하나 사서 주위에 아무도 없을 때 지우를 불렀다. 시리얼을 건네면 부끄러워하거나 자존심 상해하지 않을까 내심 걱정되면서도 아무렇지 않은 척하며 지우를 불러 시리얼을 주었다. 그 뒷날부터 지우의 아침 표정은 여느 때와는 조금 달라 보였다. 생기 있는 평범한 아이 같았다. 물론 가끔씩은 굶고 오는 날도 있는 듯했지만 그래도 대부분은 챙겨 먹고 오는 모습이었다. 달라지는 지우의 모습을 보며 공부를 강요하기보다는 공부할 수 있는 여건을 만들어 주는 것이 먼저라는 생각이 들었다.

고마운 지우

어느덧 학기 말이 되고 방학식 날이 되었다. 생활통지표를 받을 아이들의 눈은 긴장감과 호기심으로 빛나고 있었다. 생활통지표를 나눠 주자 자신들의 이야기를 열심히 살펴보느라 정신없었다. 아이들의 반응을 살피던 중 지우의 표정이 좋지 않아 보여 물어보았다.

행동특성 및 종합의견
식사량이 적고 아침을 거르는 경우가 많아 힘없이 아침을 시작하는 경우가 잦으며 자주 책상에 엎드리므로 영양가 있는 음식을 골고루 섭취하는 등의 건강을 위한 노력이 절실히 요구됨. 사교력 및 이해력이 뛰어나 수업 시간 발표가 왕성하며 모둠의 이끔이로서 모둠활동을 활발하게 이끌어 내는 등의 리더십을 발휘함. 특유의 매력으로 모든 친구들이 짝이 되고 싶어하는 인기 있는 학생임. 가끔씩 까닭 없이 우울해지는 경우가 있으므로 가정에서 깊은 관심과 사랑으로 보살피기를 당부함.

지우의 생활통지표 중 행동특성 및 종합의견란

교사: 지우야, 무슨 일 있어?

지우: 선생님, 왜 이런 말을 적었어요?

교사: 왜? 있는 그대로 적었는데?

지우: …….

– 2015년 7월 21일 방학식 날 지우와의 대화 중에서

지우의 침묵이 무엇을 의미하는지 묻고 싶었지만 혹시나 상처를 주었을지, 한창 예민할 시기에 자존심을 건드린 건 아닌지 걱정이 되어 말을 아꼈다. 방학식 식순이 거의 끝나고 이제 마지막 인사를 남겨 놓고 있던 상황이었다. 늘 하던 인사 대신에 특별한 인사로 프리 허그를 제안했다. 몇몇 아이들은 쑥스러워하면서도 얼굴에 웃음을 띠었고, 몇몇의 남학생들은 야유를 보냈다. 여학생들은 먼저 앞으로 나와 꼭 껴안고 인사를 했다. 그리고 몇 명의 남학생들이 머뭇거리며 나와 포옹을 했다. 그런데 그때 부끄러워 도망치듯 교실 밖으로 나가는 남학생 몇 명을 지우가 끌고 오며 말했다. "야, 그냥 가면 선생님 서운하시잖아." 그러고는 먼저 포옹을 했다. 나는 앞서 했던 지우에 대한 걱정이 모두 사라지면서 선생님 마음까지 헤아려 주는 지우가 대견하고 고마웠다.

그리고 찾아온 2학기, 요즘은 가끔 거꾸로다. 급식 시간에 내가 음식을 남기면 지우가 되레 선생님 너무 적게 드시는 거 아니냐고 묻고는 다 먹으라고 말한다. 그리고 맛김이나 도너츠 등 아이들이 좋아하는 반찬이 나오면 지우는 조금만 먹고 남겼다가 선생님 더 먹으라고 식판에 살며시 올려 주기도 한다.

이런 아들이라면 열 명 쯤 더 있어도 되겠다 싶다. 핏줄로 맺어진 가족은 아니지만 가족보다 더 마음이 통하고 믿고 의지할 수 있는 아이

들을 보면서 어느덧 학교와 가정, 가정과 학교의 경계가 허물어진 나를 발견한다. 학교와 가정을 분리하면 행복할 줄 알았던 과거의 나는 절반뿐인 삶을 살았던 것 같다. 나의 삶 속으로 모두 안아 품을 때 모두가 가족으로서 행복해짐을 배운 소중한 시간이었다.

현우의 특별한 생일

희귀병을 앓고 있는 현우

누구나 한 번쯤은 자고 일어나니 걸을 수 없는 상태가 되는 끔찍한 상상을 하고는 한다. 이런 무서운 상상놀이는 잠깐이나마 학생들에게 지금의 건강한 신체를 소중하게 생각하고 건강하게 낳아 주신 부모님께 감사하는 마음을 가지게 해 주기도 한다. 이런 끔찍한 상상이 현실로 닥친 학생이 5월에 전학을 왔다. 특수교사인 나조차 처음 들어 본 병명에 전공서적과 인터넷을 찾아보기 시작했고, 전학 온 현우의 기사로 추정되는 기사를 찾을 수가 있었다.

마음이 아팠다. 2012년 4학년이었던 현우가 2015년이 되어 예전의 건강한 모습과는 많이 다른 모습으로 우리 학교에 4학년으로 전학을 온 것이다. '현우를 위해 무엇을 해 줄 수 있을까?' 하는 고민 끝에 먼저 교직원 회의 시간에 현우를 알리기로 했다. 희귀병으로 마비가 되어 말을 할 수는 없지만 인지할 수 있는 현우가 외모 때문에 다른 학생들의 놀림거리가 되지 않을까 걱정이 되었기에 현우의 상황을 학교 교직원들에게 인지시키고 안내해야 했다.

특수교사: 본교에 4학년으로 14세 조현우라는 학생이 전학을 왔어요. 할러포르덴-스파츠 증후군이라는 희귀병을 지닌 학생입니다. 이 희귀병은 10세에 발생하는 유전병인데 10세가 되면 걸을 수 없게 되고 몸의 근육이 마비되는 희귀병입니다. 지금 현우는 휠체어를 타고 목과 복부에 관을 꽂고 있고, 말을 하지는 못 하지만 상대방의 말을 다 알아듣고, 손을 움직임으로써 표현을 할 수 있습니다. 다른 학생들이 현우의 외모를 보고 놀리거나 부정적인 말을 하지 않도록 사전에 지도 부탁드립니다.

주교사: 인지가 된다고 하면 앞으로 4학년 통합학급에서 수업을 하나요?

특수교사: 아니요. 현우는 오랜 시간 유예를 하면서 수차례에 걸친 수술과 병원치료로 실제 나이는 14세이지만 4학년에 발병해서 4학년 교육과정을 이수하지 못한 상태라 현재 4학년이 되었습니다. 아직 신체 강직이 심하고 컨디션이 좋지 않아 3, 4교시 수업만 할 것이고 점차 현우의 컨디션에 따라 학교에 있는 시간을 늘릴 예정입니다. 그 외의 시간에는 병원과 가정에서 꿈사랑 사이버학교 수업을 듣습니다.

주교사: 비록 나이차이가 있지만 같은 학년 친구들과도 잘 지냈으면 좋겠습니다. 현우가 내일 학교에 오면 4학년 친구들과 함께 만날 수 있는 시간을 마련해 주세요.

– 2015년 5월 21일 직원 협의회 중에서

회의 시간에 전해들은 현우에 대한 이야기에 연구실의 선생님들은 모두 진심으로 안타까워했고 진심으로 현우에게 힘이 되겠노라고 무언의 촉촉한 눈빛으로 다짐했다. 현우의 담임 선생님이 된 4학년 선생님은 4학년 학생들과도 함께 어울릴 수 있는 만남의 시간을 갖게 해 주셨다.

선천적으로 장애를 처음부터 가지고 태어나는 사람도 있지만 사고나 혹은 질환 등 후천적 원인으로 장애를 가지게 되는 비율이 88.9%로 10명 중 9명은 비장애인으로 살다가 장애인이 되는 경우가 더 많다. 전학 온 현우의 경우도 그렇다. 현우는 9살 때, 여느 또래 친구들처럼 밝고 적극적이며 활동적인 아이였다고 한다. 그런데 쌀쌀해질 무렵, 자꾸만 넘어져 다쳐오는 현우를 보며 부주의하고 장난이 심한 사내아이라고만 생각했다고 한다. 하지만 시간이 지날수록 점점 넘어지는 횟수가 잦아졌고, 어깨를 다치는 경우가 많았으며 걷기조차 어려워졌다. 결국 이 병원 저 병원을 다니면서 온갖 검사와 진단을 받게 되었고 불과 3개월 만에 휠체어에 앉게 되고 할러포르덴-스파츠라는 유전병을 가지고 있었고 마침내 발병했다는 것을 알게 되었다. 이후 현우의 어린 동생은 고모에게 맡겨지고 부모님은 현우의 예전 모습을 되찾기 위해 많은 수술과 치료를 받게 했다.

괴물에서 친구로

시간이 흘러 현우가 14살 되던 해, 현우의 부모님은 현우가 조금이라도 건강할 때 행복하게 학교 생활을 할 수 있는 학교로 돌아가게 하기로 마음먹었다. 건강한 친구들 틈에서 그들의 모습을 닮아 가라는 의미로 특수학교 대신에 일반 초등학교를 찾고 있었다. 주변 지인들의 조언으로 본교로 전학을 결정하게 되었고, 현우의 새로운 도전이 시작된 것이다. 하지만 새 학교에서의 출발은 쉽지만은 않았다. 현우가 학교에 전학을 오자 작은 학교의 학생들은 새로 전학 온 형, 오빠인 현우에게 관심을 가지게 되면서 때로는 철없는 동생들이 '괴물', '좀비', '장애인'이라는 부정적인 말을 할 때도 있었다. 그럼에도 현우는 동생들을 향해 손을 흔들고 웃어 보였다. 하지만 그런 모습을 보는 건 교사로서 더 힘들었다. 차라리 화를 내거나 울면 속이라도 시원할 텐데 동생들이 놀려도 사람이 반갑다고 방긋 웃음을 지으며 웃는 현우를 보니 마음이 더 아팠다.

나는 담임 선생님들과 상의하여 장애이해교육 시간을 현우의 장애에 대한 내용으로 재구성했다. 중증 장애로 특수학교를 제외하고는 어디서도 환영받지 못하다가 찾아온 웅천초등학교, 이곳에서 삶의 희망을 가질 수 있도록 아이들이 장애인이나 괴물이 아닌 친구로서 대해 주고 도와주었으면 하는 바람과 현우의 아픈 몸과 마음을 깊게 이해해 주길 바라는 마음을 담아 수업을 진행했다.

특수교사: 혹시 내일 내가 일어났는데, 걸을 수 없게 된다면 어떨까?
재희: 그런 끔찍한 말 마세요~.
유빈: 무서워요~. 상상도 하기 싫어요.
특수교사: 그런데 얘들아! 지금 우리나라의 장애인 273만 명 중 89%는 후천적인 사고나 질병으로 인한 장애인들이야.
학생들: 네?!……

– 2015년 5월 24일 장애 인식 개선 수업 중에서

9살 현우와 지금의 14살 현우의 사진을 본 학생들은 잠깐 할 말을 잃었다. 이후 현우가 앓고 있는 희귀병에 대해 안내를 하고 나니 현우에 대한 질문이 쏟아지기 시작했다.

9살 건강했을 때와 14살 희귀병을 앓고 있는 현우의 모습

민철: 선생님, 현우 형이랑 놀면 저도 저렇게 돼요?

희진: 말을 할 줄 알아요?

주연: 오빠는 혼자 화장실에 갈 수 있어요?

성진: 형은 다시 건강해질 수 있어요?

– 2015년 5월 26일 3학년 장애 인식 개선 수업 중에서

나는 학생들의 이런 질문들이 다 현우에 대한 관심이라 생각하고, 최선을 다해 답해 주었다. 그러던 중 반가운 질문이 들렸다. 현우 형이 다시 이전처럼 우리처럼 건강해질 수 있느냐는 질문이었다. 현재까지 할러포르덴-스파츠 증후군 희귀병을 앓고 있는 사람은 대개 14세 청소년기를 못 넘긴다고 한다. 하지만 차마 그 말을 할 수가 없었다. 하지만 나는 당연히 나을 수 있고 여러분이 도와주면 더 빨리 건강해질 거라고 말해 주었다. 그러면서 현우 형을 만나면 놀리거나 싫어하는 말 대신 이름을 불러 주며 반갑게 인사를 나누자고 하니 아이들 모두 그렇게 하겠다고 다짐해 주었다.

이렇게 현우의 학교 생활이 시작되었다. 처음 현우가 학교에 와서 하

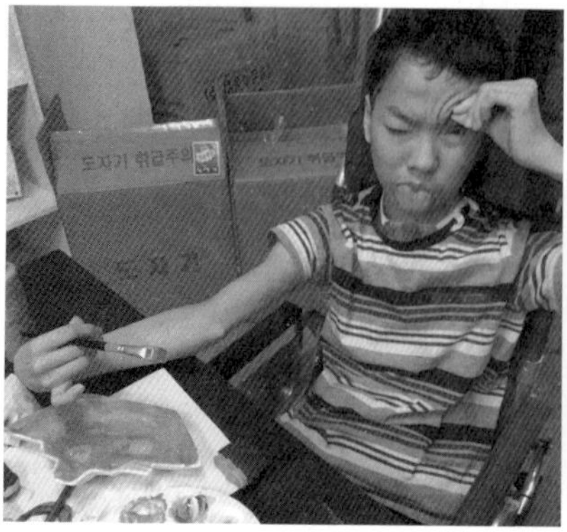 

현우의 활동 모습

는 일이란 학교 주변을 산책하고, 중간 중간 입, 목에 있는 침과 가래를 의료용 흡입기로 빼내는 일이 전부였다. 하지만 점차 현우가 손짓이나 눈빛으로 의사를 전달하는 게 눈에 띄었고 4조각 퍼즐 맞추기, 블록 쌓기 등의 학습을 시켜 보기 시작했다. 사실 현우의 겉모습만 보고 아무것도 못할 거라는 생각을 하고 있었는데 이게 웬일인지 너무나도 잘했다. 그날 이후부터 온 힘을 다해 현우가 할 수 있을 만한 것들을 도전해 보았다. 3층 놀이터 미끄럼틀 타기, 글씨 쓰기, 낚시놀이 등등. 그럴수록 근육의 강직으로 몸이 뒤틀어지고 이마엔 식은땀이 났지만 현우는 온몸으로 최선을 다해 자신이 살아 있음을, 장애를 이겨낼 수 있음을 증명했다.

'함께'라서 행복한 생일파티

이렇게 시간이 흘러 현우는 더 이상 '전학생'이 아닌 '조현우'로서 웅천식구가 되어 갔다. 현우가 학교 생활을 한 지 3개월이 지난 7월 달, 행복 맞이의 날 행사를 계획하고 협의하는 시간이었다. 친구의 날 행사를 맞이해서 친구라는 말소리와 비슷한 7월 9일에 행복 맞이의 날 행사를 하기로 했다. '친구'라는 언제 들어도 기분 좋은 단어에 선생님들이 미소 지을 때, 교감 선생님께서 한 가지 의견을 내셨다.

교감: 이번 행복 맞이의 날에 친구 사랑의 날 행사도 같이 한다는데 현우 생일잔치를 한번 해 보는 건 어떨까?

특수교사: 현우의 생일은 지났는데요?

교감: 현우의 지난 시간을 보니 친구들과 생일잔치를 한 기억이 오래 전일 것 같은데, 더 건강하라는 의미에서 이런 이벤트를 해 주면 어떨까 하는 거지.

오교사: 아! 그거 좋은데요. 그런데 현우 부모님이 불편해하시지는 않을까요?

– 2015년 7월 1일 교무실 대화 중에서

나는 현우 부모님에게 이벤트의 취지를 말씀드렸고, 부모님은 기쁜 마음으로 허락해 주셨다. 이렇게 7월 행복 맞이의 날에 현우의 특별한 생일파티를 열기로 했다. 전교생들이 현우에게 생일 축하편지를 쓰고, 케이크를 준비하고, 깜짝 이벤트를 준비했다.

행복 맞이의 날 당일, 하루가 다르게 몸 상태가 좋아졌다 안 좋아졌다를 반복하던 현우가 다행히 등교를 했다. 여느 때와 다름없이 현우는 장애인 주차장에서 마중 온 나를 만나 휠체어에 올랐다. 현우는 함박웃음으로 교실로 손가락을 가리키며 저기로 가야 한다고 얘기했다. 늘 반복되는 일과 속에 현우가 학습도움반 교실을 인지하고 있음이 기

현우의 생일파티

특했다. 현우에게 오늘은 학습도움반 교실이 아닌 체육관으로 갈 거라고, 동생들이 현우를 기다리고 있다는 것을 말했다. 뜻을 아는지 해맑은 현우의 웃음을 보며 휠체어를 체육관으로 향했다. 체육관 입구에 들어서자, 평소와 다르게 따뜻함이 느껴졌다. 전교생들이 입구부터 만든 길로 들어서자 "현우! 힘내라!", "현우야! 사랑해!"라는 환호성과 함께 전교생들의 박수가 이어졌고, 현우는 동생들의 이벤트 뜻을 이해한 듯 환한 웃음으로 손을 흔들었고 동생들이 만든 원의 중심에서 휠체어가 멈췄다. 학생들, 그 자리에 있는 선생님들도 현우가 진심으로 다시 건강해지기를 바라는 기적이 일어나길 바라며 촉촉한 눈으로 응원하고 있었다.

오교사: 친구들, 안녕하세요! 오늘은 친구사랑의 날을 맞이하여 행복한 하루를 보낼 거예요. 그런데 오늘은 특별히 현우를 위한…….

교감: 오늘은 우리가 현우의 14번째 생일을 맞이해서 생일파티를 준비했습니다. 현우는 몇 해 전 건강이 안 좋아져서 병원에서 오랫동

안 있었기 때문에 친구들과의 생일파티를 안 한 지 오래되었다고 합니다. 그래서 오늘 우리가 같이 축하해 주도록 합시다.

– 2015년 7월 9일 행복 맞이의 날 행사 중에서

행복 맞이 날 업무담당자였던 오 선생님은 현우의 밝은 모습과 이를 응원하는 학생들의 모습에 감정이 북받쳐 올라 더 이상 말을 이어가지 못했다. 감동의 눈물을 흘리며 오 선생님은 말을 잇지 못하고 자리를 잠시 떠났다. 자리를 떠난 오 선생님을 대신해서 교감 선생님께서 마이크를 잡으셨다. 이후 전교생이 큰 소리로 불러 주는 생일축하 노래가 이어지고, 현우는 아픈 예전 일은 사라지라는 듯 단번에 생일 케이크의 촛불을 끄고, 6학년 학생이 현우에게 쓴 생일축하 편지를 낭독하는 순서로 이어졌다.

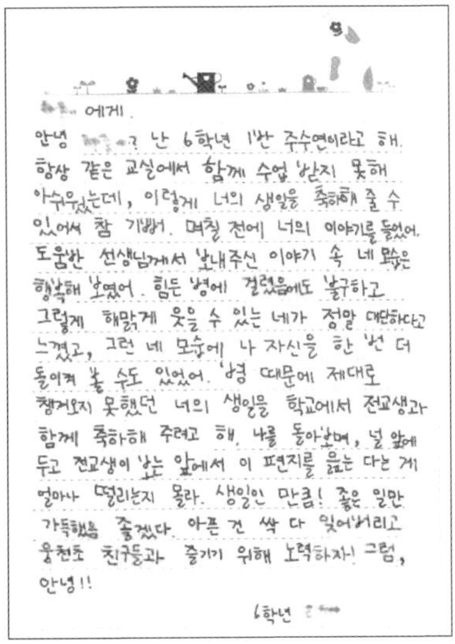
에게.

안녕 ? 난 6학년 1반 주수연이라고 해. 항상 같은 교실에서 함께 수업 받지 못해 아쉬웠는데, 이렇게 너의 생일을 축하해 줄 수 있어서 참 기뻐. 며칠 전에 너의 이야기를 들었어. 도움반 선생님께서 보내주신 이야기 속 네 모습은 행복해 보였어. 힘든 병에 걸렸음에도 불구하고 그렇게 해맑게 웃을 수 있는 네가 정말 대단하다고 느꼈고, 그런 네 모습에 나 자신을 한 번 더 돌이켜 볼 수도 있었어. 병 때문에 제대로 챙겨오지 못했던 너의 생일을 학교에서 전교생과 함께 축하해 주려고 해. 나를 돌아보며, 널 앞에 두고 전교생이 보는 앞에서 이 편지를 읽는 다는 게 얼마나 떨리는지 몰라. 생일인 만큼! 좋은 일만 가득했음 좋겠다. 아픈 건 싹 다 잊어버리고 웅천초 친구들과 즐기기 위해 노력하자! 그럼, 안녕!!

6학년

6학년 학생이 현우에게 쓴 생일 축하 편지

6학년 학생의 진실된 편지에 학생들도 울고, 선생님들도 울고 모두가 같은 마음이었다. 이후 체육관 한쪽에서 이 모습을 보며 눈물을 훔치던 현우 어머니가 무대 중앙에 나오셨다.

오늘 현우를 위해 깜짝 생일파티를 준비해 주셔서 너무 감사합니다. 현우가 아프면서 오늘 같은 날이 오리라고는 생각도 못했는데, 감격스럽습니다. 실제 현우가 처음으로 수술을 받은 날이 9살 생일날이었습니다. 얼른 건강해서 예전 모습으로 여러분들과 함께 즐겁게 학교 생활을 할 수 있었으면 좋겠습니다. 정말 고맙습니다. 은혜 잊지 않겠습니다.

– 2015년 7월 9일 현우 어머니의 말씀 중에서

현우 어머니의 말씀에 학생들과 선생님들은 어느 누구랄 것도 없이 눈시울을 붉혔다. 아이들은 현우를 안아 주기도 하고, 꼭 나아서 같이 축구도 하고 같이 놀자는 이야기도 해 주었다. 더 이상 장애를 가진 다른 사람이 아니라 같은 학교 친구라 생각하고 마음을 표현하는 모습이 아름다웠다. 그렇게 현우의 생일날은 소중한 기억 속 한 자락에 자리 잡았다.

현우의 존재에 감사하며

사실 처음 현우를 보았을 때는 겁이 났다. 특수교사로서 장애를 가진 아이들을 많이 접해 왔지만 처음 들어 보는 병명과 아무것도 할 수 없을 것 같은 아이의 모습을 보면서 과연 내가 아이를 잘 돌볼 수 있을지 확신이 서지 않았다. 통계적으로 14세를 넘긴 적이 없다는 희귀한 병, 그 병을 앓고 있는 14세의 현우를 보면서 머릿속은 무력감, 두려움, 죽음에 대한 공포 등의 단어로 가득 채워졌다. 하지만 휠체어에 앉아 있는 현우를 데리고 오신 어머니의 눈에는 간절함을 넘어 절실함이 맺혀 있었다. 어머니로부터 여태까지의 삶과 힘들었던 가족들의 이야기, 다른 학교에서 받아 주지 않았던 일 등을 들으면서 현우가 아픈 이후에 얼마나 괴로웠을지, 집에서 외로움을 어떻게 견디었을지를 생각하며, 어쩌면 머지않을 마지막 순간까지 집에서 쓸쓸히 보내게 하지 않겠다고 마음먹었다. 그렇게 현우를 받아들였고 지금까지 왔다.

요즘은 현우를 보면서 삶을 배운다. 함께 산책을 하면서 만나는 한 줌 햇살과 바람을 느낄 수 있는 것에 미소 짓고, 친구들의 인사에 굽어진 손을 힘껏 흔들며 화답하는 그를 보면서 친구들의 성공과 머물러 있는 나를 비교하고, 어느 순간 아이들보다 다른 것에 더 관심을 가지는 나를 되돌아보았다. 삶은 끊임없이 행복을 찾아가는 과정이라고 했던가, 그 말에 이제는 대답할 수 있을 것 같다. 나의 삶에서 아이들을 바라보고, 사랑함에 행복이 있음을 알게 해 준 현우의 존재에 감사하다.

아이들
맞춤 교육과정

도대체 어떻게 쓰는지 모르겠어요

대한민국의 국가수준 교육과정에는 가르쳐야 할 내용요소와 달성해야 할 성취기준이 제시되어 있다. 교사들은 이를 바탕으로 교사 환경, 학습자 환경, 가용 자원 등을 종합적으로 고려하여 교육 방법을 결정하고 교육과정을 운영한다. 각 학교마다 상황이 같을 수 없으니 서로 다른 교육과정이 만들어지고 학습자에게 맞춰 재구성하여 운영하고 있다. 웅천초등학교의 경우 다소 학습 환경이 열악했고 이로 인한 학습 결손을 가진 학생이 많은 편이어서 학습자에 맞춰 재구성된 교육과정이 절실했다.

우리 반 아이들은 입학할 당시, 반 학생의 3분의 2가 문맹이었다. 글자를 읽고 쓰는 것을 모르다 보니 1년 내내 결손이 누적되어 왔고 2학년이 된 지금도 글을 읽기는 하지만 글의 내용을 알지는 못하고, 자기의 생각을 글이나 말로 표현하는 것에 어려움을 느끼는 학생이 대부분이었다. 1학년을 보내며 한글을 모두 습득했다는 전제하에서 2학년 교육 활동이 이뤄지다 보니 어려움은 더욱 심했다. 가정에서 학습에 대한 돌봄이 거의 이뤄지지 않고 주변에 그 흔한 학원조차 없어 아이들은 오로지 학교에서 받는 교육에만 의지할 수밖에 없었다. 받침이 있는 글자나 모음 구분의 쓰기가 잘 되지 않으니 국어 학습도 어려울 뿐만 아니라 문장 이해력이 떨어져 수학이나 다른 교과 학습의 학습 활동도 어려웠다. 그렇다 보니 학습에 재미와 흥미를 점점 잃어 가고 있었다. 이러한 문제를 해결하기 위해 받아쓰기도 시켜 보고 방과 후에 남겨서 보충 학습을 시키거나 학습지 풀어 보기 등의 여러 방법을 시도해 보았지만, 할애한 시간에 비해 그 효율성이 적어 도무지 수업을 진행할 수가 없었다.

교사: 이처럼 가족은 참 소중한 것 같습니다. 여러분에게 가족은 어떤 의미인가요?

이름: '의미'가 무슨 뜻이에요?

교사: '의미'가 무슨 뜻일까? 혹시 아는 친구들 있으면 알려 주세요.

학생들: …….

교사: '의미'란 뜻과 비슷한 말입니다. 가족의 뜻, 생각, 느낌 등도 비슷하겠네요.

이름: '의미'는 어떻게 써요?

교사: ㅇ에 받침 ㅡ와 ㅣ를 쓰고 미를 쓰면 됩니다.

이름: 어떻게 쓰는지 모르겠어요. 써 주세요.

– 2015년 3월 9일 국어 수업 중에서

내용 파악이 어려운 것은 작은 문제에 속했다. 가지고 있는 어휘 수준이 너무 낮아서 낱말에 관하여 설명해 주면 이를 설명하는 낱말을 모르고, 그러한 악순환이 계속 반복되는 것이었다. 아이들도 그저 앉아서 쓰라는 것을 쓰고, 읽으라는 것을 읽으며 버티고 있었다. 그러다 보니 모든 수업 시간이 마치 낱말 공부 시간처럼 흘러가고, 학습의 효율성은 떨어져만 갔다. 특단의 조치가 필요했다. 한글 해독, 어휘력, 내용 파악을 위하여 우리 반만의 수준에 맞는 방법을 찾아 보아야 했다. 고민 끝에 아침 시간에 그림책을 활용하여 서로 읽어 주고, 묻고 답하는 활동과 이를 국어 시간과 연계하여 시간표를 편성하기로 했다.

먼저 학교 도서관에 가서 관심 있는 책이나 교과 과정과 연계된 책을 찾아보았다. 그림책 읽어 주기는 '한글 습득'이라는 전제가 있어야 가능한 국어 교과 학습에서 학생들이 느끼는 부담과 어려움을 줄일 수 있고 글 내용 파악과 이해도를 높일 수 있었기에 우리 반 아이들에게 가장 적합한 활동 교재였다. 교과 학습이라는 부담감을 줄이면서 몰입하게 하고 즐겨 참여하는 활동 속에서 배움이 생겨날 수 있도록 도서를 선정하고 활동을 구상했다.

처음 3~4월은 아침 활동 시간과 1교시를 연계하여 그림책 읽어 주기 활동을 매일 실시했다. 아이들의 듣기 활동과 집중하기를 자극하여 학습에 관심을 가지도록 유도했고, 그림책을 서로 읽어 주고 들으면서 바른 읽기 자세와 경청하는 자세를 가지도록 노력했다. 처음엔 교사인 내가 읽어 주었지만 점차 아이들끼리 서로 읽어 주게 했다. 교사가 읽어 주는 것보다 아이들끼리 서로 읽어 주다 보면 그림책의 내용이 더 재미도 있고, 잘 모를 때는 그림으로 파악하니 웃음꽃이 활짝 피기도 했다.

그런데 시간이 지나자 조금씩 반응이 나타났다. 글도 잘 못 읽던 아이들이 띄어 읽기를 하는가 싶더니 의미 단위로 끊어서 읽기 시작한 것이다. 대화로 이뤄진 부분을 자신이 실제로 말하는 것처럼 읽기 시작하

아침 책 읽어 주기 활동

면서 자연스럽게 배운 것이다.

하지만 아직 책 읽기에 자신이 없는 남학생의 경우 책을 읽기는 하는데 그 소리가 너무 작아 좀 더 자신 있고 유창하게 읽을 수 있는 방법을 고민했다. 그래서 5월부터는 거울 앞에서 책 읽기를 소리 높여 해보기도 하고 다양한 목소리를 내 보기도 하는 등의 방법을 알려 주어서 이야기를 암송해 보고, 이야기를 지어서 이야기하기, 퀴즈 만들기 등의 활동을 하면서 다른 과목과 통합하여 가르치기 시작했다. 아이들도 책 읽기와 관련 학습에 재미를 붙이고 적극적으로 참여하기 시작했다. 그림책 수업을 한 지 세 달 가량 지난 무렵, 어느 정도 한글에 익숙해지고 명확하게 알고 쓰지는 못하지만 어휘력이 늘고 언어적 직관성을 가지게 되면서 학습 활동에 탄력이 붙기 시작했다.

2학기부터는 교실을 벗어나 도서관을 활용하여 재미난 그림책을 정하여 읽고 친구들 앞에서 책 속 주인공을 소개하거나 이어질 내용을 그림으로 그려 설명하는 등 확산적인 독서 활동을 해 보았다. 자연스럽게 그림책에 재미를 느끼게 되자 학교를 마치면 늘 놀이터에서 놀던 아이들이 도서관에서 책을 읽는 모습도 종종 보였다. 수업이 마치면 의도적으로 도서관에서 업무를 수행하며 책 읽는 아이들을 반겨 주고 이야기도 나누며 도서관을 더 찾도록 유도했다.

한글은 모든 학습의 기본이다. 어린이집이나 유치원을 다니면서 한글을 배워 오거나 많이 접해 보면서 1학년 때 대부분 한글을 습득한다. 하지만 우리 반 아이들은 그렇지 않았기에 이들의 수준에 맞도록 학습자 중심의 교육과정 재구성을 통해 그림책을 활용한 것이다. 그 결과 한글을 습득하고, 학습에도 흥미를 지니는 두 마리 토끼를 잡을 수 있었다.

제발 공부가 없어졌으면 좋겠어요

학기 초 한글도 문제였지만 더 큰 문제는 학습에 대한 거부 반응과 무기력이었다. 보통의 저학년이라고 하면 배우기를 좋아하고 재미를 느끼며 수업에 적극적으로 참여하기 마련인데 우리 반 아이들은 그렇지 않았다. 수업을 시작하려고 하면 소리를 지르거나 뛰어다니며 문제 행동을 하면서 수업을 거부하는 모습이 자주 눈에 띄었다. 아이들의 학습 수준을 보았을 때 과하게 공부를 시키거나 지나친 사교육을 받았을 리 없음에도 아이들의 학습 거부 반응은 심각했다. 이유가 궁금하여 아이들과 이야기를 해 보았다.

교사: 얘들아, 공부가 그렇게 싫어?

종수: 싫어요. 맨날 공부만 하잖아요.

교사: 이제 2학년인데 벌써 그런 생각이 들어?

지영: 학교 끝나면 구몬 풀어야 해요 하루에 열 장도 넘어요.

성수: 공부가 제발 없어졌으면 좋겠어요.

교사: 선생님이 생각했을 때 공부 많이 안 하는 것 같은데?

아이들: 아니에요! 절대로! 많이 해요!

– 2015년 3월 초 아이들과의 대화 중에서

아이들과 이야기를 하면서 아이들이 학습에 많은 스트레스를 받고 있다는 사실을 알았다. 절대적인 시간이나 양이 문제가 아니라 학습 방법에 대한 것이 문제였던 것이다. 학교 근처에 있는 학원에서는 주로 문제집을 풀고 가정을 방문하여 하는 공부의 경우에도 짧은 시간 동안 다녀 가면서 문제집을 주는 것이었다. 아이들은 이러한 감당하기 힘든 문제집을 공부라고 인식하고 있었기에 공부에 대한 부정적인 인식을 가지고 있었던 것이다. 그래서 학습 과정을 놀이처럼 구성하여 운영했다. 프랑스 학자 프뢰벨의 말을 인용하여 놀이가 '아이들이 자라는 과정 자체'이기에 놀이의 중요성을 일깨워 줄 가정통신문도 부모님께 보냈다. 또한 '주위를 탐색하고 자신의 욕구와 호기심을 채우고 즐거움을 느끼며 세상에 적응하고 세상과 소통하는 학습 과정이 바로 아이들의 놀이이다.'라는 말을 바탕으로 교실을 벗어나 생생한 '놀이'를 할 수 있도록 했다.

하지만 중요한 학습 내용이나 활동을 놓치지 않기 위하여 국어, 수학, 통합교과의 내용을 재구성하여 시장을 바탕으로 프로젝트 학습을 구성했다. 학교 가까운 곳에 시장, 농업기술센터 등의 자원이 있어 활용할 수 있었으며 마을에 안전 위해 요소가 많아 저학년 아이들이 마을을 정확하게 알 수 있도록 안전지도 만들기 활동을 결합했다. 그럼에도 아직 교과서를 보면서 이것도 가르치고 저것도 가르쳐야 한다는

「시장」 프로젝트의 단원 재구성 및 활동, 평가 계획

교과	단원	영역	활동 내용	평가 내용 (평가 방법)
통합 교과	2. 봄	1) 자연환경 보호하기 2) 봄나들이 계획하기 3) 봄나들이 가기	학교 옆 농업기술센터 방문하여 봄꽃 알아보기, 시장에서 봄나물 알아보기	농업기술센터 봄꽃 목록을 바탕으로 봄꽃 그리기(산출물) 시장을 둘러보며 찾은 봄나물 이야기하기(관찰법)
	5. 이웃	1) 생활에 필요한 물건 알아보기 2) 가게 놀이 하기	시장에 들러 생활에 필요한 물건 구입하기, 아이들과 알뜰장터 열기	시장에서 구입한 물건의 사용처와 쓰임새 발표하기(지필평가) 알뜰장터 수익금을 어디에 기부할지 토의하기(관찰법)
		1) 우리 마을 둘러보기 2) 우리 마을 자랑하기	마을 안전지도 만들기, 우리 마을 소개하기	우리 마을 소개 및 안전지도 만들기(산출물)
수학	1. 세 자리 수	1) 1000까지의 수 쓰고 읽기 2) 세 자리 수의 크기 비교 3) 수 감각 기르기	시장을 둘러보며 물건의 가격 알아오기, 모형 화폐로 수 감각 익히기	시장에서 알아온 물건의 가격 발표하기(관찰법) 세 자리 수의 크기 비교 및 수 감각 익히기(지필평가)
	3. 덧셈과 뺄셈	1) 두 자리 수의 덧셈과 뺄셈 2) 덧셈과 뺄셈의 관계 3) 세 수의 계산	알뜰장터 놀이를 통해 물품 사고팔기	장터 놀이를 통해 물건을 사고파는 과정을 식으로 나타내어 해결하기(지필평가)
국어	2. 경험을 말해요	1) 글의 내용과 자신의 경험을 비교하며 읽기 2) 경험을 바탕으로 역할극 꾸미기	시장을 다녀온 자신의 이야기와 친구 이야기 비교하기, 역할극 꾸미기	선생님의 시장 답사 경험과 자신의 답사 경험 비교하기(지필평가) 모둠별로 역할놀이 하기(역할극)
	6. 알기 쉽게 차례대로	1) 시간을 나타내는 말 알아보기 2) 일이 일어난 차례대로 말하여 보기	마을을 돌아보며 본 것을 시간 순서대로 정리하기, 안전지도 만들기	우리 마을 안전지도를 보며 위험한 지역 설명하기, 마을의 자랑거리 안내문 만들기(산출물 평가)

생각에 쉽사리 교과서를 놓기 힘들어서 많은 고민을 했다. 다 중요해 보이고, 어느 것 하나 버릴 수 없다는 생각에 걱정도 되었지만 학습의 양보다 학습에 대한 자세와 흥미가 더 중요하다는 생각으로 핵심 내용을 강조하는 형태로 '시장'이라는 주제로 프로젝트를 구성할 수 있었다. 가장 큰 고민에 빠진 부분은 평가였는데 상, 중, 하로 수준을 나누는 것이 아니라 아이들의 정의적 영역이나 생생한 참여 여부를 평가하는 데 초점을 두었다. 학습에 흥미를 지니고 거부감을 줄이겠다는 교사의 의도를 그대로 평가하고자 하는 마음을 담아 평가를 구성했다.

드디어 찾아온 수업 시간. 1학년 때 배운 10 가르기와 모으기에 대한 지식을 바탕으로 더하기, 빼기에 대한 학습을 하는 것이다. 늘 하던 대로라면 아이들의 수준 파악을 위하여 진단학습 평가지부터 먼저 꺼내 들었겠지만 올해에는 아이들의 성향을 고려하여 다른 방법으로 접근했다.

교사: 3월 달 수학 시간에는 시장놀이를 하겠습니다.

지영: 선생님, 시장놀이요?

교사: 네. 전통시장에도 가보고, 우리 반에서 알뜰시장도 개최해 보겠습니다.

민은: 수학 시간인데 수학 안 한다구요?

교사: 시장에 가서 물건도 사고, 여러분이 직접 물건도 팔아 보면 그게 수학이야.

성수: 그럼 오늘 가요?

교사: 네. 오늘은 우리 동네에 열리는 웅천시장을 한번 둘러볼 거예요.

– 2015년 3월 9일 수학 시간 중에서

경화시장 장보기

아이들의 눈빛이 반짝였다. 첫 수학 시간부터 공부하지 않고 시장에 간다니 설레는 모양이었다. 시장을 둘러보고 와서 '우리 반 알뜰시장 개최' 및 '우리 고장 전통시장인 5일장 경험하기'를 진행했다. 아이들은 자신에게 필요 없지만 재활용이 가능한 물건이나, 소중하지만 친구들과 나누고 싶은 물건들을 모을 수 있는 기간을 정하고 물건 가격을 의논한 뒤 실제 알뜰시장을 열어 보았다. 물건을 사고팔면서 자연스럽게 더하고 빼는 과정을 알게 되었고, 천 원 이하의 가격으로 십 원 단위까지 활용하여 물건을 사고팔면서 세 자리 수에 대한 개념도 지니게 되었다. 알뜰시장 활동을 하면서 알게 된 사실을 자연스럽게 학습과 연관시키니 거부 반응 없이 학습에 몰입하는 모습이었다.

더하고 빼는 과정이 익숙해지고 시장과 친숙해지자 이번에는 통합교과의 내용과 연관 지어 지역의 큰 전통시장인 경화시장에 가 보았다. 대형마트에는 익숙해도 전통시장에는 익숙하지 않았기에 좀 더 큰 전통시장에 가서 더 다양한 물건을 파는 모습을 볼 수 있게 해 주고 싶었다. 경화시장에 도착한 아이들은 동네 시장보다는 훨씬 긴장한 모습이었다. 학부모의 지원을 받아 오천 원으로 필요한 물건을 사 보는 활동을 팀을 꾸려 시작했다.

지영: 양말이랑 먹을 것 사야겠다. 저기 빵집에 벚꽃빵 맛있는데!

민은: 그거 얼만데?

지영: 1개에 1,200원인가 1,500원인가 그렇다.

민은: 그럼 두 개만 사고 나머지는 과일 사야지.

상인: 과일? 아가야, 뭐 줄까?

민은: 어……. 3,000원짜리 주세요.

상인: 딸기 줄까? 봄이라 싸다.

민은: 네. 주세요.

– 2015년 3월 26일 경화시장에서

아이들이 시장에 와서 돌아다니며 장을 보자 상인들도 흐뭇한 시선으로 바라보았다. 대형마트에 밀려서 설 곳을 잃고 있는 전통시장, 어르신들만 남은 이 시장에 아이들이 와서 재잘거리니 귀여웠을 것이다. 과일을 파시는 할머니께서 아이들에게 과일을 싸게 많이 주셔서 아이들은 한 움큼씩 과일을 사들고 돌아왔다. 시장 무용담을 발표하는 아이들의 진지한 모습과 사용한 돈의 내역을 바탕으로 수학 공부를 하며 점차 놀이 같은 공부에 재미를 느끼는 흐뭇한 모습을 지켜보았다.

언젠가부터 놀이로 세상을 알아 가고 배워 가던 아이들에게 "그만 놀고 공부하자."라는 말이 들려온다. 재미있는 놀이 대신에 억지로 해야 하는 일방적인 주입식의 공부와의 첫 만남은 절대로 좋을 수가 없다. 아이들은 놀이를 통해 세상을 배워 나감을 잊지 말아야 한다. 놀이의 과정 속에서 자연스럽게 배우도록 하여 배움의 즐거움과 연결시켜 나간다면 아이들은 더 이상 공부가 없어졌으면 좋겠다고 말하지 않을 것이다.

방과 후 놀이 시간

매주 수요일에는 워킹 시간이 있는데, 이때 운동장을 걸으면서 1학년 담임 선생님과 아이들의 행동에 대한 이야기를 하다 놀 거리에 대한 이야기가 나왔다. 학년 초부터 놀이의 중요성에 대하여 선생님들의 합의가 있었기 때문에 아이들은 매일 30분씩 각자 자유롭게 중간 놀이 시간을 보내고 있었다. 그렇기에 교사들은 놀이에 관해서는 아이들을 충분히 배려하고 있다고 생각했다.

김교사: 부장님, 애들이 왜 이렇게 싸울까요? 서로 웃으면서 장난을 치다가 싸우네요.

홍교사: 애들한테는 그게 놀이지 뭐. 놀리고 때리고 도망가고 그런 것들이 다.

김교사: 뭐 할 걸 하나 주면 열심히 하는데 그게 아니면 어느 순간에 그러더라고요.

홍교사: 놀 게 없어서 서로 그러고 노는 건가?

김교사: 그건 아닌 것 같은데요. 놀다가도 싸우니까요.

홍교사: 애들이라 그렇지 뭐. 답이 있겠나?

– 2015년 5월 20일 워킹 시간 중에서

워킹을 마치고 돌아온 교실에서 곰곰이 생각해 보니 아이들에게 시간을 주었지만 과연 잘 놀 수 있도록 놀이를 알려 주거나 놀 만한 것을 주었는지 의문이 들었다. 아이들의 수가 많지 않아서 어울려 축구나 야구 같은 스포츠를 하기에도 어려운 환경인 것이다. 그렇다 보니 아이들은 자연스럽게 서로를 놀리고 도망가는 것 같은 놀이 같지 않은 놀이를 하면서 싸우지 않는가 하는 생각이 들었다. 더구나 방과 후에 아이들이 하릴없이 학교 주변을 배회하거나 쪼그리고 앉아서 스마트폰만 쳐다보고 있는 모습이 눈에 밟히자 방과 후에 아이들의 환경도 신경 써 주어야 한다는 생각이 들었다. 아이들의 하교는 2시 전후이지만 맞벌이 가정이 많은 특성상 6시 이후에 집에 가는 상황까지 시야가 확대된 것이다.

생각이 여기에 미치자 다양한 놀이 기구들을 모아 보았다. 집중력을 높이고 다른 데 신경을 빼앗기지 않는 학습 환경을 만들기 위하여 일부러 없애 버렸던 보드게임, 블록놀이, 전통놀이 등을 다시 가져왔다. 아이들에게 안내를 하고 방과 후에도 아이들이 와서 할 수 있도록 했다. 아이들이 복잡하지만 재미있고 생각을 많이 하게 되는 루미큐브 같은 보드게임을 즐기면서 경쟁하고, 협력하면서 성장하는 모습을 보면서 웃고, 아이들에게 직접 고무줄놀이를 가르쳐 주면서 긍정적인 관계를 만들어 가는 나 자신의 모습을 보면서 놀이에 관하여 다시 생각해 볼 수 있었다.

아이들을 담을 수 있는 마음의 영역

20년이 넘는 시간 동안 교단에 있으면서 어떤 해는 아이들과 잘 맞아서 재미있고 특별한 사건 없이 지나가기도 하고,

어떤 해는 다시는 이런 아이들은 만나지 않았으면 할 만큼 힘든 시간을 보내기도 했다. 하지만 돌이켜 생각해 보면 나의 기준에 아이들을 맞추기 위하여 아이들과 싸우고, 내가 이긴 해는 수월했고, 그렇지 않을 때는 어려웠다고 느낀 것이었다. 치열하게 싸웠던 이유는 아이들을 받아들일 수 있는 내 마음의 영역이 너무나 좁았기 때문이었다. 웅천초등학교에 와서 보내는 시간 동안 아이들과 아이들이 커 온 배경, 지역의 환경 등을 볼 수 있게 되면서 아이들의 행동을 이해하고 그들에게 맞는 방법을 고민하고 실행해 보면서 배운 것이 있다. 나의 기준을 버리고, 아이들을 하나하나 보듬어 주는 것이 교육이라는 것, 다양한 그들의 모습을 지켜보고 교육적 상상력과 구상력을 이용하여 교육과정을 만들어 보는 것이 나의 재산이라는 것이다.

제 나름의 빛깔의 꽃을 피우는 아이들, 모든 꽃들을 담을 수 있는 너른 마음을 교직을 떠나는 순간까지 넓혀 가야겠다.

학부모와 함께하는 교육 공동체

어떤 방법이 좋을까?

우리 학교는 소규모 학교인데다가 한부모 가정, 조손가정, 다문화 가정, 생활보호대상자 등 가정 환경이 다양하고 학교에 대한 학부모의 관심이 낮을 뿐 아니라 학교에서 하는 행사에 학부모가 참여하는 비율도 매우 저조한 편이다. 나는 올해 학부모회 업무를 맡게 되면서 행복 맞이 학교에 연계하여 교육 공동체의 한 축인 학부모의 적극적인 참여를 끌어들일 수 있는 방법에 대해 많이 고민하게 되었다. 학교교육의 발전을 위해서는 학부모들의 참여가 필수이기에 학교 문턱이 높지 않음과, 우리 아이들의 교육을 학교만이 아닌 학부모도 함께해야 함을 인식시킬 방법을 계속 모색했다.

학년 초, 가장 먼저 가지게 되는 학부모 참여 행사인 '교육과정 설명회'. 작년에는 8명의 학부모밖에 참석하지 않아 썰렁한 교육과정 설명회를 해야 했다. 올해에는 참석 인원 수를 두 자리로 늘려 보겠다는 각오를 다지며 고민하던 중 교감 선생님께서 좋은 아이디어를 내셨다. 교육과정 설명회 중 경품을 추첨해서 학부모 참여율을 높이자는 것이었다. 교육과정 설명회 가정통신문에 경품행사를 알리는 글을 싣고 참석자에게 경품권을 작성해 학교로 회신하도록 했다. 이벤트 덕분인지 전년도의 두 배가 넘는 18명이나 되는 많은 학부모들이 참여했고 설명회가 성황리에 이루어졌다. 농협상품권과 세제, 휴지 등 다양한 경품을 준비했고 참석하신 분들은 작은 선물 한 가지씩을 받아 들고 행복하게 돌아갔다. 아울러 많은 학부모들의 의견을 반영하여 학부모회가 구성되었고 올 한 해 동안 추진할 학교교육을 알릴 수 있었다.

교육과정 설명회 경품 추첨 장면

또한 교육과정 설명회 때 결성된 학부모회와 함께 교육지원청에서 주관하는 학부모교육사업을 추진하게 되었으며, 학부모들의 자발적인 참여에 의한 '책 읽어 주는 어머니' 동아리를 개설하게 되었다. 그리고 지역에서 실시하는 학교방문형 부모교육에 지원하여 시대에 발맞추는 부모교육 연수도 하게 되면서 학부모들이 교육 공동체로서 동참할 수 있는 열린 학교로 거듭나게 되었다.

학부모 교육 활동에 날개를 달고

학부모회 구성 후 학부모들의 학교교육에 대한 적극적인 참여 권장과 학부모와의 공감대 및 유대감 형성을 위한 학부모들의 학습 커뮤니티가 필요하다는 생각을 가지고 학부모회와 함께 학부모교육 사업계획을 추진하기로 했다. 하지만 교육시켜 줄 강사나 예산이 부족하여 계획을 실시하는 데 어려움이 있었다. 하지만 창원교육지원청에서 실시하는 학부모교육 지원사업에 공모하여 운영비, 강사비, 학부모와 함께 하는 체험학습비 등을 확보하여 학부모들의 교육 참여를 뒷받침할 수 있게 되었다. 이를 통해 자녀교육이나 독서교육 등의 부모교육을 적극 추진했고, 교육을 받은 학부모들은 학교 교육 활동 동참에 보다 많은 관심을 가지고 참여하게 되었다. 그리고 지금까지 학부모회 회장을 중심으로 학생들의 교육을 지원할 수 있는 여러 일을 구상하여 실행하고 있다.

학부모들은 5~6학년 여름방학 계절학교 운영 및 9월에 실시한 교내 수련 활동에는 특히 큰 도움을 주었다. 학부모회에서 학생들의 식사를 위한 장을 봐 주고, 밑반찬을 준비하고, 고기를 구워 식사를 준비하는 등 인적, 물적 지원을 아끼지 않았고 이를 통해 함께하는 밥상머리 교육을 실천할 수 있었으며 아이들과 행복한 시간도 나눌 수 있었다.

어머니: 이 꼬치는 1인당 2개씩 먹으면 돼.

진남: (꼬치를 바로 입에 넣으며) 우와~ 짱 맛있어요.

어머니: 그래? 많이 먹어. 고기도 가져다줄게.

경미: 고기도 줘요? 무슨 고긴데요?

어머니: 삼겹살~. 꼭꼭 씹어서 먹어.

– 2015년 9월 17일 저녁식사 시간 도우미 어머니와의 대화 중에서

학부모들은 직접 고기와 소시지를 굽고, 아이들이 먹을 밥을 퍼 주고, 음식을 담아 가져다 주시며 내 아이뿐 아니라 다른 아이들의 배를 따뜻한 사랑으로 채워 주었다. 아이들은 우리 엄마가 혹은 친구 엄마가 만들어 준 음식을 맛있게 먹으며 젓가락을 바쁘게 놀렸고, 서로에게 고기를 쌈 싸서 먹여 주기도 했다. 수련 활동의 저녁식사를 전적으로 책임져 주고 이에 흔쾌히 참여한 학부모들과 함께 학생들 밥상머리 교육을 실천하면서 흐뭇한 1박 2일 수련활동이 이루어졌다. 학부모들이 교육 공동체의 한 주축이 되어 학생들과 함께하는 활동은 아이들의 행복을 더욱 증진시켰고 학부모들도 함께 성장하는 계기가 되었다.

책 읽어 주는 어머니

학부모교육 지원사업 추진에 앞서 학부모들의 의견을 모아 독서교육 및 그림책 지도 활동을 열심히 하고 계신 타 학교 선생님과 사서 선생님을 강사로 섭외하여 그림책 활용 학부모 교육 및 도서관 활용에 대한 교육을 실시했다. 다행히 학부모들의 많은 참여와 호의적인 반응으로 학부모 학교 참여 교육이 순조롭게 이루어질 수 있었다.

올해 들어 처음 시도한 '책 읽어 주는 어머니' 모임은 어머니들의 자발적인 참여로 주 1회 운영되고 있다. 매주 목요일 아침 활동 시간 20

'책 읽어 주는 어머니' 독후활동 지도 모습

분을 활용하여 각 학년 교실에 학부모들이 한 명씩 들어가 책을 읽어 주는 것이다. 학부모들도 지금껏 도서대출 도우미 활동만 해 오다 학생들에게 제2의 교사로서 재능 기부 활동을 하는 것이라 어떻게 해야 할지 망설이면서도 조금은 설레는 마음으로 참여하는 것 같았다.

이 모임을 이끌고 있는 학부모님이 하신 말씀이 기억에 남는다.

요즘 아이들은 책은 많이 읽지만 독해가 안 되는 아이들이 많다고 하네요. 책읽기 부모교육을 받으면서 엄마의 품안에서 듣는 이야기만큼 아이 뇌 발달에 좋은 것이 없다는 얘기를 들었고, 귀찮아서 글자 읽을 줄 아니까 책을 읽어 주지 않았던 저 자신을 되돌아보고 반성하는 계기가 되었지요.

학교에서 매주 한 번 아이들에게 책을 읽어 주는 것이 어떻겠느냐는 의견이 나왔을 때 여러 엄마들이 난색을 표했고 책 읽어 줄 엄마를 찾는 것도 힘들었어요. 편하게 내 아이한테 읽어 주듯이 하면 된다고 어머니들을 설득하여 책 읽어 주기 활동이 시작되었어요. 처음에는 아이들 앞에 서는 것이 긴장되고 떨리기도 했는데, 2학기가 되니 책 읽어 주기가 자연스러워지고 매주 아이들에게 책 읽어 줄 날이 기다려지기도 한답니다.

'책 읽어 주는 어머니' 활동 내용 및 차시별 도서 목록

날짜	활동 내용	1학년	2학년	3학년	4학년	5학년	6학년
6/4	그림책 읽기	난 밥이 좋아	장화 쓴 공주님	아홉 번 속은 여우	거울 속으로	메기의 꿈	너는 특별 하단다
6/11	그림책 읽기	멸치의 꿈	풍선 야광 귀신	와, 개똥 참외다.	선생님 과자	너는 특별 하단다	선생님, 바보의사 선생님
6/18	그림책 읽기	분홍공주와 파랑왕자	머리가 좋아지는 약	지구를 위한 한 시간	우리 아빠는 멋진 악당	네모 상자 속의 아이들	머리가 좋아지는 약
6/25	계기 교육	6 · 25 관련 역사 이야기 듣기					
(중략)							
10/8	독후 활동	세종대왕에 대한 개별 보고서 만들기					

우리 엄마들만 변했을까요? 책 읽어 주는 날 '엄마 선생님'이 교실에 들어가면, 오늘은 무슨 책을 읽어 줄까 호기심 가득한 눈으로 기다리고 있는 아이들을 보면, 책 읽어 주는 일에 너무 보람을 느낀답니다.

– 2015년 10월 1일 학부모의 말 중에서

교육 공동체로서의 학부모들의 교육 참여는 그 시작은 미약하고 첫 날갯짓은 서툴고 힘들지만 나비 효과를 통해 그 끝의 파급 효과는 우리 아이들에게 많은 행복으로 와 닿게 되리라 기대한다.

학부모도 함께 교육받는 학교

다소 열악한 교육 환경 속에서도 학교에서는 학생 교육도 중요하지만 학부모 교육을 통한 인식 전환이 필요하다고 판단하여 올 한 해 동안 학부모 대상 교육을 적극 추진했다. 시대의 변화를 눈과 귀로만 접하고 자신이 느끼지 못한다면 교육의 변화는 적을 것이다. 학부모들의 인식 전환을 위해 학교에서 먼저 부모교육을 추진했다. 학교교육에 쉽게 접근 가능하면서 지원할 수 있는 것이 무엇인지 고민하던 중 독서교육과 도서관 활용 교육을 추진하여 운영하게 되었다. 평소 느끼는 학부모들의 학교 문턱에 대한 심리적 부담을 줄이면서 학교 현장의 직접적인 참여를 이끌어 낼 수 있는 교육이다 보니, 의외로 학부모들의 반응이 좋았으며 이후 학부모들의 자율적인 소모임까지 형성되었다. 이 모임을 바탕으로 '자녀와 함께 성장하는 부모' 및 '그림책 읽기 교육' 등의 다양한 주제로 부모교육이 진행되었으며 아이들의 심리에 대한 이해를 바탕으로 가정교육이 이루어질 수 있는 토대를 마련하는 기회가 되었으리라 생각한다.

하루하루가 쏜살같이 지나갔고 문득 '무엇을 위해 하루를 보냈나?' 하는 의문이 들 무렵, 부모교육을 접하게 되었네요. 제 자신을 뒤돌아보는 시간, 다시 생각하는 시간, 부모가 아닌 저를 찾는 시간, 아이와 가족을 생각하는 시간들이 되었어요. 교육을 받으면서 '아이들을 잘 알고 있다고 착각했던 건 아닐까?' 하는 마음에 뜨끔했습니다. 공감, 이해, 존중, 자율, 갈등. 아이들과 부딪히면 주고받아야 하는 많은 관계 속에서 문제라 생각했던 일들이 과연 문제였을까? 내가 문제라고 단정 지었던 건 아닐까? 이런 생각이 많이 들었지요. 다른 엄마들과 상담선생님과 대화를 주고받으

학부모교육 연수 장면

면서 비슷한 일들로, 비슷한 상황들로 고민하고 있음에 위로를 받았습니다. 이번 교육은 아이를 생각하고 저를 생각하는 마음이 커질수록 어렵게 느껴졌던 부모로서의 저와 제 자신을 찾는 데 길을 밝혀 준 교육이 되었습니다.

– 2015년 10월 13일 학부모교육을 마친 후

학부모회 회장으로 학부모교육 지원사업의 중심에서 모임을 이끌고 있는 어머니도 학부모교육 지원사업을 추진하면서 학교 지원이 아닌 학부모 순수 공모 지원 사업비를 활용하여 학부모 자유의사로 교육 참여 사업을 추진할 수 있어 좋았다고 말씀하셨다. 또한 학부모회 소모임이나 동아리 모임을 운영하는 폭이 넓어졌고 학생들에 대한 교육 지원 사업 선택의 자유가 있어 즐겁게 참여할 수 있었다고 하셨다. 처음이라 아직은 서툴고, 영역별 사업비 제한으로 인해 교육지원 사업 추진에 애로 사항이 있었지만 말이다.

부모교육 활동 내용

교육 주제	교육 횟수	교육 내용	참여 인원
스마트폰 중독 예방 교육	1회	스마트폰 중독 예방과 관리 방법	12명
도서자료 관리 교육	1회	도서관 자료 청구기호 및 등록 라벨 작업방법, 도서 정리법	10명
자녀와 함께 성장하는 부모교육	6회	자녀 마음 읽기 -1	12명
		자녀 마음 읽기 -2	12명
		자녀 이해하기 -1	12명
		자녀 이해하기 -2	12명
		부모의 자아성찰 -1	12명
		부모의 자아성찰 -2	12명
그림책 읽기 교육	3회	좋은 그림책 선정하기	10명
		그림책 읽어 주는 방법	10명
		빛 그림 책 공연 방법	10명
밥상머리 교육	1회	밥상머리 교육의 중요성과 방법	30명

학부모들의 교육 참여가 학교 문화의 새로운 변화를 가져올 수 있을 것이며 처음의 어설픈 시작이 시행착오를 통해 다듬어지고 있음을 알 수 있었다. 학부모교육을 통해 평생학습의 차원에서 함께 성장할 교육 공동체로서의 학부모들을 바라본다면 제2의 교사로서의 학부모 자원을 학교교육에 동참시킬 수 있을 것이며 서로 소통할 수 있는 학교의 동반자가 될 수 있을 것이다.

서로 배려하는 협의 체제

갈등은 성장의 조건

우리는 살아가면서 수많은 선택과 결정의 순간을 마주하게 된다. 학교 공동체를 형성하고 있는 교사들에게도 마찬가지다. 올바른 선택과 결정을 내리기 위해 스스로 많은 생각과 고민을 하기도 하고 혼자 힘으로 해결되지 않을 때는 다른 사람의 조언을 구하기도 한다. 학급의 일은 담임 교사의 교육관과 교육 철학에 의해 주도적으로 결정해도 되는 경우가 많지만 학교의 일은 교사 상호 간의 협의를 거쳐 결정하게 된다. 우리 학교도 다양한 의사결정 상황에 직면하게 되었다. 즉, 행복 학교를 추진하면서 학교 교육과정 운영과 관련된 크고 작은 협의거리가 많아졌으며 최선의 결정을 위한 협의 시간을 자주 가지게 되었다. 그러나 다양한 생각과 의견을 가진 교사들이 모두가 만족하는 결정을 내리기가 쉽지는 않았다.

처음 우리 학교에서 혁신학교 시스템을 도입하자는 움직임이 일었을 때, 적극적인 관심을 갖고 실천하려고 하는 열성파도 있었고, 관심은 있으나 이도저도 아닌 중도파도 있었다. 전면에 나서 혁신학교에 대해 반대하는 사람은 없었고 대부분의 교사들이 여러 가지 경험을 해 보고 싶어했다. 반면, 더 힘들어지는 것은 아닌지에 대한 걱정과 우려의 목소리도 있었다. 그 중 하나가 교육과정 재구성에 대한 부담감이었다. 그래서 행복 맞이 학교 신청 당시에도 교육과정상의 재구성보다는 매달 한 번씩 '행복 맞이의 날'이라는 무학년제 체육 활동을 하는 것을 주 내용으로 계획했으며, 이에 모든 교사가 찬성하여 행복 맞이 학교를 신청하게 된 것이다.

행복 맞이 학교 선정 후 2월 말 첫 협의회가 있었다. 운영 방향과 일년간의 활동 계획을 의논하여 수립하기 위한 협의회였다. 보통 협의를 할 때 모두가 공감할 수 있는 결정을 하기란 정말 어렵다. 협의를 시작한 지 얼마 되지 않아 아니나다를까 중간놀이 시간을 두고 의견 충돌이 일어났다. 바로, 1, 2교시를 블록제로 운영하면서 쉬는 시간을 30분으로 늘릴 것인지, 블록제 수업의 도입 없이 기존 방식대로 쉬는 시간을 20분으로 운영할 것인지에 대한 것이었다.

홍교사: 혁신학교에서는 블록제 수업을 많이 도입하는 경향이 있는데, 우리도 이를 반영하여 1, 2교시 수업을 블록제로 운영하여 중간놀이 시간을 30분으로 늘렸으면 좋겠어요.

김교사: 1, 2학년은 2시간 블록제로 수업하면 저학년 아동의 특성상 집중력의 한계도 있으니 그냥 기존 그대로 20분으로 했으면 합니다.

주교사: 다른 혁신학교 사례들을 보니 좋은 점들도 많은 것 같더라구요. 중간놀이 시간을 늘렸을 경우, 자기들끼리의 놀이 문화도 형성하면서 더 긍정적인 또래 관계를 만들었다고도 하더라구요.

오교사: 그렇다고 우리가 무조건 따라할 필요가 있을까요? 저는 기존의 20분도 쉬는 시간으로 충분하다고 생각합니다.

– 2015년 2월 25일 교사 협의회 중에서

위의 내용처럼 블록제 수업과 놀이 시간의 확대에 대한 다양한 의견들이 제시되었다. 이 외에도 저학년은 그대로 하고 고학년만 30분 쉬는 블록제를 하자는 의견도 나왔고, 1학기는 그대로 운영하고 2학기에는 30분 쉬는 블록제로 운영해 보고 괜찮으면 다음 학년도에 적용해 보자는 의견도 나왔다. 의견 차이가 좁혀지지 않은 채 시간은 계속 흘러갔고 결국 중간놀이 시간에 대한 협의는 다른 협의를 끝내고 나서 다시 하기로 하고 넘어갔다. 다른 협의를 끝낸 후 다시 치열한 협의를 거친 후 1, 2교시는 블록제로 운영하고 중간놀이 시간을 30분 갖고 나머지 3, 4, 5, 6교시는 기존대로 40분 수업을 하고 10분 쉬기로 결정되었다. 처음엔 다들 각자의 생각을 조금도 굽히지 않다 보니 시간만 낭비한 채 결론이 나지 않았지만 결국 서로 자신의 주장을 조금 굽히고 다른 사람의 의견을 받아들이며 최선의 결정을 만들어 낸 것이다. 중간놀이 시간을 정하는 것이 뭐 그리 중차대한 결정은 아니지만 이 사건을 통해 협의에서 서로의 의견을 존중하고 배려하는 것이 얼마나 중요한지 깨달을 수 있었다.

협의를 하다 보면 모두가 동의하며 합의하게 되는 의견이 있는 반면 서로 의견이 달라 합의를 쉽게 이루지 못하는 경우도 있다. 싸움에서도 목소리가 큰 사람이 이기는 것처럼 보통 이럴 경우 자기 의견을 강하게 주장하는 사람의 뜻대로 이끌려가 결정이 나는 경우가 많다. 하지만 이런 결정은 마지못해 동의한 사람들에게는 반감을 갖게 만들고 감정적인 상처를 받게 하기도 한다. 이런 감정의 상처는 교사들의 자발적 참여보다는 마지못해 하는 참여로 이어지게 되고 이로 인해 교육활동의 질은 떨어질 것이다.

래포 형성이 합리적 의사결정을 이끌어 낸다

지난 7월 9일 행복 맞이의 날을 앞두고 이 선생님이 '나만의 티셔츠 만들기'를 해 보자는 의견을 냈다. 반 아이가 만든 티셔츠를 들고 와서 보여 주며 나이테 가족끼리 티셔츠를 만들고 같이 사진을 찍어 보는 활동을 해 보자고 했다. 갑작스러운 이 선생님의 제안에 즉흥적인 협의회가 열렸다.

문교사: 그게 만든 거야? 티셔츠가 너무 예쁘다. 우리도 만들어 보자.

김교사: 그런데 티셔츠 만드는 비용이 너무 비싸지 않겠어?

이교사: 아뇨. 티셔츠 한 장에 3000원 정도면 되구요. 펜과 크레용은 조별로 하면 그렇게 많이 들진 않을 거예요.

김교사: 1학년도 할 수 있을까?

이교사: 충분하죠. 원하는 그림을 그리거나 글을 써 넣으면 되구요. 힘들어하면 나이테 가족에서 고학년들이 도와주면서 하면 될 것 같아요.

홍교사: 그래 그러면 되겠다. 조별로 같이 원하는 그림을 그려 넣는 것도 좋을 것 같구.

주교사: 선생님들도 같이 만들어서 입으면 좋겠어요.

– 2015년 6월 23일 교사 협의회 중에서

협의 시간을 정해 놓고 형식적으로 하는 것이 아닌 이런 수다 같은 협의를 통해 최선의 결정들이 이루어지는 것이다. 이러한 의사결정 체제는 개인의 진솔한 생각을 말할 수 있고 그러한 여러 의견을 조율하는 가운데 민주적인 의사결정을 이끌어 낼 수 있는 것이다. 또한 하나의 교육 활동을 수행할 때, 좋은 점과 그렇지 않은 점에 대한 비교 분

교사 협의회 모습

석이 가능할 뿐 아니라 힘 있는 한 사람의 의견을 전적으로 따르지 않고 조화로운 의견에 다다를 수 있는 합리적 의사결정인 것이다. 이러한 협의 체제는 교사들 간의 친밀감 형성이 밑바탕되었을 때 이루어질 수 있다.

보통 협의 시간을 가지면 자신의 의견을 활발하게 제시하는 교사가 있는 반면 한 마디도 하지 않는 교사도 있다. 하지만 본교는 한 교사가 의견을 내면 다른 교사들은 그 의견에 대해 궁금한 것들을 물어보고 그 의견에 찬성을 표시하는 편이다. 의견을 비평하기 위한 것이 아닌 긍정적인 반응과 수용이 이루어진다. 다른 의견을 내기 싫은 나태함이 아닌 다른 사람의 의견의 좋은 점을 받아들이는 교사들의 태도가 빠른 결정을 만들어 내는 것이다.

본교의 행복 맞이 학교 운영에 있어 협의 체제는 교사들 간의 래포 형성으로 긍정과 수용, 배려의 협의가 이루어지고 있으며, 주도적인 한 사람의 지시와 강압이 아닌 서로 배려하고 양보하는 협의를 통해 잘 운영되고 앞으로도 행복한 협의체가 될 것이다.

우리들의 든든한 지원군

수업하시는 교감 선생님

가장 고민이 많이 되는 수업이 무엇일까? 전담 교사가 주로 담당해 주는 과목인 영어, 음악, 체육 등이 아마 순위에 이름을 올릴 것이다. 규모가 큰 학교는 전담 교사의 비율이 높기 때문에 특정 과목에 전문성을 지닌 교사가 담당하여 수업을 진행하지만 6학급 정도의 학교는 전담 교사의 수가 적고, 많은 업무량을 소화하기 위하여 보직 교사가 한 과목 정도만 담당하면서 업무를 처리하는 경우가 많다. 자연스럽게 수업의 부담이 큰 작은 학교에서는 교사들의 외면을 받으며 기피 대상이 된다.

작은 학교에서는 나름대로 영어회화 강사나 외부 자원을 활용하여 이러한 문제를 해결하곤 하는데, 웅천초등학교에서는 다른 방법으로 수업 부담을 해소했다. 바로 교감 선생님의 수업 지원이다. 교감 선생님이 시조창과 단소 등 국악에 조예가 깊으시기 때문에 3~6학년 학생들을 대상으로 국악 수업을 매주 한 시간 해 주신다. 매주 금요일 3교시는 국악 수업 시간이다. 학교 예산을 사용하여 채용한 장구를 가르쳐 줄 국악 전문 강사와 교감 선생님이 학년군별로 나누어 단소와 장구 수업을 하신다. 3, 4학년이 교감 선생님과 단소 수업을 하면 5, 6학년은 장구 수업을 하고, 그 다음 주는 바꿔서 3, 4학년이 장구 수업을 하면 5, 6학년은 단소 수업을 하는 방식으로 운영한다. 교감 선생님이 지도하는 단소를 기본으로 한 관악 교육과 국악 전문 강사 선생님의 사물놀이를 활용한 음악 수업으로 교사들의 국악 수업 부담을 훨씬 줄일 뿐만 아니라 국악에 어려움을 느끼는 아이들의 귀까지 열어 주고 계신다. 학교 현장에서 수업을 해 주시는 교감 선생님은 잘 찾아보기 어렵다. 기껏해야 한두 시간 정도의 보결 수업뿐이다. 하지만 본인의 시간을 할애하여 수업을 해 주시는 교감 선생님, 다른 교장·교감 선생님은 수업하기 싫어서 승진한다는 말이 있을 정도로 하기 싫어하는 수업을 왜 자진해서 해 주실까 궁금하여 여쭤 보았다.

이교사: 교감 선생님은 왜 수업을 해 주세요?

김교감: 그건 왜 물어?

이교사: 음……. 담임인 저도 수업하기 싫은데 안 하셔도 되는데 굳이 하시는 이유가 궁금해서요.

김교감: 뭐 별 이유가 있겠나. 좋은 것이 있으면 나눠 주고, 나도 재밌고 그러니까 하는 거지.

이교사: 시간이 나면 그냥 쉬시는 게 좋잖아요? 다음 학기면 승진하셔서 학교도 옮기실 텐데…….

김교감: 그런 생각은 안 든다. 늙어서 못하게 되기 전까지는 해야지.

– 2015년 4월 2일 교무실 대화 중에서

이야기를 들어 보니 벌써 오래전부터 수업을 해 오셨다고 한다. 웅천초등학교에 부임하신 지 꼬박 4년이 되었는데 단소, 시조창, 장구 등 다양한 악기를 쉬지 않고 아이들에게 가르쳐 오신 것이다. 오랜 시간 해 오신 만큼 아이들의 실력도 수준급이다. 물론 아직도 어려워하거나 소리가 나지 않는 아이들이 있지만 교감 선생님은 한 명도 포기하지 않고 자세, 호흡, 운지까지 지도해 주시니 장난꾸러기들도 순한 양이 되어 손가락 마디를 옮기며 소리를 내 보려 애쓴다. 때로는 장난을 치다가 단소를 두 동강 낸 아이들에게도 너털웃음을 지으시며 새로운 단소를 내주신다. 아이들은 단소 한 곡을 부르면 다음 악보를 받고, 일정 단계를 넘어서면 원하는 악보를 얻을 수 있는 재미에 열심히 교무실 문을 두드렸다. 싫어하는 내색 없이 아이들이 오면 지도해 주시면서 먹을 것도 주셨다. 어느새 많은 아이들이 마지막 단계의 곡까지 완수했다.

교감 선생님의 단소 수업과 국악 강사의 장구 수업

조○○: 처음에 단소 연주를 할 때 소리도 안 났는데 매일 연습해서 여러 곡을 연주할 수 있게 되었어요. 처음에는 단소 수업이 힘들었는데 요즘은 재미있어요. 그리고 우리 문화를 느낄 수 있어서 좋은 것 같아요.

김○○: 중학교, 고등학교 때 단소로 하는 수행평가는 문제 없을 것 같다는 생각이 들었어요. 계속 배우고 꾸준히 연습해야겠어요.

– 2015년 9월 18일 단소 수업 후 학생 인터뷰 중에서

교감 선생님이 솔선수범하여 수업을 해 주시고 담임 선생님들이 관리 교사로 수업에 같이 들어가니 자연스럽게 교감 선생님의 수업을 참관하며 국악 수업 노하우를 배우는 수업 공개의 효과도 있었다. 이런 효과는 관리자나 다른 동료 교원에게 수업을 공개해야 할 상황에 대한 부담감을 줄여 주기까지 했다. 보통 교원 평가나 수업 공개를 할 때 완벽한 수업을 보여 주기 위해 많은 시간을 들여 자료를 제작하고, 평소와 다른 한 시간의 쇼를 하는 경우가 많은데, 교감 선생님이 평소에 단소 수업을 공개하시면서 생생한 수업을 보여 주시니 자연스럽게 교사들도 보여 주기 위한 수업에 신경 쓰지 않고 아이들을 더 바라보는 수업을 할 수 있었다.

또 교감 선생님은 이 학교에 부임하시면서부터 중간놀이 시간과 점심 시간같이 틈새 시간을 이용하여 희망하는 아이들에게 시조창을 지도하고 계신다. 점심 시간이 되면 1층 역사관에서 시조창을 연습하는 학생들의 청아한 목소리가 새어 나온다. 교감 선생님의 추임새에 맞추어 가늘고 긴 꺾임을 뽑아내는데 한동안 전교생이 그 소리를 듣고 "동창~이~" 하고 흥얼거릴 정도였다. 지금은 시조창을 멋지게 완창할 실력이 된 아이들이 여러 시조경창대회에 나가서 많은 수상의 기쁨을 누리기도 했다. 학생만 아니라 교감 선생님이 지도하신 몇 분의 선생님들까지 대회에 참가하여 수상하기도 했다. 오전 업무의 피로를 풀며 잠시 쉴 수 있는 점심 시간인데도 불구하고 자신의 전문 소질을 전수해 주고자 하는 열정적인 모습은 함께 근무하는 선생님들에게 모범이

시조창 대회 참가 모습

되고 있다.

사실 수업 한 시간을 해 준다는 것이 단지 40분의 여유를 얻거나 음악 수업에 대한 부담을 해소해 주어서 특별해 보이는 것만은 아니다. 사실 아이들이 별로 좋아하지 않는 국악 수업에 대한 부담이 큼에도 수업을 하시는 것은 교감 선생님의 훌륭한 철학이 있기 때문이다. 모두가 같은 선생님이라는 인식, 아이들과 살 맞대고 가르치는 치열한 과정을 함께하겠다는 의지를 몸소 실천해 주시는 것에 감사한 것이다. 교감 선생님과 일반 선생님이 모두 '선생님'라는 인식이 생겨나면서 지시·명령하고 따르는 상하 관계가 아니라 아이들을 위하여 함께 헌신하는 사람들이라는 동질성을 회복할 수 있었다. 관리자로 대표되는 교감 선생님과 관계가 좋아지면서 학교 분위기나 수업에 대한 생각이 달라지기 시작했다.

민주적 의사결정과 지지

처음 학교 업무에 관하여 찾아보고 학사 일정이 궁금하여 2015학년도 교육과정을 요청했다. 받아 본 교육과정은 열 장으로 구성된 소책자였다. 이전에 보아 왔던 200쪽이 넘어 가던 교육과정과는 다른 책이어서 잘못 받았나 싶었다. 다시 앞을 봐도 분명하게 적혀 있는 '2015 웅천교육과정'. 호기심을 가지고 펼쳐 본 책에는 학교교육의 목표와 방향, 교육과정 편성과 운영, 학사 일정 등이 대략적으로 서술되어 있을 뿐이었다. 교육과정이 왜 이렇게 단순한지 궁금하고 요약본인가 하는 의구심도 들었지만 3월 첫째 날 그 이유를 알게 되었다.

일반적인 학교에서 회의는 각 부에서 일방적인 학사 일정이나 업무에 대한 내용을 전달하고, 교장, 교감 선생님의 말씀으로 마무리되는 상명하달식의 분위기로 이루어짐에 반해 웅천초등학교에서는 회의에 교감 선생님이 참석하지 않으시고 선생님들만 중간놀이 시간에 모여서 회의를 했다.

오부장: 3월 행복 맞이의 날에 어떤 일을 하면 좋을까요?

김교사: 1학년들이 입학했는데, 아이들이 학교에 적응하게 도와주세요.

홍교사: 그럼 아이들끼리 친해질 수 있도록 고학년과 짝을 지어 가족을 구성해 줍시다.

문교사: 그리고 그날은 가족끼리 밥도 먹고 함께 다니도록 하면 좋겠어요.

허교사: 저는요, 학교에 비만 아동들이 많은 것 같은데 체육 활동을 했으면 합니다.

오부장: 그 부분은 아이들끼리 친해질 수 있는 활동으로 허선생님이 3, 4

교시에 계획해서 진행해 줄래?

허교사: 네, 그럼 제가 하겠습니다.

오부장: 오케이! 그러면……. 1, 2교시는 아이들끼리 가족으로 묶어 주고 마스코트와 구호를 만들고 3, 4교시는 허교사가 아이들 체육 활동을 진행하면서 돕고 5교시에는 사진 찍은 것을 인화해서 가족별로 꾸며 봅시다.

– 2015년 3월 20일 교사 협의회 중에서

회의 시간은 상당히 인상적이었다. 매일 중간놀이 시간에 모여서 협의를 통해 교육과정을 만들어 가는 것이었다. 교장, 교감 선생님이나 일부 업무 담당 선생님들이 학교의 일정을 정하고 행사의 계획을 세우는 것이 아니고 모든 선생님들이 협의를 통해 프로그램을 구상하는 것이었다. 이렇게 만든 계획을 과연 교장·교감 선생님이 승인하실까 하는 의구심이 들었다. 보통 서너 번의 수정 작업과 관리자의 의견이 포함된 후 승인되는 것이 여느 학교의 모습이었기 때문이다. 또 실제로 행해지는 것과 계획이 다르더라도 계획만큼은 완벽에 가까울 정도로 만들고 통과받기 위해 많은 시간을 들이기 때문에, 선생님들이 쉬는 시간에 잠깐 모여서 구두로 상의해서 만든 계획이 통과할 거라고는 믿기 힘들었다. 만약 통과하더라도 예산 문제나 관리자의 의도, 방향 등도 고려되면 처음과는 무척 달라질 것이라 생각했다.

다음날이 되어 연구부장 선생님이 간단한 두 장의 계획서를 가져와서 나눠 주며 이야기를 꺼냈다.

오부장: 교감 선생님께서 그렇게 하라고 하시네요. 예산은 올린 그대로 하구요.

홍교사: 그런데 교장 선생님께서 안 계신데 이렇게 큰 계획을 세우고 진행 해도 될까?

오부장: 안 그래도 그 말씀 드렸는데 아이들을 위한 일이니 그냥 계획대로 하라고 하십니다.

문교사: 행정실이랑 이야기할 때는 예산이 모자란다고 하던데 어떻게 했대요?

오부장: 그것도 교감 선생님께서 조율해서 일부만 보조비에서 구매해 주시기로 했어요. 프로그램 담당하시는 분들은 필요한 물품 적어서 보내 주세요.

이교사: 오우~ 모든 계획은 이런 과정을 거쳐서 만들어지나요?

홍교사: 뭐 대부분은. 왜 뭐 제안할 거 있어?

이교사: 4월에 개교기념일도 있고, 수학 여행도 있고 해서 제가 연수 들으면서 배운 것들을 한번 해 볼까 하는데…….

오부장: 한번 이야기해 봐.

– 2015년 3월 5일 교사 협의회 중에서

연구부장 선생님의 계획서에는 선생님들의 협의 내용이 그대로 들어 있었다. 특별한 수정 없이 교감 선생님이 허락해 주셨던 것이다. 통과를 받기 위한 계획서를 만든다면 교육 방향이나 실현 가능성보다 관리자의 입맛에 맞도록 계획했을 것이고 이는 아이들을 위하는 방향과는 거리가 멀었을 것이다. 계획서를 결재받는 통과의 대상으로 여기는 것이 아니라 선생님들의 결정 내용을 지지해 주고 어려운 부분을 해결해 주는 교감 선생님의 모습은 선생님들의 민주적인 의사결정을 독려하고 책임감을 가지게 했다. 뿐만 아니라 집단 지성을 이끌어 내어 멋진 아이디어들을 실현시킬 수 있게 해 주셨던 것이다. 그 결과 젊은 선생님들의 교육적 상상력과 경험 많은 선생님들의 노하우를 적절히 결합하여 만들어 가는 교육과정을 실현할 수 있었고, 결과적으로 아이들에게 다양한 교육 경험과 의미를 줄 수 있었다.

여느 학교에서라면 선생님들의 교육적인 독특한 생각이나 멋진 아이디어들이 묻히기 쉽다. 학교라는 집단이 암묵적으로 요구하는 정형화된 틀이나 범위 안에서 교사들이 행동해 주기를 원하기 때문에 교사들의 창의적인 아이디어나 행동이 발산되지 못하는 경우가 많다. 이러한 조직 문화에 젖어 갈수록 새로운 생각과 아이디어를 만들어 내기보다는 기존의 질서에 적응하고 이른바 튀지 않기 위하여 노력하는 침체된 학교 문화가 재생산되는 것이다. 교감 선생님이 민주적인 의사결정 분위기를 만들고 이를 지지하시며 어려운 문제들을 해결해 주시는 것은 민주적인 학교 분위기를 넘어 기존에 정체되고 무사안일주의로 흐르던 학교의 심장을 뛰게 했다. 자신의 권위와 욕심을 내려놓고, 선생님들의 마음을 믿고 지지해 주셨던 교감 선생님의 흐뭇한 미소 속에 살아나는 학교의 모습이 담겨 있었다.

스승의 날의 특별한 선물

5월 15일, 스승의 은덕을 기리기 위해 제정된 스승의 날. 그러나 정작 교사들은 교사로서의 자부심보다는 불편한 마음이 더 큰 하루이다. 언제부터인가 스승의 날은 스승을 찾아뵙고 가르침에 고마움을 표하는 기념일이 아니라 교사들을 도마 위에 올리는 날이 되었다. 일부 교사들의 욕심과 학부모들의 잘못된 감사의 표현이 전체 교사들의 사기를 떨어뜨리고, 힘을 잃게 만들었다. 스승의 날은 교사를 위한 날이라고 하지만 교사에게 아무 의미 없는 날이 되어 버렸고 스승의 날이 없어지길 원하는 교사도 많아지고 있다. 그렇다 보니 학교 현장에서는 별다른 행사 없이 최대한 조용히 지나가길 바라고 작은 선물이나 카네이션 꽃조차 마음 편하지 않은 날이 되었다.

초임 시절만 해도 스승의 날에 전교생이 모여 기념식을 갖고 스승의 노래를 불러 주며 카네이션 꽃을 꽂아 주었고 수업도 평소보다 빨리 마쳤다. 하지만 요즘은 기념식은 하지 않고 다른 날과 똑같이 정규 수업을 하고 정상 근무를 한다. 심지어 스승의 날 노래조차 모르는 학생도 많고, 선생님께 감사의 인사나 편지를 전하는 경우도 적어지고 있다. 5, 6학년 정도의 고학년 학급 담임을 하게 될 경우 아이들이 깜짝 파티를 열어 주는 경우도 있지만 그것도 교사들에겐 불편할 뿐이다. 또 스승의 날을 전후로 실시되는 촌지 수수에 대한 교육당국의 감사는 교사를 잠재적 범죄자로 만들어 이제는 카네이션 꽃 한 송이 받는 것조차 무서운 스승의 날이 되었다.

하지만 2015년 스승의 날은 교직 생애 처음이라 할 수 있는 행복한 스승의 날이었다. 나뿐만 아니라 다른 선생님들 또한 이런 스승의 날은 처음이라며 감동한 하루였다. 이 행복한 스승의 날을 계획하신 분은 바로 우리 학교의 교감 선생님이시다. 스승의 날 하루 전날 교감 선생님께서 교무실로 부르셔서 내려갔더니 스승의 날을 우리끼리 자축하자고 금일봉을 주시며 선생님들과 같이 먹을 수 있게 케이크와 과일을 사와 달라고 부탁을 하셨다. 이때까지만 해도 그냥 선생님들과 케이크에 불을 붙이고 축하하는 작은 모임 정도라고 생각했는데 의외의 놀라운 이벤트가 준비되어 있었다.

스승의 날 아침, 연구실로 교사들 모두가 모였다. 준비해 온 과일을 차리고 케이크에 불을 붙여 박수를 치며 자축을 했다. 싱글벙글 웃으시며 들어오신 교감 선생님은 상장의 이름이 적혀 있으나 상장의 주인공은 가려진 목록을 보여 주시며 말씀을 꺼내셨다.

김교감: 허허, 자 이게 뭘까?

이교사: 저희에게 상을 주시려는 것 같습니다.

김교감: 맞았어! 허허 그러면 자기가 무슨 상일지 한번 생각해 봐.

문교사: 귀요미 상은 누군지 알겠네요. 백 선생님 같은데요.

김교사: 아이다. 저건 내다. 그렇죠?

이교사: 상 이름이 사람 참 궁금하게 만드네요.

문교사: 나는 한결같은 상 받고 싶다.

오교사: 자, 진정하고. 답은 교감 선생님만 아시니까 김칫국 그만 마셔요.

– 2015년 5월 18일 스승의 날 연구실에서

자기가 '귀요미 상'의 주인이라고 우기는 선생님부터 받고 싶은 상을 미리 찜하는 선생님까지 어두웠던 분위기가 어느새 환하게 밝아졌다. 교감 선생님이 상장 내용을 읽어 주시자 선생님들의 웃음이 터져 나오기도 했다. 선생님 한분 한분의 현재 심리와 특징을 잘 찾아내어 상장의 글귀를 만드신 교감 선생님의 관찰력이 놀라웠다.

교감 선생님은 지난 시간 동안 선생님들을 관찰하시면서 특성과 장점을 파악하셔서 만든 상장을 수여해 주셨다. 언제나 한결같은 모습으로 학교의 궂은 일을 도맡아 해 주시면서 미소를 잃지 않는 교무 선생님에게는 '언제나 한결같은 교사상'을, 작년 학부모와의 갈등 상황을 겪으면서 풀이 죽은 김 선생님에게는 다시 예전의 활기찬 모습을 되찾길 바라는 마음에서 '보기보다 대큰 교사상'을 주셨다. 교감 선생님이 주신 상은 단순한 상이 아니라 상처받은 마음을 위로해 주신 고마

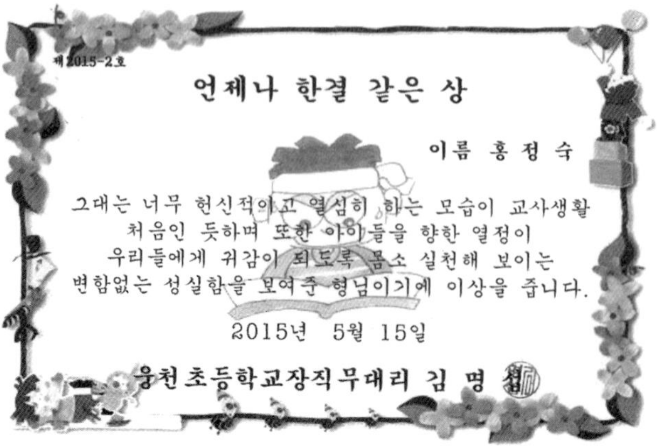

제2015-2호

언제나 한결 같은 상

이름 홍정숙

그대는 너무 헌신적이고 열심히 하는 모습이 교사생활
처음인 듯하며 또한 아이들을 향한 열정이
우리들에게 귀감이 되도록 몸소 실천해 보이는
변함없는 성실함을 보여준 형님이기에 이상을 줍니다.

2015년 5월 15일

웅천초등학교장직무대리 김 명

언제나 한결같은 교사상

운 선물이었다. 예전과는 많이 다른 아이들의 모습과 학부모들과 사회의 따가운 시선을 느끼면서도 흔들리지 않고 선생님 나름의 방식대로 교육을 이끌어 갈 힘을 얻고 더불어 우리를 지지하고 응원해 주는 존재를 확인한 소중한 시간이었다.

선생님들을 관찰하고, 특징을 잡아서 만든 교감 선생님의 상에는 교감 선생님의 철학이 녹아 있었다. 획일적인 시선으로 선생님들을 보지 않고 선생님의 모습 그대로가 훌륭하며 존경한다는 마음을 담고 싶었던 교감 선생님. 업무를 잘 처리하거나 학교의 실적을 얻어 오는 교사에게만 박수 쳐 주고 묵묵히 자기 할 일을 하는 선생님, 아이들을 바라보는 선생님은 무능한 교사로 낙인찍는 분위기에 교감 선생님은 말없이 저항하시며 보통의 선생님들이 힘을 얻고, 아이들을 바라보며 학교가 본연의 가치를 추구하길 바라셨던 것이다.

모두 공감하는 특징을 모아서 만든 재치 가득한 상장 덕분에 침울했던 분위기가 환하게 바뀌었다. 스승의 날 받는 교육감 표창이나 교육장 표창보다 더 행복한 기분을 느끼게 해 준 상장이었다. 사진 속 선

교사 개별상

생님들의 얼굴처럼 선생님들의 마음은 행복 가득, 웃음 가득이었다. 그 날 깜짝 이벤트가 끝나고 올라온 밴드에서도 선생님들의 열렬한 감동이 댓글 속에 드러났다.

이○○: 문구를 적고 수정하기를 반복하시면서도 샘들이 어찌 받아들일지를 많이 생각하신 교감 선생님이십니다.

문○○: 웅천샘 모두가 교감 선생님을 마음 속으로 좋아하는 것 같아요. 넘 감사하고 사랑합니다.

홍○○: 감동이 살아 숨쉬는 상이라 더욱 행복한 하루입니다.

백○○: 이 나이에 귀요미 상이라 더 뿌듯.

김○○: 오늘은 교사된 이후 가장 감동적인 스승의 날이었어요.~ 준비하신 교감 선생님께도 감사드리고~ 모두가 행복한 스승의 날 되세요.

허○○: 선생님이 되어서도 김명섭님과 같은 스승의 은혜를 얻게 되어서 기쁩니다. 교감 선생님, 너무 감사합니다. ~

– 2015년 5월 15일 밴드 댓글 중에서

귀요미 상이라는 뜻밖의 상을 받아 기뻐하는 선생님도 계시고, 베풀어 준 교감 선생님의 사랑에 감사의 마음을 전하고 그 사랑을 다시 돌려드리는 선생님도 계신다. 이 특별한 이벤트로 결국 우리 학교 선생님들은 행복을 느꼈고, 이 행복의 여파는 학생은 물론 교직원 분위기로까지 미치게 되는 것이다. 즉 관리자의 따뜻한 관심과 애정이 결국 학교 공동체의 끈끈한 단합을 만들어 낼 수 있는 것이다. 또한 이 날의 행복한 스승의 날은 앞으로도 계속 기억에 남아 교사로서 살아가는 우리에게 큰 힘이 될 것이라 생각한다.

마음을 움직이는 리더십

집단을 움직이고 과업을 효과적으로 달성하게 하는 리더의 역량과 자질에 대한 다양한 이야기가 있다. 인간관계는 SNS나 다양한 스마트 기기로 늘었지만 소통은 부재한 현대 사회에 리더의 소통 능력을 바탕으로 한 서번트 리더십(Servant Leadership, 소통을 중시하는 리더십)이 큰 이슈를 모았다. 의견을 조율하고, 일과 삶의 균형을 잡아 주고, 비전과 방향을 제시하는 리더의 모습을 대표적으로 이야기했다. 많은 학교의 리더, 즉 교장 선생님들도 이러한 연수나 강의를 통해서 이러한 모습을 실천하려고 하는 모습이 보인다. 하지만 결정적인 한계가 있다. 독자적인 학교 경영 권한, 예산 사용에 대한 권한 등 자신의 권한을 내려놓지 못한다는 것, 결국 자신이 전면에 나서지 않지만 주변의 선생님들, 행정실장님을 이용하여 자신의 의도를 관철시킨다. 겉으로는 소통과 민주를 이야기하지만 그렇지 못한 경우가 많아서 겉과 속이 다른 리더, 자신의 말을 듣는 교사와 아닌 교사로

편을 가르는 분열자로 집단에 해악이 되는 경우도 허다하다. 선생님과 선생님이 서로 믿지 못하고, 리더와 구성원이 단절되는 상황에서 모두의 마음과 열정은 말라 간다.

하지만 우리는 1학기 동안 멋진 리더십의 모형을 직접 경험했다. 교감 선생님이 보여 주신 교사들에 대한 사랑과 아이들을 바라보는 따듯한 시선, 앞장서서 자신의 실적을 위한 과업을 이루기 위해 선생님들은 동원하는 것이 아니라 멋진 선배 교사로서의 모습을 보여 주셨다. 교감 선생님을 보면서 모두의 마음이 움직였고 자신의 역량을 120% 끌어내어 학교를 바꾸고 아이들에게 사랑을 전하기 위해 노력하여 그 결과 학교를 바꾸어 낸 것이다. 감히 이야기하면 가장 높은 단계의 리더십은 구성원 모두의 마음을 얻는 것, 움직이는 것, 감동시키는 것이다. 진심으로 마음이 따르게 되면 자발성을 가지게 되고, 이를 바탕으로 한 교육 활동에 책임감을 느끼게 된다. 더 좋은 수업을 하기 위하여 노력하게 될 뿐만 아니라 이러한 고민을 동료와 나눌 수 있게 된다. 교사들의 공동체가 형성되면서 민주적인 분위기가 확산되어 간다. 살아 움직이는 생명체처럼 모든 교육적 소통이 이뤄지고 마치 학교가 자정 작용을 하듯이 학교의 본질을 찾아간다. 마침내 모두가 행복한 학교의 변화가 일어나는 것이다.

그 중심에 흐뭇한 미소를 짓고 있는 교감 선생님이 앉아 계신다.

우리 학교에 찾아온 선물

한 식구 되기

2015년 7월 17일 교장 선생님이 학교에 부임하셨다. 3월에 오신다는 교장 선생님이 7월 중순이 지나도록 발령 소식이 없어 모두들 2학기가 되어야 오시겠지 하던 차에 1학기를 이틀 남겨 놓은 방학식 전날에야 비로소 오신 것이다. 방학식 준비로 분주한 가운데 도착하신 교장 선생님의 첫인상은 큰 키에 환한 미소를 지니신 아름다우신 여 교장 선생님이셨다. 첫 출근을 하시는 날 나는 부푼 마음으로 선생님들을 대표하여 환영의 꽃다발을 안겨 드렸다.

교장 선생님을 처음 본 후 나는 다른 선생님들의 얼굴을 살폈다. 만감이 교차하는 다양한 표정들을 보면서 웃음이 나왔다. 3월 학기 초에는 교장 선생님이 계시지 않아서 중요한 의사결정이나 학교 단위의 행사를 할 때 걱정을 많이 하고 빨리 교장 선생님이 오시길 빌었었다. 하지만 교감 선생님이 교장 직무 대리를 하시면서 선생님들과 논의하여 학교의 일을 잘 꾸려 왔기에 도리어 7월 즈음에는 아무런 부족함을 느끼지 않게 되었다. 새 교장 선생님이 오시더라도 1학기의 좋았던 학교 분위기가 그대로 이어지길 바라는 마음이 가장 컸다. 몇몇 선생님들은 그동안 자신이 만났던 여 교장 선생님의 모습을 이야기하기도 했다. 여성 특유의 꼼꼼함과 섬세함을 가지고 업무를 철두철미하게 처리하며 사소한 것 하나 놓치지 않는 완벽주의적인 모습과, 학교를 단장하고 꾸미는 것에 관심을 쏟는 모습 등 심지어 2학기 학급 환경 구성을 벌써부터 걱정하기도 했다.

그렇게 교장 선생님의 첫 만남은 반가움 반, 걱정 반으로 시작되었고 그 다음날 방학식과 함께 부산으로 1박 2일의 워크숍을 떠나게 되었다. 친목회장인 허 선생님이 교장 선생님의 환영회와 더불어 계획한 워크숍이었기에 점심식사를 하며 교장 선생님의 이야기를 듣게 되었다.

허교사: 멋진 교장 선생님을 모시게 돼 영광입니다. 한 말씀 부탁드립니다.

교장 : 3월부터 함께하지는 못했지만 앞으로 잘 부탁드립니다. 많이 도와주세요. 저는 많이 부족합니다. 그리고 저는 여러분과 한 식구가 되길 바랍니다. 중간에 왔다고 미워하지 말고 가족처럼 편하게 ~ 남이라 생각 말고 한 가족이라고 생각해 주세요.

허교사: 좋은 말씀해 주신 교장 선생님께 감사의 박수를!!

– 2015년 7월 21일 점심식사 중에서

교장 선생님의 이야기를 들으며 '한 가족'의 의미를 생각해 보았다. 가족같이 지낸다는 것이 학교라는 관료주의 집단에서 과연 가능할지 궁금했다. 조직의 목표 달성을 위하여 다그치기도 해야 하고, 개개인의 사정을 모두 이해하고 고려하기 어렵기 때문에 '한 가족'이라는 단어는 실현되기 어려운 말뿐이라 생각했다. 여태 만나 온 많은 관리자들의 군림하려는 자세와 학교의 위상이나 각종 대회의 성과를 위하여 교사와 학생들을 희생시키는 모습을 떠올리며 고개를 저었다.

워크숍에서 돌아온 후 교장 선생님은 교감 선생님과 각 참모를 불러 1학기 동안의 학교 교육과정 운영과 향후 계획 등을 브리핑 받으며 학부모, 학생, 학교의 제반 환경 등을 파악해 가셨다. 구체적인 내용에 관해서는 업무 담당 선생님을 불러서 설명을 듣기도 하고 문서를 찾아보시기도 하셨다. 사실 교장 선생님이 부임하시면 학교 교육과정 운영에서 많은 것이 달라질 거라 생각했다. 이미 부임하시기 전에 선생님들의 합의로 구성된 여름방학 계절학교 계획이나 워터파크, 스케이트, 스키 등의 체험활동, 행복 맞이 학교를 운영하며 계획한 프로그램 등이 교장 선생님의 의도나 교육관을 반영해 바뀔 것이라 생각했기 때문이다. 당장 2주 뒤에 실행해야 할 계절학교도 문제였다. 가정통신문도 보내고, 안내도 모두 했기 때문에 프로그램 내용이 변하게 되거나 못하게 될 경우 수정사항이 많기 때문이다. 선생님들도 과연 할 수 있을지 고민이 많던 차에 교장 선생님이 계절학교 운영에 대한 논의를 위하여 업무 담당 선생님들을 불렀다.

이교사: 여름방학 중 계절학교 계획입니다. 학교 주변의 환경이 열악하고, 방학 동안 아이들이 급식이 되지 않아 학교에서 가정 대신에 돌봄의 기능을 해야 할 필요성이 있어서 점심식사 계획을 넣었습니다.

교장: 멋진 계획입니다. 그럼 구체적으로 식사는 어떻게 해결하지요?

오교사: 아이들 수만큼 단가를 맞추기 힘들어서 간식비를 책정하여 그 돈으로 재료를 구입하고, 허 선생님이 한식조리사 자격증이 있어 아이들 요리를 가르쳐 주는 형태로 운영하려고 합니다. 그러나 여름이라 식중독도 걱정되고 안전 문제도 있어 고민이 많습니다.

교장: 다른 선생님들이 가서 애들이 하는 것 도와주고, 신선한 재료를

첫 만남의 워크숍과 계절학교 요리 지원

쓰고 끓이는 음식 위주면 걱정은 접어 둬도 될 거 같은데요.

이교사: 교장 선생님께서 수정하시거나 추가하시고 싶은 것이 있으시면 반영하도록 하겠습니다.

교장: 뭐할라꼬? 선생님들이 의견 모아서 계획했으니 그대로 하면 되지. 생각한 대로 쭈욱~하세요. 멋진 계획입니다.

– 2015년 7월 22일 계절학교 관련 논의 중에서

교장 선생님은 선생님들이 합의를 통해 계획한 내용을 그대로 존중해 주시고 실행하도록 도와주셨다. 그리고 계절학교 기간 동안 자주 오셔서 아이들이 음식을 만드는 것도 도와주시고, 아이들의 교육 활동을 지켜봐 주셨다. 방학 중이었지만 많은 선생님들이 계절학교를 지원하기 위해 와 주시고 새로 오신 교장 선생님과 대화도 나누면서 천천히 가까워져 갔다.

믿고 지원해 주는 관리자

방학이 끝나고 2학기가 되었다. 분교 통폐합으로

특별 교부된 예산을 사용할 계획을 수립하기 위하여 한자리에 모였다. 학교의 시설이나 외관, 역사관 등이 잘 관리되지 않았기 때문에 우선적으로 이러한 부분에 예산을 사용할 것이라 생각한 것과 달리, 교장 선생님은 선생님들의 의견을 먼저 물으셨다. 선생님들이 사용하면서 불편했던 것이나 필요한 물건 등을 먼저 물어보시면서 선생님들의 생각을 모아 예산안을 수립해 보도록 한 것이다. 선생님들은 연구실에 모여서 합의 끝에 스포츠 기구 구입, 컴퓨터 교체와 보수, 방송실 카메라 구입 등 그동안 필요하다고 생각해 온 것들을 바탕으로 예산을 수립하여 제출했다. 변화된 내용 없이 예산안은 그대로 통과되었다. 학교의 시설이나 외적으로 보이는 부분보다 선생님들과 아이들을 먼저 생각하고 필요한 부분에 우선적으로 예산을 지원하신 것이다.

또 학교의 설비나 물품을 구입하는 것이 아니라 선생님들이 학급을 경영하고, 교육과정을 구현하는 데 있어서 가장 실질적으로 필요한 곳에 지원하고 특색 있는 운영을 할 수 있도록 돕기 위하여 학생 1인당 30,000원의 학급 운영비를 책정해서 자유롭게 운용할 수 있도록 하셨다. 예산을 할당하고 특별한 제한을 두지 않자 선생님들은 자신들의 교육적 상상력과 실천력을 활용하여 학년별로 멋진 사용 계획을 세워 실행에 옮길 수 있었다.

2학기가 되어 학교를 운영하는 데 있어서도 일방적인 의사 전달이나 상명하복식의 권위 대신에 선생님들의 의견을 묻고 합의하여 의사를 결정하셨다. 학교 신문을 만들기 위하여 수립한 예산을, 작년에 만든 신문도 별 효과 없이 방치되어 있고 한 번 보고 버려지는 것이 아깝다는 생각이 들어 선생님들은 다른 쪽으로 사용하길 원했다. 예산을 추경하면서 이 예산을 삭제할 것을 제안했는데 교장 선생님은 아예 없애는 것보다는 신문 대신에 화보 앨범 자켓 같은 형식으로 사진이나 간단한

각 학년 선생님들의 학급 특색 운용법

학년	내용
1학년	학급 티를 구입하여 같은 옷을 입으며 아이들의 결속력을 다지고, 토요 공예 시간에 아이들의 반응이 좋았던 펄러비즈를 구입하여 꿈을 표현해 보도록 진로 지도에 활용함
2학년	아이들과 하루 동안 만들기, 요리 등 학급 단합 대회를 구상하여 운영하면서 아이들이 2015년을 마무리하고 새해를 맞도록 돕고자 함
3학년	영어 보드게임을 구입하여 원어민 교사와 함께 놀면서 즐겁게 배울 수 있도록 하면서 어려워하는 영어에 재미를 느끼도록 하고자 함
4학년	학교 생활이 지속되면서 망가진 학용품을 그대로 쓰는 경우가 많아서 아이들이 필요한 학용품을 사서 선물박스에 넣어 크리스마스 선물을 하고자 함
5학년 6학년	진로 지도와 연계하여 탐구하고 싶은 진로와 관련된 물품을 구입하여 진로 선택에 도움을 주고자 1인 1품목을 구입하여 운용함

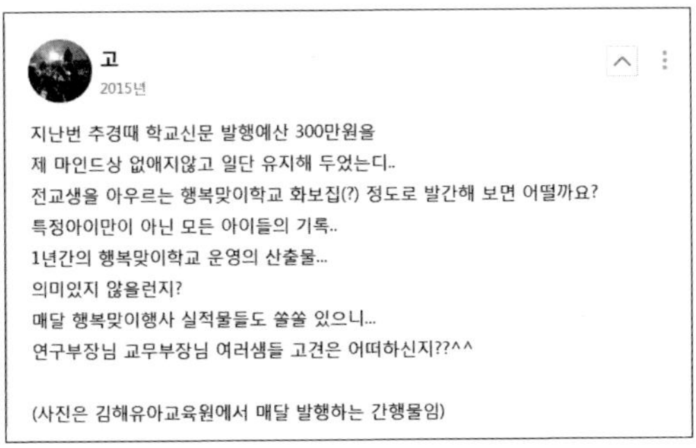
고
2015년
지난번 추경때 학교신문 발행예산 300만원을
제 마인드상 없애지않고 일단 유지해 두었는디..
전교생을 아우르는 행복맞이학교 화보집(?) 정도로 발간해 보면 어떨까요?
특정아이만이 아닌 모든 아이들의 기록..
1년간의 행복맞이학교 운영의 산출물...
의미있지 않을런지?
매달 행복맞이행사 실적물들도 쏠쏠 있으니...
연구부장님 교무부장님 여러샘들 고견은 어떠하신지??^^

(사진은 김해유아교육원에서 매달 발행하는 간행물임)

교장 선생님의 제안

글을 담아서 1년 동안의 학교의 행복한 모습을 기록으로 남기면 어떻겠느냐는 의견을 밴드에 올리셨다.

교장 선생님의 의견을 바탕으로 선생님들이 논의를 한 결과 아이들이 모두 한 권씩 가지고 갈 수 있도록 자신들의 기록과 이야기를 담은 학교 문집과 화보집의 기능을 엮어 책으로 만들어 주는 것이 좋겠다는 생각이 들었고, 12월 중 시간을 활용하여 마지막 행복 맞이의 날 활동과 연계하여 이를 만들어 보기로 결정을 내렸다.

일반적인 교장 선생님이라면 학교의 최종 의사결정권자로서의 권위를 세우고 자신의 교육관과 교육 철학을 바탕으로 학교의 모습을 만들려고 할 것이다. 이를 위하여 불만 요소를 제거하고 자신의 생각을 관철시키기 위해 의사결정 과정에서 자신과 일부 교사만 참여시켜 이를 결정하고, 다른 선생님들은 이러한 내용을 수용하도록 강요해 왔다. 하지만 교장 선생님은 부서별 예산 권한이나 교육과정 운영의 자율성을 부여하고 교사들의 협의를 통해 결정된 내용을 실행하도록 힘을 실어 주었다. 그것은 교사들이 교육과정에 대하여 치밀하게 고민해 보는 계기가 되었다.

교장 선생님이 더 좋아요

새로운 교장 선생님의 부임에 먼저 반응을 보인 건 아이들이었다. 항상 웃는 얼굴로 하트를 만들어 사랑한다고 말해 주시고 방송 조회 시간에는 구연동화 솜씨를 살려 아이들에게 재미있는 책도 읽어 주시니 아이들은 교장 선생님이라는 존재에 호감을 가지게 되었다. 또 아침마다 교문에서 등교하는 아이들을 반갑게 맞이하며 인사해 주시고 통학 버스를 타고 오는 아이들도 맞아 주시니 아이들은 자연스럽게 교장 선생님을 친근하게 여겼고 심지어 교장실에 가서 과자를 얻어먹고 이야기를 나누는 아이들도 생겼다. 한 여학생은 동아리 활동 시간에 만든 헤어핀을 선물하기도 했는데 교장 선생님의 성을 따서 'go!'라고 새긴 예쁜 핀이었다. 기분 좋으신 교장 선생님이 트레이드

교장 선생님의 머리핀

마크인 손가락 하트와 함께 밴드에 올리셨다.

다음날 이지에게 어떻게 해서 교장 선생님에게 선물을 하게 되었는지 물었다.

> 교사: 이지야, 너 어제 교장샘한테 뭐 드렸냐?
>
> 이지: 어?? 샘이 그걸 어떻게 알아요?
>
> 교사: 교장샘이 완전 자랑하시던데 (밴드 화면을 보여 주며) 이거 봐라.
>
> 이지: 헐~ 대박! 진짜 머리에 다셨네요.
>
> 교사: 나는 안 주고 교장샘만 주냐?
>
> 이지: 샘은 남자잖아요.
>
> 교사: 그게 뭔 상관이냐? 하나 만들어 줘.
>
> 이지: 싫어요.
>
> 교사: 와! 일 년을 가르쳤는데 이렇게 배신하나?
>
> 이지: 교장 선생님이 더 좋아요.
>
> – 2015년 10월 28일 이지와의 대화 중에서

서운하기도 했지만 아이들이 교장 선생님을 좋아하고 따르는 모습을 보니 나의 모습과도 다르지 않다는 생각이 들었다. 누군가 만들어 준 작은 선물에 이토록 기뻐하시는 교장 선생님의 모습을 보면서 힘들거나 어려운 분이 아니라는 생각이 들었다. 그것을 아이들이 먼저 알았는지 요즘 교장실을 찾아가는 아이들이 많아졌다. 교장 선생님도 학교를 산책하시다 만나는 아이들과 이야기를 나누시고 중간놀이 시간에는 남학생들과 축구도 하셨다. 보통의 교장 선생님, 그것도 여자인 교장 선생님이 운동화를 신고 축구하는 모습은 가히 충격적이었다. 능숙하게 인사이드로 패스도 하시고 공을 잡는 빠른 몸놀림을 보고 아이들 모두 감탄을 금치 못했다. 그 이후에도 중간놀이 시간이 되면 아이들과 함께 시간을 보내는 교장 선생님을 자주 볼 수 있었다.

아이들에 대한 관심은 끝이 없으셨다. 특수반 선생님으로부터 희귀병을 앓고 있어 말도 하지 못하고 신체도 자유롭지 못한 현우의 이야기를 들으신 후 현우가 오는 시간에 맞춰 주차장에 나가셨다.

교장　　: 현우야, 안녕! 반가워. 난 교장 선생님이야.

현우　　: (손을 번쩍 들며 흔든다.)

교장　　: 현우가 교장 선생님한테 인사를 하는구나.

어머니 : 교장 선생님~ '안녕하세요.' 하네요.

특수교사: 휠체어에 좀 태우겠습니다. 옆에 좀 잡아 주세요.

교장　　: (눈물을 훔치며) 건강해!~ 현우야! 이리 인물도 좋고 잘 웃네~

– 2015년 8월 현우와의 대화 중에서

어느 날 찾아온 불치병 때문에 힘든 현우와 가족들을 생각하니 마음이 많이 아프셨던 것 같다. 그로부터 며칠 뒤, 교장 선생님은 현우가 학교를 다니면서 불편한 점은 없는지, 특수반에 필요한 물건이나 현우를 도울 수 있는 방법을 알아보시고 현우가 학교에서 보내는 짧은 시간이라도 즐겁게 보내고 친구들과 어울릴 수 있도록 다양한 학습 도구를 마련해 주셨다. 또 수업 명사의 경험을 살려 듣거나 보는 것, 간단한 손 움직임 정도가 가능한 현우가 할 수 있는 선에서 영상을 활용하거나 음악 수업에 활용하여 참여를 유도하는 방법을 안내하셨다.

아이들을 사랑하고, 함께 놀면서 시간을 보내시는 모습, 일회성이나 보여 주기 위함이 아니라 진심임을 알게 되면서 아이들도, 선생님들도 교장 선생님에 대해 처음 가지고 있던 부담감과 거리를 좁혀 나갔다.

선생님들도 행복해야지

아이들을 위한 다양한 교육 활동을 수행하면서 피할 수 없는 것이 바로 교사의 피로다. 아무리 간단한 계획을 수립하더라도 이를 고민하고, 협의하는 과정은 많은 시간을 소요할 수밖에 없다. 처음에는 의욕을 가지고 하지만 퇴근 시간이 늦어지고 부담을 가지게 되면 지치기 마련이다.

하지만 시대의 변화에 따라 학교와 교사의 역할이 달라지고 있기 때문에 다양한 교육 시도를 통하여 변화의 과정을 물색하는 것은 교사의 자존감이나 성장, 미래 사회에 학교가 살아남도록 하는 방법이다. 교장 선생님은 여러 가지로 피곤한 선생님들을 정서적으로 지원하기 위해 노력하셨다. 편안한 분위기 속에서 교사의 역량을 개발할 수 있도록 도와주시고, 모두에게 작은 선물을 주시기도 하고, 교사들이 부담스러워하는 공개 수업에서도 환한 미소로 지켜봐 주셨다. 일상의 피로를 풀어 주기 위해 행사를 기획하시기도 했다.

교장: 친목회장, 가을도 오고 했는데 전어나 대하 한번 묵으로 가는 게 어떨꼬?

허교사: 좋은 생각입니다. 살이 올라서 맛있겠네요. 어디 아는 데 있으십니까?

교장: 없지~. 그런데 선생님들이 여유가 있을랑가?

허교사: 가서 맛있는 새우 먹는 거면 없는 시간도 만들어야지요.

교장: 그라믄 워크숍을 이쪽으로 잡아서 가서 얘기도 하고, 새우도 묵고, 바닷바람에 시원하게 한잔 묵고 오자.

허교사: 너무 무리하시는 거 아닙니까?

교장: 행복 맞이라고 애들만 행복하지 말고 선생님도 행복해야지~.

– 2015년 9월 30일 교장 선생님과의 대화 중에서

막내 교사의 장가가는 날에도 어머니의 마음으로 축하 덕담을 한가득 써주시고 딱딱한 회의 분위기를 풀기 위해 구수한 사투리로 웃겨

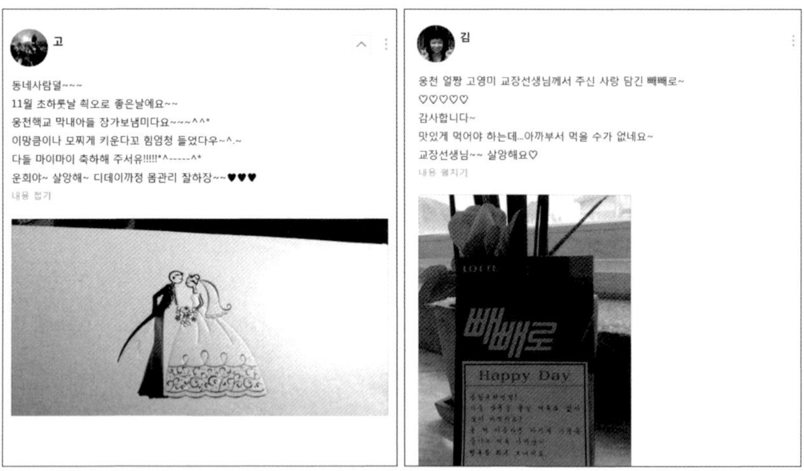

교장 선생님의 마음

주시기도 한다. 선생님들이 행복할 수 있도록 물심양면으로 지원해 주시는 분이다. 교장 선생님이 첫날 오셔서 말씀하신 한 가족의 의미를 이제야 조금 알 것 같다.

선물,
그 이상의 의미

지금의 학교는 교육과정 운영과 수업이라는 교사 본연의 임무 외에도 감당하기 힘들 만큼의 업무를 처리해야 하고, 수없이 많은 행사들을 치러내야 한다. 웅천초등학교는 7학급의 작은 학교이기에 교사 한 사람이 맡아야 할 일이 훨씬 많다. 열악한 주변 환경과 많은 업무, 학교의 혁신이라는 세 개의 무거운 돌을 힘겹게 이겨 내며 나아가고 있었던 것이다.

교장 선생님은 이러한 상황을 효과적으로 이겨 내기 위한 고민을 하셨을 것이다. 1학기 동안 교감 선생님과 여러 선생님들이 운영해 온 학교의 방향을 살펴보시고 이 시대가 필요로 하는 학교의 역할과 교사들의 고충, 변화하는 교육에 대한 인식 등을 종합적으로 고려한 뒤 자신의 역할을 정하셨을 것이다. 그리하여 전방에서 진두지휘하는 지휘관이 되기보다는 학교라는 조직을 가족이라 생각하시고, 묵묵히 뒤에서 지켜봐 주시며 지원하는 역할을 선택하신 것이다. 교장 선생님이 자신의 권한을 나누어 주고, 보듬어 주고, 작은 부분을 신경 써 주신 것을 양분 삼아 선생님들은 교육과정과 수업이라는 본연의 임무에 충실할 수 있었다. 의욕적으로 시작하여 달려온 1학기와 여름방학마저도 계절학교 운영에 반납한 선생님들의 지친 몸과 마음에 교장 선생님이라는 존재는 귀한 선물이었다.

어느
여 교사의 하루

2년간의 육아휴직을 끝내고 복직하기 며칠 전 기르던 머리를 단발로 짧게 자르고 스트레이트 파머를 했다. 패션과 스타일은 중요한 문제가 아니었다. 씻고 말리는 시간까지 줄여 최대한 출근 준비 시간을 아끼려는 마음이었다. 그리고 복직 하루 전 백화점을 찾아 두 벌의 외투를 구입했다. 어떤 옷과도 무난하게 어울릴 수 있는 단정하고 심플한 디자인의 점퍼 하나, 재킷 하나였다. 무슨 전쟁터에 나가는 사람마냥 비장한 마음이었다. 이로써 복직 준비가 모두 끝났다. 더 이상의 여유는 부릴 수 없었다. 약하고 예민한 편에 엄마와 떨어지지 않으려는 아들을 단 하루도 떼어 놓은 적이 없었기에 복직 준비도 이렇듯 짧고 간결해야 했다.

복직 후 매일 아침, 씻고 시리얼로 허기를 채우고 세 살 난 아들 아침밥을 준비하고, 이불 개기, 설거지, 집안 정리 등을 마친 후 시부모님께 아들을 맡기고 학교로 출근한다. 자동차로 1시간 정도 소요되는 거리에 있는 학교라 출발 시간도 7시 20분으로 이른 편이다. 5학년 담임을 맡은 터라 수업이 끝나면 3시, 학생과 상담이라도 하면 3시 30분, 4시쯤. 그 뒤 회의나

커피 수다타임 한 번 가졌다 하면 이미 퇴근의 압박이 기다리고 있다. 중간중간 전담시간이 있기는 하나 마음 편하게 업무를 연속할 수 있는 시간은 아니다. 일 좀 하려 하면 다음 수업이 기다리고 있어 좀처럼 집중하기 어려운 시간이다. 퇴근 시간 후 30분 정도 업무 마무리나 다음 날 수업 준비 등의 시간을 갖는데 더 이상의 여유는 없다. 5시 10분이 넘기 전 빨리 출발해야 한다. 남은 업무가 있다면 시간이 걸리더라도 확실하게 처리하고 싶지만 행여 더 늦게 되면 아들을 돌봐주시는 시부모님께서 많이 힘들어하시기 때문에 급하게 제2의 직장으로 서둘러 출근해야만 한다.

6시 무렵 집에 도착하면 아들 저녁식사를 준비하고, 먹이고, 같이 놀아주고, 집안일을 정리하면 시간은 훌쩍 흘러 9시경. 아들이 잘 시간이다. 어린 아들은 항상 엄마와 함께 잠자리에 든다. 혼자 자거나 아빠와 함께 자면 좋겠다고, 내 시간이 없다고 불평하곤 하지만 9시가 되면 나도 이미 녹초상태가 된다. 뒤척거리는 세 살배기 아들과 이리저리 뒹굴다가 10시쯤 되면 내가 먼저 잠든다. 하지만 그것도 깊은 잠은 아니다. 새벽마다 수시로 깨는 아이로 인해 깊은 잠을 포기한 건 이미 3년째.

이것이 복직 후 나의 생활의 전부다. TV를 보거나 스마트폰으로 뉴스를 검색할 시간도 없다. 퇴근 후 생활 전부는 나의 아들 것이다. TV라도 보려고 하면 놀아 달라며 꺼 버린다. 스마트폰을 꺼내 들면 자기 것이라며 빼앗아 가버린다. 엄마가 보고 싶다며 미끄럼틀에 올라가 한참동안 창밖만 내다보며 눈물 글썽이고 있었다는 어머니 말씀을 전해 듣고 마음이 짠하다. 육아로 인해 내 시간이 없다는 불만을 가질 생각도 없다. 아들은 평생에 있어 엄마가 가장 소중한 시기, 엄마를 가장 필요로 하는 시기를 보내고 있기 때문이다. 더 많은 시간을 안아주고 놀아 주지 못해 안타까울 뿐이다. 주말이라고 다르지 않다. 피곤한 몸으로 아침부터 아이를 챙겨 문화센터로 향한다. 조리원에서 만난 엄마와 함께 다니는 곳이라 남편을 대신 보내지도 못한다. 어린 아들은 어린이집도 다니고 있지 않고 온종일 집에서 할머니, 할아버지와 지내기에 주말이라도 새로운 공간에서 다양한 사람들을 만나야 할 것 같아 주말 문화센터도 쉽게 포기할 수 없다. 주말에 문화센터 앞에서 옆 반 선생님을 만난 적이 있다. 비슷한 또래의 아이를 키우는 선생님이라 사정이 크게 다르지 않은 것 같았다. 마트에서 문화센터 수업을 듣고 마트 내 식당에서 간단히 점심을 먹고 장을 보고 집으로 돌아가고……. 그러면서 주말 하루를 보내는 것이다.

하루는 퇴근해서 집에 돌아와서 이야기를 나누는 중 시어머니께서 이런 말씀을 하셨다.

어머니: 출근하는 게 애 보는 거보다 낫지? 출근하면 틈틈이 쉬는 시간도 있다는데 집에서 애 보면 하루 종일 애만 보고 쉬지도 못하니까 일하러 나가는 게 낫다고 하더라.

나: …….

어머니: 다른 집 교사 며느리가 그렇게 말했다더라. 일하는 게 애 보는 것보다 낫다고.

나: (마지못해) 네.

– 2015년 3월 시어머니와의 대화 중에서

정말 그럴까? 정말 출근하면 끝일까? 출근 전 퇴근 후 육아와 집안일이 기다리고 있는데 직장과 육아를 병행한다는 게 그리 쉬운 일이었을까? 대부분의 사람에게 직장은 시간 때우기로 생각 없이 일만 하고 돌아오는 곳이 아니다. 업무 스트레스와 복잡 미묘한 인간관계 그리고 학교라는 특수성으로 인해 아이들과의 관계에서 오는 스트레스도 이만저만이 아니다. 내 머리 위로 쑥쑥 올라오는 사춘기에 접어든 아이들 그리고 가정에서의 결핍을 학교에서 해소하고자 하는 심리적 허기를 가진 별난 아이들을 야단치고 달래고 하며 안고 가는 것은 그리 쉽고 간단한 일이 아니다. 마음의 중심을 직장보다는 가정과 육아에 두고 싶다. 하지만 실제로 생활을 해 보면 그럴 수가 없다. 오히려 정반대다. 당장 급하게 처리해야 하는 일은 항상 학교 일이다. 그래서 뒤죽박죽이 되어 버리는 경우가 많다.

그리고 우리 학교는 여느 학교와는 달리 행복 맞이 학교이다. 그에 맞는 특별한 수업과 활동을 해야 한다는 생각에 머리가 아프기도 했다. 학교에서는 마음의 여유가, 집에서는 시간의 여유가 없다. 특별한 건 생각할 틈도 없다. 하루하루 별 탈 없이 그럭저럭 평범하게만 지내고 싶고 그것만으로도 고되다. 옆 반 선생님의 눈부신 활동들도 때론 부담이다. 직장과 육아 두 곳에 포커스를 맞추다 보니 잘하고 싶은 게 아니라 잘 못하고 싶지 않은 마음뿐이다. 하지만 직장과 가정 모두 나에게 그 이상을 원한다는 것을 알기에 마음이 편치는 않다. 행복 맞이 학교 관련 세미나와 워크숍은 퇴근 시간 후 또는 주말에 하는 경우도 많았다. 이런 상황에서 행복 학교 선생님의 가정은 과연 행복할 수 있는가? 지친 마음에 들었던 생각이지만 열심히 하고 있는 선생님들께 찬물 끼얹는 말이라 쉽게 내뱉을 수도 없는 말인 것이다.

가끔은 차 마시는 시간을 아껴서라도 시간을 모아 보고 싶지만 어느 조직, 어느 사회든 가장 중요한 건 사람과의 관계이기에 이마저도 쉽지 않다. 회식과 워크숍은 참석하는 것도 눈치, 빠지는 것도 눈치다. 동료들과 시부모님, 아들과 남편 이들 모두 신경 써야 하니 말이다. 한 해 동안 간절한 소망이 하나 생겼다. 복권당첨이 되고 학교를 그만두는 일. 쫓기는 삶의 탈출구로 떠오른 하나의 희망이었다. 이런 꿈을 꾸는 사람이 나 하나만은 아닐 것이다. 많은 사람들이 지친 마음과 아무에게나 털어놓을 수 없는 아픈 고민을 안고 출근길에 오르고 있을 것이다.

여유는 없고 마음은 어수선한 터에 이런 일도 있었다. 교장 선생님 이름을 넣어서 보고해야 하는 공문에 내 이름을 기록하여 기안을 올린 어이없는 실수를 하고 만 것이다. 너무 당황스러웠지만 일단 교장 선생님께 가서 사과부터 드렸다.

나: 교장 선생님. 정말 죄송합니다. 제가 정신이 없었나 봅니다.

교장: 괜찮아요. 수업하기도 힘든데 업무도 처리하려고 하면 바쁜데 그럴 수도 있지.

나: 그래도 너무 큰 실수를 한 것 같네요.

교장: 괜찮아요. 너무 신경 쓰지 마세요. 집에서 어린 아가까지 키우는 슈퍼우먼 샘, 홧팅입니다.

나: 너그럽게 이해해 주셔서 정말 감사합니다.

– 2015년 11월 19일 교장 선생님과의 대화 중에서

다행히 교장 선생님께서는 너그럽게 이해해 주셨다. 사실 교장 선생님께서는 우리 학교에 오신 직후에 아기 키우며 직장생활하기 힘든 점이 있으면 말하라고 하시며 육아와 직장생활을 함께하는 여 선생님들을 응원하신 적이 있다. 교장 선생님께서도 이런 과정을 겪으신 여자분이시라 이해하고 공감하는 부분이 많은 것 같았다. 이 사건 이후 어떤 선생님은 나 보고 교장 선생님이라 놀리기도 했지만 대부분의 선생님들이 바쁘면 그럴 수도 있다며 나를 위로해 주시는 걸 보니 대형 사

고였음에는 틀림없었다. 시부모님께서 나만 기다리고 계시기 때문에 일을 마무리해야 한다는 생각보다는 서둘러 퇴근해야 한다는 생각에 늘 마음이 조급했던 것이 화근이었다. 같은 실수를 두 번은 하지 말아야지 생각했지만 가정 일과 학교 일로 머리가 복잡해 있어서 좀처럼 집중이 되지 않았고 또 다른 실수를 하지 않을까 불안했다.

학급 내에서도 마찬가지였다. 학기 초부터 밀려드는 업무와 반항하는 사춘기 학생들, 심리적 여유의 부족 그리고 그로 인한 스트레스와 우울감 등으로 정말 힘든 시간을 보냈었다. 당연히 학생들의 문제 행동에 초점을 맞추게 되었고 아이들을 더 다그치게 되었다. 스트레스가 지속되자 낯빛이 어두워지고 가슴의 통증을 자주 느끼기도 했다. 그리고 아이들은 시간이 갈수록 더 거칠어지는 것 같았다. 빨리 올해가 지나가면 좋겠다는 생각으로만 가득했다. 하지만 부정적 생각으로 불평만 한다면 문제는 끝없이 되풀이될 것이었다. 어쨌든 해결책을 찾고 싶었다. 딱히 뾰족한 수가 없어 내 마음부터 조금씩 바꾸고자 노력했다. 아침마다 아이들에게 좋은 글귀를 읽어 주고 긍정적 이야기를 들려주었고 아이들의 부정적 면이 아닌 긍정적 면에 초점을 맞추어 보기로 했다. 역시 제일 큰 문제는 내 마음이었던 것 같다. 다그치는 대신 잘하는 점을 칭찬해 주자 아이들도 조금씩 마음을 여는 모습을 보였다. 한날은 매사에 불평이 많고 딴지를 걸어 수업 분위기를 흐리는 민영이가 사회 시간에 엉뚱한 질문을 하기에 이렇게 말했다.

나: 정말 멋진 질문이다. 민영이처럼 똑똑한 사람이 역사학자가 되어 책을 집필했다면 친구들이 훨씬 더 쉽고 재미있게 배울 수 있을 텐데……. 민영이 공부 많이 해서 꼭 책 쓰는 사람이 되거라.

민영: …….

나: 민영아, 그런데 선생님이 좀 섭섭하다.

민영: 왜요?

나: 민영이는 분명 멋지게 잘 클 것 같은데. 지금 당장이 아니라 몇 년 후에 멋지게 변하면 샘이 쫌 많이 억울할 것 같아. 민영이와 선생님은 상담도 많이 하고 샘이 좋은 이야기도 많이 해줬잖아. 샘이 민영이에게 공을 많이 들였는데……. 분명 멋지게 잘 클 것 같은데…….

– 2015년 9월 수업 중 민영이와의 대화 중에서

이런 말을 수시로 민영이에게 해 주었다. 예상대로다. 항상 울그락불그락 화를 내고 불평만 하던 민영이가 조금씩 변했다. 어쩌면 마음의 치유를 받은 것 같기도 했다. 아마 민영이에게 가장 필요한 것은 주변의 인정과 관심이 아니었나 싶다. 사실 민영이로 인해 수업이 힘든 경우가 잦았는데 오히려 요즘은 반 친구들이 속 썩일 때 내 편을 들어주는 말을 하곤 해서 힘이 되어 주기도 했다.

그리고 학교라는 공간을 활용하기도 했다. 토요일 우리 반 학생들이 밴드부 경연 대회에 출전했을 때는 흥이 많은 아들을 데리고 공연 관람을 겸한 응원을 하러 갔다. 힘들다며 찡찡대기도 했지만 많은 사람들 틈에 부대껴 보지 못한 아들이 형, 누나들 틈에서 어울릴 수 있어 오히려 좋은 기회인 것 같았다. 토요 근무에는 온 가족이 학교로 출근하기도 했다. 나는 학교에서 근무를, 아들과 남편은 학교 운동장에서 공놀이를 하며……. 다른 직업도 아닌 교사이기에 직장과 가정의 경계를 허물 수 있다고 생각을 바꿔 보니 나름 괜찮은 것 같았다.

그리고 엄마가 된 후 달라진 나를 떠올려 보게 되었다. 몸은 고되고 시간적 여유는 찾을 수 없지만 아이들을 보는 나의 시선은 분명 달라져 있었다. 조금 더 따뜻해졌다고 할까? 아이들을 이해할 수 있게 되었다고 할까? 천둥벌거숭이처럼 날뛰는 내 아이도 몇 년이 지나면 초등학생이 되고 학교에 다닐 텐데, 우리 반 아이들도 어린 시절 엄마의 품에서 사랑받길 바라는 아기 시절이 있었겠지? 이런 생각이 들었다. 사실 결혼과 출산 전에도 이런 생각은 했었다. 별나고 미운 학생들도 집에서는 사랑받는 아들, 딸이고 모두가 소중한 존재라고……. 하지만 지금은 머릿속으로 드는 뚜렷한 생각이라기보다 마음으로 자연스레 아이들의 존재가 받아들여지는 느낌이 있었고 아이들 하나하나의 소중함을 몸으로 느낄 수 있는 능력이 어느 정도 생긴 것 같았다. 물론 결혼과 출산을 하지 않아도 그런 능력을 이미 갖추고 있는 사람이 아주 많다. 내 경우는 그런 능력과 마음이 조금 더 길러졌다는 것이다. 그리고 남자 아이들의 행동을 이해하는 폭도 커진 듯 했다. 별난 아들이 잠시도 가만히 있지 않고 설치는 덕이다. 우리 반 학생은 전체 11명 중 8명이 남학생이다. 여러 규모의 학교에서 근무를 해 봤지만 학생 수가 적다고 학급 운영이 수월해지는 것은 아니었다. 어떤 학생들이 얼마의 비율로 구성되어 있는가도 학급 분위기 형성에 큰 몫을 하기 때문이었다. 8명의 남학생 즉 전체의 73%가 남학생으로 구성된 교실의 분위기는 당연히 다소 거칠고 활동적이다. 게다가 5년째 반이 바뀌지 않고 같은 반을 하고 있는 학생들이라 그 정도가 더한 것 같다. 예전 같으면 남학생들의 놀이를 이해하지 못하고 소란을 피운다고만 생각했을 것이다. 당연히 교실이나 복도에서 그런 행동을 보면 호되게 야단을 쳤었다. 물론 지금도 마찬가지다. 하지만 남학생들의 놀이와 다툼을 구분하는 눈은 조금 생긴 듯하다.

그리고 지금은 새벽 4시 30분. 이것도 출산과 복직의 은혜다. 해야 할 일은 많고 마음은 늘 조급하고 시간은 없고……. 다행히 요즘, 아들은 잠든 중간에 잘 깨지 않는다. 그래서 새벽에 일어나서 이것저것

챙길 수 있게 되었다. 어둡고 조용한 시간 졸린 눈을 비비며 커피 한 잔을 마시면 속은 쓰리지만 머릿속은 맑아질 때가 있다. 이런 시간을 통해 수업 준비도 하고 미루어 둔 인터넷 강의도 듣고 그날 해야 할 일을 정리해 보기도 한다. 그리고 가끔씩 글을 쓰기도 한다. 시간에 쫓기지 않았다면 대부분의 사람들이 아직 잠들어 있을 새벽 4시의 차분함과 평화로움을 알지 못했을 것이다. 이 시간에 늘 깨어 있을 수 있다면 몇 년 후, 시간 빈곤자였던 나는 좀 더 여유로운 마음을 가진 사람이 될 수 있을 것 같은 기대도 있다.

사실 나는 어리광이 심한 것 같다. 세상에는 나보다 더 힘든 직장 여성이 많다. 출산 후 2년간의 육아 휴직을 할 수 있었고 다시 원래 직장으로 복귀하는 데도 문제가 없었다. 그리고 어쩌면 남들이 부러워하는 직장에 다니고 있다. 사실 억울하고 힘들면 직장을 그만두면 된다. 내가 좋은 여건에서 근무하고 있다는 것을 알기에 욕심을 버리지 못하고 직장생활을 하고 있는 것일지도 모른다. 그럼에도 어린 아들 하나 키우는 게 너무 힘들다며 투정을 부린다. 대부분의 많은 사람들이 더 힘든 여건 속에서 육아와 직장생활을 병행하고 있다. 그들이 겪었던 그리고 겪게 될 힘든 시간과 비교하자면 내가 지내 온 시간은 아주 평탄한 것일지도 모른다. 하지만 분명한 건 남들과의 비교를 떠나서 직장맘으로서의 삶은 결코 쉽지 않다는 사실이며 그들이 가장 필요로 하는 것이 공감과 위로 또한 빈둥거릴 수 있는 시간의 여유라는 점이다.

예전, 지인 분께서 하신 말씀이 떠오른다. '여 선생님은 팔자가 세서 선생님을 한다고…….' 대부분의 직장 여성은 결혼 또는 출산으로 직장을 그만두는데 여 선생님들은 출산 후에도 평생 직장인으로 살아가야 하기에 그 고됨을 표현하신 것 같다. 그리고 교사라는 직업 자체가 기가 세야 할 수 있는 직업이라는 뜻도 포함된 것 같다. 그리고 어디선

어느 여 교사의 하루

이른 아침
부지런 엄마 손길
온 가족에게 전달되면
본능적으로
숙명적으로
다급히 대문을 나선다.
엄마에서 교사로
역할이 바뀌는
순간이다.

라디오 지역 방송
친숙한 멘트에
위안을 얻고
차속에선
영락없는 학교 생각
오늘 할 일
다시금 되새기고
동선도 그려보고
어떤 의미를 남길지
수업 시간 상상한다.

커다랗고
다부진 입에서
노래가 되는
그녀의 유쾌한 말

분명하고
단호한 입에서
성장이 되는
그녀의 교육적 말

모두의 연구실
행복감 더해주고
숨겨진 잠재력 발휘하며
어제는 미소로
오늘은 애교로
내일은 유머로
그녀는
하루의 생기를 더하는
아침 이슬이 된다.

점심 시간
어설픈 숟갈질의 어린이들
입 속 챙김의 분주함에
자신의 허기긴 배도 물려내며
오히려
채움보다는
비움의 미덕을 배워가는
깨달음의 순간으로
승화한다.

퇴근 길
다시 엄마로
돌아가는 길
집에서 기다리는
산더미 일
무거워진
마음의 돌

그래도
당당히 맞서며
활기찬 내일을
밝은 인사로
약속한다.

씩씩하게도
내딛는다.

가 주워들은 말 '교사는 죄짓는 직업이다.'라는 말도 떠올랐다. 그 당시, 교사의 한 마디 한 마디 그리고 나의 부족함과 스트레스로 얼마나 많은 상처를 아이들에게 주고 있을까 반성했던 기억이 난다.

교사로서 그리고 엄마로서의 공존은 분명 쉽지 않지만 돌이켜보면 교사이기에 행복한 시간이 많았다. 아이들의 변화와 그들이 주는 위로와 사랑, 보람……. 내 아이를 키우며 남의 아이를 가르치는 일이란 것이 고된 길이긴 하지만 결국 시끌벅적한 교실 속 아이들에게서 큰 힘을 얻고 보람을 느껴 왔던 것 같다. 어느 곳에서 무엇을 하고 있든 결코 쉬운 일이라는 것은 없다. 각자 그들 나름의 고통과 또 그에 따른 의미가 있다는 것만 분명한 사실이다. 마지막으로 오 선생님이 여 교사로서의 삶을 공감해 주시며 지은 시를 남긴다.

4장

동료성 기반 배움과 반성적 성찰

- 블로그를 통한 기록과 성찰
- 변화의 시작은 관계
- 별난 교사 이해하기
- 마음을 낫게 하는 우리들의 반창고

블로그를 통한 기록과 성찰

적자생존

학년 초, 아이들에게 공책 정리에 대한 이야기를 하면서 '에빙하우스의 망각곡선'을 예로 든다. 공부한 직후 20분이 지나면 42%가 기억에서 사라지고 6일이 지나면 겨우 25%만 남는다는 이론을 예로 들면서 공책 정리와 복습의 중요성을 강조한다.

하지만 선생님들은 이러한 망각에 관하여 알고 있음에도 실천에는 소극적이다. 작년과 같은 학년을 맡았을 때는 1년 만에, 혹은 수년 뒤에야 다시 같은 수업을 하게 되니 다시 생각날 리가 없다. 수업 과정에서 아이들이 배움이 일어나는 지점, 교사의 도움이 필요한 시점, 아이들의 표정과 반응 등 수업자 본인이 경험으로 알아낸 소중한 기억이 어느새 망각 저편으로 사라지고 만 것이다.

글을 쓰고 있는 나도 망각에서 자유롭지 못하다. 재작년에 미술을 전담하면서 다양한 미술 작품들과 기법에 관하여 공부한 뒤 표현 부분에 집중하여 12가지의 표현 방법을 PPT로 만들어 수업에 활용했다. 그 결과 미술 수업의 질이 향상되고 아이들이 단순히 표현에만 집중하는 것이 아니라 생각하고 창조하는 수업이 되어 기분이 좋았다. 아직

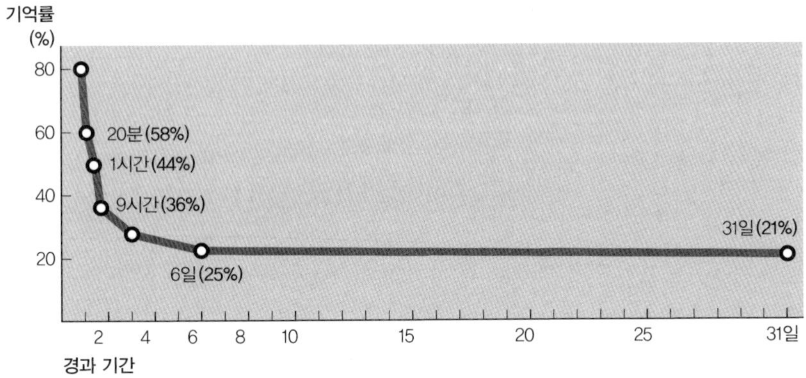

에빙하우스의 망각곡선

도 중학교에 간 녀석들을 만나면 '미술 샘'으로 기억해 준다. 그 후 2년이 지나 지금 6학년을 맡게 되었다. 미술을 가르치기 위해 자신만만하게 PPT를 다시 열어 보았지만 언제 내가 이런 자료를 만들었는지 기억조차 가물가물하고 다시 가르치려니 막막했다.

그때 든 생각은 '적자생존'. '적는 자만이 산다'는 뜻으로 우스갯소리처럼 하는 말이지만 한 해가 지나면 잊어 버리고 또 새로 준비하면 언제나 제자리걸음만 할 것 같은 불안감에 기록을 해야겠다고 마음먹었다. 또 적어 두면 그때의 기억과 감정을 다시 살리기 쉽고, 사진과 자료를 함께 두면 다음 수업 준비에 활용할 수 있기에 나의 수업을 적기 위한 적절한 도구를 찾기 시작했다.

유용한 글쓰기 도구 블로그(blog)

한글 문서로 글을 남겨 두자니 사진이나 자료의 첨부가 제약적이고 다시 찾기도 어려웠다. 공책에 글로 쓰자니 자료의 보관도 어렵고 부피도 커서 적당하지 않았다. 그러던 중 얼핏 연구부장 선생님이 컴퓨터로 글을 쓰던 것이 기억나서 여쭤 보았다.

이교사: 연구부장 선생님, 저번에 컴퓨터로 어디 글 쓰시던 게 뭐예요?

오교사: 그거? 블로그라는 건데, 와서 봐.

이교사: 네. 이게 선생님 블로그예요?

오교사: 응. 카테고리를 나눠서 그때그때 이렇게 글을 써 두면 반성적 성찰이 되지.

이교사: 작년에 스마트 연수하면서 만든 것 같기도 한데 한번 로그인해 볼게요.

오교사: 여기다가 한번 기록해 봐. 스마트폰으로 글도 쓰고 수정도 할 수 있다.

이교사: 오, 좋네요.

– 2015년 3월 17일 연구부장 선생님과의 대화 중에서

연구부장 선생님의 블로그를 살펴보면서 많은 생각이 들었다. 항상 멋진 생각과 아이디어를 내놓으시고 자료를 제공하는 저력이 여기에 있구나 하는 생각이 들었다. 특히 자신이 읽어 본 책과 생활 속 경험과 교육의 연관성을 찾아 서술해 놓은 부분이 인상적이었다. 블로그를 운영하는 다른 선생님들과 이웃을 맺어 서로 교류도 가능했기에 다양한 수업 사례들을 볼 수 있었다. 다른 블로그를 찾아다니면서 배우고 이를 바탕으로 수업에 적용하고 또 기록하는 것이 마치 새로운 세계를 알게 된 듯한 기분을 들게 했다. 정해진 틀이나 양식 없이 단순하게 '기록'을 하기 시작했다.

개인 블로그

행복 학교 컨설팅

블로그에 교실에서 있었던 일, 수업했던 것 등을 쓰고 밴드를 활용하여 학교 선생님들과 공유하고 몇몇 선생님들과 이웃을 맺어 피드백도 받으면서 한창 재미에 빠져 있었다. 그러던 5월, 다른 선생님을 모시고 행복 맞이 학교 컨설팅을 하게 되었다. 항상 컨설팅이라고 하면 배우는 입장이었고, 오늘도 뭔가 배우는 시간이라 생각하고 편하게 있었다.

하지만 당일이 되어서 연구부장 선생님이 불참하시게 되었다. 우리 학교에서 운영한 프로그램을 소개하고, 겪고 있는 문제점과 개선방안을 논의해 보는 시간이었는데 중추적인 역할을 맡고 계시던 연구부장 선생님이 참석을 못하시게 된 것이었다. 그렇다면 교무부장 선생님이나 다른 선생님들이 발표하고 진행하실 거라 생각했는데 뜻밖의 일이 벌어졌다.

오교사: 내가 강의 때문에 세미나에 못 갈 것 같아서……. 네가 한번 발표 해 볼래?

이교사: 네? 저희 학교 발표를 제가요?

오교사: 주무인 내가 빠져서 좀 그렇긴 하지만 네 블로그를 보여 주면서 네가 했던 것을 이야기해 봐.

이교사: 제 블로그를 보여 주면서 하는 건가요?

오교사: 응. 그것만큼 생생하고 살아 있는 단면이 없지. 한번 해 봐.

이교사: 어……. 그냥 막 써 놓은 거라서 너무 형식이 없어서 남한테 보여 주기에는 좀 어려움이 있을 것 같은데요.

오교사: 그래도 한번 해 봐. 사진 위주로 제시하고 설명을 하면 될 것 같은데.

– 2015년 5월 12일 연구부장 선생님과의 대화 중에서

결국 얼떨결에 발표를 하게 되었다. 특별한 자료를 준비하지 않았기 때문에 내 블로그를 화면에 띄워 내가 블로그에 올렸던 내용을 중심으로 발표를 했다. 개교기념일에 있었던 일, 수학여행을 계획하면서 있었던 에피소드와 자율 여행 중의 생생한 장면 등이 사진들과 적어 놓은 그때의 생생한 감정이 바로 보여지니 발표의 효과가 뛰어났다. 발표를 위해 억지로 만들어 낸 PPT가 아닌 꾸미거나 만들어 내지 않은 솔직한 모습에 다들 공감하고 박수를 쳐 주었다. 발표를 하면서도 그때의 기억이 새록새록 떠올라 많은 이야기를 할 수 있었고 사진을 보면서 같이 수학여행을 다녀온 선생님들도 그때의 소감을 나눴다.

컨설팅을 마치고 다음날 회의 시간이 되었다. 전날 컨설팅이 오후 9시 넘어서까지 이뤄졌기에 선생님들은 다소 피곤한 모습이었지만 컨설팅에서 나온 이야기들과 우리 학교에 적용 가능한 다른 학교의 사

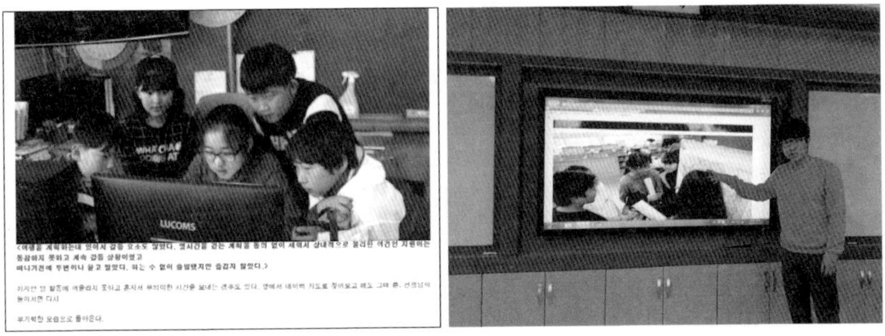

활용한 블로그 장면과 발표 모습

례, 다른 학교들이 겪고 있는 문제점에 관하여 열띤 이야기를 하고 계셨다. 조금 늦게 연구실에 들어가자 연구부장 선생님이 반겨 주셨다.

오교사: 어 그래, 어제 발표 잘했나?

문교사: 어제 이 선생님 발표 진짜 잘했어요.

오교사: 앞으로 발표 많이 시켜야겠다.

이교사: 에이~ 설마요.

김교사: 그런데 진짜 블로그에 그때그때 써 놓으니까 생생하고 좋던데요.

오교사: 블로그가 좋은 게 바로 거기에 있지. 꽤 유용해.

허교사: 그렇네요. 진짜 이거 모아서 책 내도 되겠어요.

오교사: 그것도 가능하지. 블로그에 1년 동안 모아서 포스트 저장하면 그게 책이야.

홍교사: 나도 한번 써봐야겠다. 가르쳐 주라.

오교사: 다들 뭔가 특별한 사건이 있거나, 아니면 일상의 일들을 한번 기록해 보세요. 정말 교사로서의 어떤 성찰과 성장에 도움이 됩니다.

– 2015년 5월 13일 협의 시간 중에서

블로그에 기록해 놓은 나의 글들을 보면서 다른 선생님들도 느낀 바가 있었던 것 같다. 블로그를 만드는 방법을 알려 달라는 선생님도 계시고, 자신들이 일기 형식으로 쓴 것들을 보여 주시는 선생님도 계셨다. 그리고 그때는 알지 못했다. 이러한 이야기들이 훗날 어떤 일을 만들게 될지는…….

교사의 기록과 성찰

여러 전문 직종에 종사하는 사람들, 예를 들면 의사인 경우에는 경력이 많아지는 만큼 환자들이 신뢰하고, 더 많은 경력을 가진 의사에게 진료받기를 원한다. 교사의 경우 교육대학교를 졸업하고 바로 현장으로 나왔다면 거의 40년에 가까운 세월을 교사로서 생활하게 된다. 하지만 더 오랜 경력을 지닌 교사들을 과연 학부모나 학생들이 신뢰하고 원하는지는 의문이다. 오랜 경력 동안 축적된 수업에 대한 노하우와 경험, 다양한 학생들을 만나 보면서 얻은 상황에 맞는 대처 방법들은 큰 가치를 지니고 교사들 사이에서는 존경의 대상이 되지만 정작 교육의 수요자들의 반응은 냉랭하다.

이러한 사태의 원인은 시대의 변화에 따라 학습자, 학습 내용, 학습 환경 등이 변화하는 속도와 교사가 이에 적응하는 속도의 차이에도 있겠지만, 교사가 전문가로서의 지위를 인정받지 못한 데 더 큰 원인이 있다. 일 년에 천 번이 넘는 수업을 진행하고 많은 연수를 들음에도 전문가로서의 지위를 인정받지 못하고 서비스직으로 분류되는 이유는 무엇일까? 환자의 경우 수많은 사례들이 데이터화되어 모이고, 분석되어 정확한 원인을 찾아 진단하고 처방하여 병을 낫게 한다. 수없이 많은 임상을 통해서 전문성을 인정받는 것이다. 교사의 경우도 분명 학습부진, 사회성 결핍 같은 다양한 문제 상황을 만나게 되는데 이를 단편적으로 해결하는 데 집중할 뿐 이를 원인과 결과로 기록하여 데이터화하지 않기 때문에 전문가로서 인정받기 어려운 것이다.

교사가 교직의 길을 가면서 기록하는 과정은 단순히 기록하는 과정을 넘어서 수업이라는 분야에서 임상을 통해 경험하고 이를 자료화하여 사용하고 전문성을 쌓아 가는 중요한 작업이다. 기록하는 과정에서 자신의 수업 과정을 반성하면서 마음속에서 성찰이 일어나고 이러한 과정의 반복은 교사로서의 전문성에 깊이를 더하게 되는 것이다. 그날의 느낌과 소감을 호환성이 높고 공유가 간편한 블로그와 같은 매체를 활용하여 기록한다면 한 해가 지날 때마다 성장하는 자신의 모습을 볼 수 있을 것이다.

변화의 시작은 관계

L선생님과의 첫 만남

열 반 6학년 선생님 L은 교직 경력이 1년 4개월밖에 되지 않은 남자 선생님이시다. L선생님을 처음 만난 건 개학을 며칠 앞두고 전 교직원이 출근하는 날이었다. 전체 모임을 시작하기 전, 같은 학교에서 근무하게 된 대학 동기인 4학년 선생님을 만나 이야기를 나누고 있었다. 그때 이름도 모르고 얼굴도 처음 보는 L선생님이 자기 교실의 사물함을 옮겨야 한다며 도와달라고 하셨다. L선생님의 요청에 4학년 선생님과 나는 하던 이야기를 멈추고 6학년 교실로 함께 갔다. 교실에 있는 사물함은 수납장이 30개가 넘는데다 한 칸 한 칸 낱개로 분리되지도 않을뿐더러 주문제작된 것처럼 교실 뒤편의 왼쪽 끝에서 오른쪽 끝까지 작은 틈도 없었다. 셋이서 끙끙대며 한참동안 힘을 주자 사물함은 겨우 조금씩 움직이기 시작했고, 그 비좁은 틈 사이로 L선생님이 빗자루를 들고 들어가서 사물함의 역사만큼 쌓여 있던 묵은 먼지를 해치웠다. 아무도 청소하려고 생각조차 하지 않았을 공간이었다. 생각을 했더라도 꿈쩍도 하지 않는 사물함 때문에 청소가 어려운 공간이었다. 그런데 그 공간을 오늘 처음 보는 선생님께 부탁까지 해 가면서 청소를 하는 L선생님은 조금 유별난 듯 보였고 그런 그가 내 옆 반이라는 사실이 조금은 부담스러웠다.

관계의 시작:
향을 싼 종이는 향기로 물든다

3월 초, 새 학년이 시작된 지 며칠 지나지 않아 L선생님은 음악-체육 교환 수업을 하자고 제안했다. 흔쾌히 수락은 했지만 각 학급의 여러 사정들로 교환 수업 시간을 정하기가 쉽지 않았다. 두 학년의 시간표를 맞추는 복잡한 과정이 귀찮았던 나는 그냥 자기 반 수업을 각자 알아서 하자고 말했다. L선생님은 별다른 설득 없이 그냥 그렇게 하겠다고 했다. 하지만 다음날 6학년 체육 시간이 되었을 때 우리 반 5학년 학생들을 함께 데리고 나가서 합동체육을 하는 것이 아닌가? 한 주 그러고 말겠거니 싶었는데 다음 주도, 그 다음 주도 계속해서 우리 반 학생들을 데리고 체육 수업을 했다. 내가 아는 대부분의 선생님들은 수업이 한 시간 늘거나 수업해야 할 학생이 늘어나는 문제에 늘 예민했었다. 그런데 L선생님은 아무 조건 없이 우리 반 체육 수업을 맡아 주었다. 그리고 3~6학년이 같이하는 합동체육 시간에도 체육전담 선생님을 도와서 함께 수업을 하는 모습이 자주 보였다. 미안하고 고맙고 대견한 마음에 결국 나는 자진해서 6학년 음악 수업을 맡게 되었다. 말이 아닌 몸으로 보여 준 L선생님의 설득에 결국 음악-체육 교환 수업이 이루어지게 된 것이다.

하루는 L선생님과 함께 퇴근을 하는 길이었다. 내 손에는 체육복이며 교재들을 챙겨 넣은 덩치 큰 종이 가방이 들려 있었다. 이런저런 이야기를 나누며 현관 입구에 다다르자 L선생님은 신발장에 있는 내 신발을 꺼내어 신기 좋게 내 앞에 놓아 주는 것이 아닌가! 사소하지만 예상치 못한 친절과 배려에 괜스레 기분이 좋았다. 또 한 번은 4, 5학년 학생 및 몇 분의 선생님과 함께 시조 부르기 대회에 참여한 적이 있었다. 함께하는 선생님들과 시끌벅적 이야기를 나누다 대회장에 도착해 보니 문자가 한 통 와 있었다. "1등 하고 오세요!! ㅋ" L선생님이었다. 문자 한 통이지만 작은 것까지 세심하게 챙기는 모습에 그를 어린 신입 선생님으로만 보던 내 시선이 달라지고 있었다. 내가 선배교사로서 그에게 뭔가를 가르쳐 주고 챙겨 줘야만 한다고 생각했었는데 항상 자상히 배려하고 작은 일에도 관심을 보여 주는 L선생님은 이미 동료 교사로서의 진정한 모습을 가지고 있었던 것이다.

알고 보니 L선생님은 매일같이 바빴다. 각종 연구 단체에 가입해서 항상 무언가를 공부하고 있었고 학교 안에서는 점심 시간, 쉬는 시간, 방과 후 할 것 없이 틈만 나면 의욕 없는 남학생들을 모아 놓고 레고나 기계공학 등을 가르치고 있었다. 그리고 주말에 학생들을 불러 모아 등산을 가고 캠핑을 하는 등 학생들을 위한 일이라면 돈도 시간도 아낌이 없는 듯 했다. 보통 지금껏 내가 보아 온 열정 있고 유능한 선생님들의 목표는 대부분 승진에 있었다. 그런데 신참내기 L선생님은 조금 달랐다. 그 누구보다 아이들과 함께 놀고 가르치는 모습에서 승진이 목표가 아닌 학생과 함께 배우고 성장하는 자신만의 교육 목표를 가진 듯 보여 더 멋져 보였다.

새로운
생각과 배움

어느 날 6학년 담임인 L선생님은 수학여행 계획을 세워서 보여 주었다. 한 학년이 10명 남짓한 작은 학교 특성상 5, 6학년이 함께 수학여행을 가게 되었고, 5학년 담임인 나에게 자신이 세워 온 계획을 설명해 주었다. 수학여행 장소는 경주였고, 학생들을 5명씩 5조로 나누고 조별 학생들이 직접 여행 코스 및 이동 수단과 방법에 대한 계획을 세운다고 했다. 학생들이 스스로 수학여행을 계획하고 조별로 각기 다른 수학여행을 하다니 내 교직 경력 10여 년 동안 듣지도 보지도 못한 수학여행이었다. 아이들 손에서 제대로 된 계획이 나올 리 없었고 무엇보다 교장, 교감 선생님께서 허락하실 리가 없었다. 학교 행사 활동에서 가장 중요한 것은 '안전'이 아니던가! 4년 전 6학년 담임시절 수학여행 계획을 세울 때는 교사 개인의 의견 따위는 필요 없었다. 교장 선생님의 머릿속에는 이미 수학여행지에 대한 그림이 그려져 있었고 이동 시간이나 거리에 맞게 여행사에서 추천하는 코스가 적당히 섞이면 끝이었다. 실제로 수학여행을 하는 동안 아이들이 마음에 들지 않는 장소가 있어도 내가 정한 건 아니라고 위안을 하며 오히려 마음이 편했다.

L선생님의 수학여행 이야기를 들으면서 내가 한 말은 "와~ 샘, 진짜 혁신적이다.", "교감 선생님께 먼저 보여 드려요."가 전부였다. 사실 교감 선생님께 보여 드리면 전면 수정될 계획인데 내가 먼저 이래라 저래라 하며 나설 필요가 없다고 생각했다. 그리고 속으로는 열정만 가득한 풋내 나는 새내기 교사구나 싶었다. 하지만 조금의 수정과 보완을 거친 후에 결국 L선생님의 계획대로 수학여행을 실시하게 되었다. 내가 절대 될 리가 없다고 생각했던 불가능한 계획을 L선생님은 가능한 계

획으로 만든 것이다. 이런 L선생님의 혁신적인 수학여행을 통해 그동안 관행적인 학교 행사에 길들여져 있는 나의 모습을 반성하게 되었다. L선생님의 열심히 하는 모습을 보며 나 스스로를 반성하게 되고, 초짜 교사인데도 다양한 교육적 시도를 하는 모습엔 참으로 대견하다는 생각이 들었다.

L선생님에게 내가 제일 감탄한 부분은 바로 프로젝트 학습이었다. 배움 중심의 학습을 실천하고자 했던 L선생님은 학기 초부터 프로젝트 학습을 준비한다고 바빴다. 5학년도 함께하자며 프로젝트 학습 계획서를 읽어 보라고 내미는 경우도 종종 있었다. 차마 거절을 하지 못해 같이 프로젝트 학습을 실시했는데 막상 아이들의 활동 모습을 보니 프로젝트 학습에 참여하길 잘 했다는 생각이 들었다. L선생님이 다 차려 놓은 밥상에 숟가락만 얹는 것이 아닌가 미안한 생각이 들었다. 학교에 남아 7, 8시까지 프로젝트 학습 계획을 세우는 모습을 보고 그냥 교육과정대로 교과서로 가르치지 왜 저렇게 힘들게 할까 하는 생각도 했다. 학습 의욕이 너무 없는 6학년을 책상과 의자에 앉혀 공부시킨다고 한들 하나도 학습이 되지 않을 것을 L선생님은 알았던 것이다. 교과서를 가지고 공부를 하는 것이 아니라 아이들이 관심을 가질 주제를 가지고 교육과정의 내용을 가르쳐 나갈 수 있는 프로젝트 학습은 우리 학교 6학년 학생들에게 딱 맞는 맞춤형 교육과정인 셈이다. 프로젝트 학습과 학교 행사들로 진행이 더딘 교과서 진도를 걱정하는 나에게 "핵심 성취기준만 달성하면 돼요. 교과서는 그냥 도구예요. 재구성해서 가르치시면 돼요. 앞으로는 그렇게 바뀔 거예요."라고 말했다. 그에게 나는 당당하게 말했다. "샘~ 교육은 그리 쉽게 안 바뀐다."

'교과서는 하나의 도구에 지나지 않는다. 교사가 재구성해서 가르쳐야 한다.' 이 말은 교직 경력 10여 년 동안 지겹도록 들어 온 말이다.

지극히 옳은 말이라는 것도 잘 안다. 하지만 10여 년 동안 6학급 시골 학교, 경남에서 제일 큰 규모의 학교 그리고 몇 년에 걸쳐 시범학교를 운영해 능력 있다는 선생님이 모여 드는 학교 등 여러 학교에서 근무해 봤지만 수업연구대회나 연구수업 및 몇몇 수업을 제외하고서 교과서를 하나의 도구로 활용하시는 선생님은 거의 보지 못했다. 머리로는 교과서가 하나의 수단이라는 것을 알고 있었지만 현실에서는 늘 바이블이었다. 각 영역에서 내노라 하는 유능하고 똑똑하신 분들이 고민 고민해서 만든 교과서인데 내가 재구성한다 한들 집필진보다 얼마나 더 탁월하랴 싶었다. 그래서인지 교과서에 있는 내용만 제대로 가르쳐도 그게 어디야 하는 생각은 바뀌지 않았다. 하지만 요즈음 6학년 교실을 지날 때면 내가 먼저 교실 안을 기웃거린다. '학생들은 도대체 뭘하고 있는 거지? 오늘은 어떤 수업을 하는 걸까?' 궁금해하면서 말이다. 그리고 이제 L선생님이 6학년 학생들에 대한 고민과 여러 프로젝트 학습 등에 대한 이야기를 들려 줄 때 더 이상 선입견으로 판단하지 않고 있는 그대로를 받아들일 수 있게 되었다. 만약 L선생님이 영리하고 능력 있는 교사이기만 했다면 그에 대해 이야기할 필요도 없었을 것이다. 그러나 6학년 학생들에게 그는 교사가 아닌 스승이었다.

L선생님은 학생 및 동료 교사 모두에게 진심어린 관심으로 대했고 가르침에 열정적인 모습을 보여 주었다. L선생님의 노력과 열정이 변화시킨 것은 그의 학생들만이 아니었다. 나뿐만 아니라 학교에 근무하시는 모든 선생님께 크고 작은 영향을 미치고 있었다. L선생님의 수업 방식과 학생들을 대하는 모습을 보며 자신의 초임 시절을 돌아보기도 하고, 지금의 나태해진 모습을 반성하고 아이들을 가르치는 데 있어서의 열정을 되살리기도 했다. L선생님의 작은 날갯짓이 변화를 불러온 것이다. 나도 아이들을 이해하고 사랑하며 교육 활동에 열정적인 L선생님

을 흉내 내기 시작했다. 직장생활이며 퇴근 후 육아며 바쁜 일상이었지만 인터넷 강의를 신청해 협동학습을 공부했다. 아이들을 어떻게 가르쳐야 더 재미있고 효과적으로 가르칠 수 있는지 관심을 가지고 공부를 했다. 그리고 무엇보다 우리 반 아이들이 진정으로 즐거워하는 게 무엇일까 궁금해졌고 아이들과 관계 맺기에 관심을 가지게 되었다.

아이들과 관계 트기: 팬케이크 굽는 선생님

결혼 전 소개팅이나 맞선자리에 나가 교사라는 직업을 말하면 상대방이 하나같이 꼭 하는 얘기가 있었다. 선생님께 억울하게 맞은 이야기였다. 내가 그 시절의 가해 선생님이라도 되듯 울분을 토하며 이야기했다. 선생님이라는 이유 하나만으로 죄책감을 느껴야 했다.

아이들에게 나는 지금 어떤 선생님일까? 또 먼 훗날 아이들의 기억 속에 나는 어떤 선생님으로 기억될까? 그건 아이들과 맺는 관계의 시간을 어떻게 보내느냐에 따라 결정될 것이다. 아이들에게 오래 기억될 좋은 추억들을 만들어 나가는 것이 좋은 방법이 될 것 같았다. 그래서 하나씩 하나씩 다양한 활동 속에서 관계를 맺으며 추억을 만들어 나가려고 노력을 했다.

스승의 날이 되었다. 스승의 날이라고 특별한 이벤트도 없을 것 같고 교과서 수업은 왠지 하기 싫어서 고민이 되었다. 아이들이 훗날 스승의 날 하면 무얼 떠올릴까 생각도 해 보았다. 이이들에게 내가 무엇인가를 받는 것이 아닌 내가 학생들에게 해 줄 수 있는 게 없을까 떠올려 보았다. 딱히 생각나는 것이 없어 고민을 하다가 아이들이 좋아하는 간식을 만들어 주면 어떨까 하는 생각이 들었다. 그래서 준비한 것이 팬케이크와 학습도움반 선생님께 전수받은 수박 화채였다.

아이들을 둥그렇게 모아 앉혀 놓고 이야기했다.

교사: 오늘은 선생님이 수박 화채랑 팬케이크 만들어 줄게.

우용: 스승의 날인데 왜 선생님이 만들어 줘요?

교사: 그냥. 오늘은 선생님이 일일 엄마라고 생각해.

모두: …….

지수: 그럼 다 먹고 그릇은 우리가 씻을게요.

교사: 노우, 오늘은 선생님이 엄마니까 선생님이 할게. 대신 다음에 너희들이 맛난 거 만들어 줄래?

모두: 네~.

– 2015년 5월 15일 학생들과의 대화 중에서

학생들은 스승의 날에 선생님이 자신들을 위해 무엇인가를 한다는 게 인상적이었던 모양이다. 그래서인지 오늘따라 "제가 구울게요." "나를게요." "씻을게요." 하며 자진해서 나서는 학생이 많았다. 나름 솜씨를 한번 뽐내 보려고 했건만 오늘따라 반죽이 묽어 제대로 구워지지도 뒤집혀지지도 않고 엉망이었다. 혹시 맛이 없다며 안 먹고 남길까봐 긴장도 되었다. 한참을 기다려 탄생한 작은 팬케이크를 몇 명씩 나누어 먹는데 예상외로 반응은 폭발적이었다. 반 아이들은 팬케이크를 처음 먹어 본다고 했다. 너무 맛있다고 빨리 더 구워 달라며 아우성이었다. 팬케이크를 기다리는 내내 지우와 지수는 내 옆에 붙어 서서 구워진 팬케이크를 날랐고, 나머지 아이들은 얌전히 앉아 고군분투하는 나를 재미있게 바라보고 있었다. 손수 준비한 음식을 나눠 먹고 계속 더 구워 달라며 조르는 아이들의 모습에 그날은 내 인생 최고의 스승의 날이었다. 그들이 엄마 아빠가 되어 스승을 날을 떠올렸을 때 촌지가 아닌 팬케이크가 이야깃거리가 되길 바라는 희망이 이루어질 것도 같다.

남은 팬케이크 반죽은 점심 시간을 이용해서 6학년 학생들에게 구워 주었다. 몇몇 5학년 남학생은 운동장에 놀러 가지도 않고 내가 팬케이크를 굽는 모습을 조용히 지켜보았다. 한 6학년 여학생이 "무열이가 질투하는 것 같아요. 선생님이 6학년한테 잘해줘서요."라고 말했다. 그런데 무열이는 아니라는 대꾸가 없었다. 정말 질투한 걸까? 질투라는 감정도 귀엽고 고마웠다. 팬케이크를 나눠 먹은 후 아이들과 좀 친해진 기분이다. 우리들만의 추억을 나눠 가진 느낌이었다.

팬케이크 효과와 관련해 한 가지 더 이야기할 것이 있다. 전교 부회장인 민정이는 학기 초부터 내 기대와 달리 고개를 숙이고 딴짓을 자주 했다. 학용품을 만지작거리고 수업에 집중하지 못하는 경우가 많았다. 우리 반에는 욕설이나 거친 말을 하면 학교에 계시는 어른이나 선생님께 5분 안마하기 벌칙이 있는데 마침 지난 밤 잠을 설쳐 피곤하던 때, 민정이가 그 벌칙을 받게 된 것이다. 그래서 민정이에게 오늘은 담임 선생님인 나에게 안마를 하라고 했더니 "네."하고 대답은 하고서는 4학년 선생님께 가서 어깨 안마를 한 것이 아닌가? 왠지 모를 서운함에 왜 4학년 선생님께 갔느냐며 몇 번을 물었지만 민정이는 속 시원한 대답 대신 알 수 없는 표정으로 얼버무렸다. 그러던 민정이가 요즘 달라졌다. 예습 삼아 공부하는 가정 학습지를 들고 와서 어떻게 풀어야 하는지 물어본다. 점심 시간 내 옆 자리에 앉을 때면 재잘재잘 신나게 자기 이야기를 한다. 민정이는 반 아이들 수업 태도가 엉망이었다며 힘들어하시는 전담선생님을 핑계 삼아 험악한 분위기를 조성하고 "다 같이 교실 정리해!"라고 소리치면서 여기저기 다니며 청소를 하고 남학생들에게 청소 지시까지 한다. 민정이가 마음의 문을 열고 선생님 마음까지 헤아리는 것 같다.

아니 내가 마음을 열기 시작한 것이 먼저일 것이다. 예전 같으면 학생들이 개인적인 이야기를 늘어놓으며 말을 걸어오면 바쁜 업무에 귀찮다고 느낀 적이 많았다. 요즘은 좋아하는 친구와 수다 떠는 양 신이 난다. 선생님에게 다가오는 학생들의 진심어린 마음이 느껴진다.

가르친다는 것은 다만 희망에 대하여 이야기하는 것이다

선생님이 학생들을 진심으로 대하고 그 진심이 학생들에게 전해질 때 진정한 교육도 시작된다는 것을 깨닫는 데는 무려 10년이 넘는 시간이 걸렸다. 그 사실을 안다고 생각했었지만 지금 와서 생각하니 나는 모르고 있었던 것이다. 나의 진심은 항상 부족하기만 했다. 10년을 돌아보면 좋은 선생님이 되고자 고민하던 시절도 있었다. 무엇을 가르쳐야 하고 어떻게 해야 잘 가르치는 것인지에 대한 답을 찾을 수 없어 답답해하던 내게 우연히 아래 문구가 눈에 띄었다.

> 가르친다는 것은 다만 희망에 대하여 이야기하는 것이다.
>
> – 신용복의 〈처음처럼〉 중에서

무엇을 가르쳐야 할지 답을 찾은 것 같았고 희망을 이야기하는 것은 나도 잘 할 수 있을 것 같았다. 학생들에게 열심히 희망과 꿈에 대해 이야기했다. 그로부터 많은 시간이 흐르고 하루하루의 고단함에 희망은 퇴색되어 갔다. 희망과 설레임을 찾기보다는 별 탈 없는 하루에 만족한다고 여기며 지금까지 왔다.

그리고 우연인지 아님 인연인지 모를 이곳 웅천에서 희망을 전하는 많은 선생님들을 보았다. 첫 만남에서 부담으로 다가오던 그 모습들이 이제는 감사함으로 바뀌었다. 그들이 있기에 부끄러움과 죄책감이 아닌 당당함으로 "나는 선생님입니다."라고 말할 수 있는 날이 올지도 모르겠다.

별난 교사
이해하기

별난 것을
지켜보는 것은 힘들다

'나 자신을 어떻게 생각하는가?, 어떻게 받아들이는가? 어떻게 평가하는가?' 이것은 인간이라면 누구나 가지고 있는 의문이다. 흔히, 이에 대한 답변이 긍정적이라면 자존감이 높은 사람, 부정적이라면 자존감이 낮은 사람이라고 한다. 자존감(self-esteem)이란, 자신이 사랑받을 만한 가치가 있는 소중한 존재이고 어떤 성과를 이루어 낼 만한 유능한 사람이라고 스스로 믿는 마음이다. '스스로 믿는 마음'임에도 불구하고 자존감은 주로 타인와의 비교로 결정되곤 한다. 나와 타인을 비교하여 '내가 그보다 잘 살고 있는가?', '내가 그보다 잘하는 것은 무엇인가?'를 끊임없이 찾으며 웃다가 울다가 한다. 나보다 뛰어난 그를 보며 자괴감에 빠져 스스로를 괴롭히기도 하고 심지어 그를 향한 이유 없는 비난을 하기도 한다. 아마 인간이 혼자 살아가는 존재였다면 자신에게 만족하지 못하는 일은 없었을 것이다. 통통한 체형을 가진 나는 마른 체형의 사람들을 보며 '나는 왜 이렇게 뚱뚱한가?'로 우울해하다가 '저런 몸매는 볼품없다.'라며 억지로 비난

거리를 찾으며 이중적인 속내를 품기도 했다. 18년째 교사생활을 하면서 나는 지금도 여전히 다른 교사들과 끊임없이 비교하며 살아가고 있다. 각종 연구대회에 나가 수상을 하거나 자신의 재능과 능력을 뽐내는 교사들을 보면 부러워하면서 나도 저렇게 열심히 하는 교사가 되어야겠다는 생각을 하기도 했지만 학생 관리나 수업을 제대로 하지 않는 교사를 보면 나는 저 정도는 아니니 다행이라며 만족해하기도 했다. 나뿐 아니라 다른 사람들도 말로 표현하지 않을 뿐이지 저마다 마음속으로 자신과 이런 대화를 나누고 있을지도 모른다. 비교는 해도 해도 끝이 없는데, 특히 같은 학년이나 바로 내 옆 반에 능력이 뛰어난 교사가 있다면 비교로 인한 스트레스는 더 심해진다. 몹쓸 방어기제가 발동하여 나를 합리화하고 그 교사를 깎아내리려고 해 보지만 도무지 역부족이게 되고 결국 자존감은 한 단계 더 떨어진다. 떨어진 자존감은 그 교사의 모든 것을 비딱하게 보이게 하고 결국 관계가 점점 나빠진다. 약간 과장이 섞이기도 했지만 학교 조직 내에서 얼마든지 생길 수 있는 갈등 양상이다. 이 갈등이 조직을 힘들게 만들 수도 있지만 잘 해소된다면 발전할 수 있는 기회가 될 수도 있다.

올해 우리 학교에 교사로서의 내 자존감을 건드린 특별한 교사가 전입해 왔다. 배움 중심 수업을 하겠다며 자발성과 열정을 지닌 별난 수업 철학을 가진 선생님이었다. 그는 기존에 근무하던 교사들과는 사뭇 달랐다. 그렇다고 기존에 계시던 선생님들이 열심히 노력하지 않았다는 말은 아니다. 분명한 것은 같은 경력의 신규 교사들과는 명확히 다른 모습을 보였다. 그리고 L선생님과 만나기 전부터 나는 약간의 선입견을 가지고 있었다. 배움 중심 수업 모임에서 먼저 L선생님을 알게 된 교무부장님이 우리 학교가 올해 행복 맞이 학교로 선정되었다며 전입을 권유했었다고 한다. 이를 들은 나는 얼마나 대단한 사람이 오나

하는 삐딱한 시선을 가지고 있었다. 그래서 L선생님이 하는 여러 교육 활동들이 곱게 보이지 않았다.

L선생님의 교실은 PC방이요, 음악 감상실이다. 쉬는 시간이나 중간 놀이 시간에 교실 앞을 지나가면 최신 가요가 큰소리로 빵빵하게 들린다. 아이들이 좋아하는 가요를 쉬는 시간에도 들을 수 있도록 스피커까지 설치했다. 아이들은 음악을 들으며 각자 휴대폰을 보거나 친구와 이야기를 나눈다. 또 한쪽에선 학생용 컴퓨터 두 대로 신나게 게임을 하고 있다. 나와 다른 선생님들의 경우 교실에 비치되어 있는 학생용 컴퓨터는 수업에 필요한 자료를 검색하거나 발표 자료를 만드는 용도로 쓰고 설령 쉬는 시간에 이용하더라도 게임은 절대 금하고 있다. 그런데 그 반 아이들이 컴퓨터로 신나게 게임하는 모습을 보며 '학교에서 저렇게 해도 될까?' 하는 생각에 눈살이 찌푸려졌다. 또 그 6학년 아이들이 아침마다 교실에 앉아 콘후레이크와 초코파이를 먹고 있는 모습을 보고 '왜 아이들에게 몸에 좋지도 않은 것을 사 먹일까?' 하는 생각을 했다. 체육 수업이 끝난 뒤 아이들에게 아이스크림을 사 주는 모습을 보고는 '저렇게 막 사 주면 아이들이 받는 것을 당연하게 여기지 않을까?' 하고 빈정거리기도 했다. 그러나 보이는 것이 다가 아니었다. 방과 후 이곳저곳 쏘다니며 불량한 형들과 어울릴 바에야 차라리 교실에서 게임을 하라는 L선생님의 깊은 마음을 헤아리지 않았다. 콘후레이크와 초코파이로 학교에 와서라도 허기진 배를 채우게 하려는 L선생님의 따뜻한 마음을 생각하지 않았다. 무더운 여름날, 아이스크림으로 아이들의 땀을 식혀 주고 운동을 의욕적으로 하게 하려는 그의 강화 기술을 이해하지 않았다. 단지 나의 선입견에 사로잡혀 부정적으로 보고 있었을 뿐이었다. 하지만 L선생님이 아이들을 대하는 한결같은 태도와 따뜻한 마음에서 그의 진심이 보이기 시작했다. 진심어

린 그의 교육 활동은 나로 하여금 그를 새로운 시각으로 바라보게 만들었다.

별남을 받아들이는 방법

학교에서 근무를 하다 보면 기존의 교육 방식과는 다른 것을 시도하는 교사들을 만날 때가 있다. 그럴 때 보통의 교사들은 저 별난 사람으로 인해 내가 비교당하고 내 평판이 떨어질까 봐 걱정을 하게 된다. 예를 들어 한 교사가 어린이날 선물로 간식이나 책갈피를 선물했다고 하자. 그럼 선물을 하지 않은 또 다른 교사들은 학생들뿐만 아니라 학부모의 반응에 신경이 쓰이고 그 반작용으로 왜 혼자 별난 행동을 해서 나한테 피해를 주는지 그 교사를 원망하기도 한다. 이런 별남을 별나다고 생각하지 않고 문제 없이 받아들이는 교사도 있겠지만 대부분은 마음속으로 크고 작은 스트레스를 받고 있었을 것이다. 이 점에 대해 동료 교사와 이야기를 나눈 적이 있다.

김교사: 만약에 L선생님과 동학년이면 어떨 것 같아?

주교사: 동학년이면 비교되겠지만 우리는 같은 학년이 아니니까 괜찮은 것 같아요.

김교사: 그렇지? 나도 동학년이었다면 '혼자 별나게 안 그랬음 좋겠다.' 이랬을 거 같아.

주교사: 우리 학교가 6학급인 게 다행인 거죠.

– 2015년 5월 13일 주교사와의 대화 중에서

만일 L선생님과 같은 학년이었다면 나는 엄청난 스트레스를 받았을지도 모른다. 왜 저렇게 별난 수업을 하는지, 왜 저렇게 아이들에게 관대한지, 그리고 물질적으로도 아낌없이 퍼주는지, 그렇지 않은 나와 비교될 것을 생각하며 저 선생님 때문에 내가 피해 보는 것을 생각했을지도 모른다. 다행히 우리 학교가 6학급이라 학년별로 한 학급만 있다 보니 비교하는 마음이 훨씬 적은 것 같다.

교사가 아닌 학부모의 입장에서도 걱정이 되었다. 6학년이면 곧 중학교에 진학할 텐데 과연 저 아이들이 중학교에 가서 좋은 점수를 받을 수 있을지, 중학교의 수업 시스템에 적응은 할 수 있을지도 걱정이 되었다. '내 아이가 L선생님의 반이라면 과연 나는 학부모로서 만족했을까?' 하는 의문이 든 적도 있었다. 하지만 이런 모든 부정적 시각과 의문은 그 반 아이들의 변화하는 모습을 보며 달라졌다. 6학년 특히 남학생들은 워낙 기초 학력이 낮고 학습에 대한 흥미가 없어 수업 참여도가 낮을 뿐 아니라 엎드려 자거나 종이에 낙서를 하는 등 멍하니 있는 학생이 많았는데 이제 눈빛이 달라졌다. 조금씩이라도 해 보려고 노력하고 자기가 자신 있는 분야를 찾고 수업 시간에도 친구의 도움을 받으며 과제를 수행하는 모습을 보고 L선생님의 별난 교육 방법도 효과가 있음을 인정했다.

나의 걱정과는 달리 6학년 학부모들의 만족도는 높은 것 같았다. 아프다는 핑계로 잦은 조퇴와 결석을 하고 입학 이래 한 번도 현장학습이나 수련 활동에 참석하지 않았던 준기와 준기 어머님이 제일 달라졌다. 학교 수업에 빠지지도 않고 심지어 1박 2일로 하는 현장학습까지 참여하는 모습에서 L선생님의 저력이 느껴졌다.

김교사: 우와~ 준기가 현장학습을 간다구? 진짜?

L교사: 네. 간다고 하던데요.

주교사: 담임이 바뀌니 엄마도 변하셨네.

김교사: 니가 어떻게 했길래 그 엄마가 그리 달라졌노?

L교사: 저요? 별로 한 거 없는데요.

– 2015년 10월 19일 연구실 대화 중에서

정말 L선생님이 한 게 없었을까? 3월 첫날부터 시작된 그의 진심어린 태도와 학생 중심형 교육과정들이 이렇게 빛을 발하는 것이라고 믿는다. L선생님은 학생들을 변하게 했고, 학부모들도 변하게 했으며, 우리 교사들까지 변하게 했다.

별난 교사를 받아들일 수 있는 변화의 핵심은 '관계'였다. 선입견 속에서 서먹했던 3월엔 L선생님의 부족한 부분만을 생각했다. 그러나 하루하루 같이 근무하며 지내면서 그에 대한 선입견을 버리고 가족 같은 친밀한 관계가 되고, 서로 교육적 생각을 나누고 이야기하면서 왜 그가 그런 활동을 하게 되었는지 깊이 이해하게 되었다. 지금은 L선생님의 프로젝트 학습이나 교육 활동에 부족한 부분이 있으면 알려 주고, 잘하는 부분을 칭찬하며 격려해 주고 있다. 또 그가 하고 있는 배움 중심 수업을 참관하고 그의 수업 이야기를 블로그와 밴드를 통해 읽으며 나도 수업에 변화를 가져 보려고 노력한다. 나와 다른 것이 틀렸거나 잘못된 것은 아니다. 각자의 교육 방식을 인정해 줄 수 있는 용기를 교사들은 가져야 한다.

별난 것도 다 포용하는 관계

매년 2월이면 다음 학년도에 같이 근무하게 될 교사 구성원에 대한 걱정을 하게 된다. 구성원의 분위기와 팀워크에 따라 한 해의 학교 생활이 행복할지, 우울할지가 결정되기 때문이다. 그래서 학년 희망을 쓸 때도 부장 선생님이 누가 될지, 누가 어느 학년을 쓸지에 신경을 곤두세우기도 했다. 사실 우리 학교는 6학급의 소규모 학교라 비교적 많은 업무와 출퇴근의 어려움이 있어 이 지역의 기피 학교 중 하나였고, 설령 발령이 났다 해도 일 년만 근무하고 바로 내신을 내는 학교였다. 하지만 그 이후 발령이 나서 온 선생님들은 보통 3~4년 근무를 하셨고 심지어 5년 만기를 채우고 가는 선생님도 늘어났다. 나 역시 5년 만기가 되도록 근무를 하고 있는데 다른 이유도 있겠지만 가장 큰 이유는 바로 학교 구성원과의 관계가 매우 만족스럽다는 것이었다. '동학교 교사'라고 지칭하는 같이 근무하는 선생님들과의 관계가 정말 좋기 때문이었다.

어느 한 군데 모난 구석 없이 모두 잘 융화되는 교사들이어서 3월이 지나가기도 전에 우리는 가족 같은 관계가 되었다. 친한 관계에서만 주고받을 수 있는 부부싸움이라든가 자녀의 대학 진학 문제까지 서로 살아가는 소소한 이야기와 고민을 나누며 점점 더 가까워졌다. 좋은 관계는 친밀감을 더욱 강화하는 다음 작업으로 이어졌다. 학교 밖에서도 모임을 가지는 '회식'이 잦아진 것이다.

오교사: 이번 학교폭력 문제를 해결하느라 교무부장님이 너무 고생하셨는데 우리가 토닥토닥 해 드리는 회식을 한번 하는 게 어떨까?

김교사: 좋지. 진짜 고생하셨는데 회식하면서 위로의 시간을 갖자.

주교사: 단골집 가요.

허교사: 저도 좋아요. 술 한 잔 드리면서 토닥토닥 해드려야겠어요.

– 2015년 5월 20일 연구실 대화 중에서

학교폭력 문제 해결로 고생하신 선생님의 수고에 감사하기 위해 어느 누구 하나 빠지지 않고 시간을 내어 함께하는 시간을 가졌다. 이뿐 아니라 학생 문제로 속상해 우울해진 선생님을 위로하기 위해, 연구대회에서 수상을 한 선생님을 축하하기 위해 등등 서로에 대한 작은 관심과 애정에서 생겨나는 회식을 자발적으로 하고 있다. 그동안 업무의 연장선이었던 회식은 즐거움이 아닌 스트레스였지만 우리 스스로 자발적으로 만든 회식은 서로를 위로하고 상처를 치료하며 쌓인 스트레스를 해소하는 자리였다. 그리고 이런 회식 자리에서의 정서적 교감은 서로의 관계를 점점 더 단단하게 결속해 주었다.

사람은 타인을 100% 사랑할 수 없고 나를 100% 사랑할 수 없다고 한다. 하지만 99%를 위한 관계를 만들고자 노력한다면 나는 행복한 자존감을 가진 선생님이 될 것 같다. L선생님과 내가 친밀한 관계가 아니었다면 난 그의 별남을 수용하지 못했을지 모르겠다. 교사들의 친밀한 관계 속에서 별난 교사의 별남을 나누어 가지기도 하고 잘나가는 교사의 잘남을 배우기도 하며 서로 상생하고 윈윈하는 것이 우리가 바라는 이상적인 공동체일 것이다. 혼자가 아닌 더불어 살아가야 하기에 친밀한 관계에 터하여 세워진 학교 조직은 그야말로 강력한 교육 원동력이 될 것이다. 서로에 대한 선입견을 버리고 타인을 긍정적으로 바라봐 주고 함께 걸어간다면 별난 것도 모두 포용할 수 있는 더 행복한 공동체를 만들 수 있을 것이다.

마음을 낫게 하는 우리들의 반창고

마음 이어 주기

소셜 네트워크의 발달과 페이스북 등으로 대표되는 다양한 형태의 SNS의 발달로 우리의 관계망은 어느 때보다 넓어졌다. 1000만 화소가 넘은 고성능 카메라와 손바닥 위에서 인터넷이 가능해진 스마트폰의 등장이 이를 가능케 했다. 실시간으로 수많은 사람들과 자신의 이야기와 일상생활을 공유하고 정보를 습득하는 것이 가능한 시대가 온 것이다. 그렇게 사람들은 더욱 가까워지고 행복할 거라 여겼다. 하지만 이러한 발달은 그저 낙관적이지만은 못했다. 타인과 관계를 통해 나를 인식하는 소셜 미디어 시대가 도래하면서 일상이 자랑이 되고 자랑이 일상이 되었다. 이 '과시의 민주화' 시대에 살고 있는 사람들은 '자랑질'을 위해 자신을 있는 그대로 드러내지 못하고 행복해 보이기 위한 연출과 웃는 가면을 쓴 것이다. 그 과정에서 느끼는 열등감과 자존감의 하락, 다른 사람들과의 비교는 오히려 관계를 더 단절시키고, 진정한 소통을 막는 어려움을 생기게도 한다.

정들었던 학교를 떠나 새로운 환경에 적응하고 있던 3월에 휴대폰으

밴드 속 일상 공유

로 한 장의 초대장을 받았다. 바로 '행복한 웅천초등학교' 밴드이다. 초대장을 받은 즉시 의무적으로 밴드에 가입했다. 학교라는 공간에서 밴드는 공지사항이나 업무와 관련된 내용을 전달하는 누군가의 핫라인의 기능과 생일 알림을 체크하는 정도로 사용됐기 때문에 별 감흥 없이 가입했다.

다음날 아침이 되어 눈을 떴다. 부스스한 얼굴로 스마트폰을 열었는데 웃음을 참지 못했다. 오 선생님께서 저녁에 족발을 먹고 있는 사진을 올린 것이다. 한쪽 다리를 들고 앉아서 족발 다리를 뜯고 있는 모습이 마치 자신의 수족을 뜯는 것 같다는 이야기가 웃겼다. 이전까지 생각해 온 밴드나 SNS의 화려한 일상이 아닌, 순도 100%의 일상이었다.

오 선생님께서 좀 더 친근한 모습으로 자신의 일상을 공유하기 시작하니 다른 선생님들도 자신들의 이야기를 올리기 시작했다. 시시콜콜한 정보와 맛집 이야기, 재미있는 글, 어젯밤 신랑과 싸운 이야기까지 서로의 일상을 공유하다 보니 어느새 성큼 가까워진 느낌이 들었다.

퇴근하면 학교와는 분리되는 것 같은 기분이었는데 정서적으로 계속 연결되어 있다는 생각이 들어 밤에도 자주 밴드를 확인했다. 학교 밖에서 일어나는 자신들의 사적인 일상을 온라인에 올리면서 다음날 학교에서 만났을 때 새로운 이야깃거리가 되어 오프라인 인간관계를 보다 확장해 주었다.

김교사: 어제 밴드에 올린 곳 안동 맞아?

오교사: 어. 맞아. 안동 하회마을인데 난 처음 가 봤는데 좋더라.

김교사: 당일로 갔다 온 거야?

오교사: 안동에서 하루 자고 왔어. 갑자기 떠나고 싶어서 애들 데리고 무작정 떠났는데 갔다 오니까 좋네.

주교사: 안동 가셨음 안동찜닭 드시고 오셨어요?

오교사: 응. 먹고 왔지. 집사람이 인터넷에서 알아본 원조찜닭 집에서 먹었는데 너무 맛있더라. 다음에 안동 가게 되면 가서 꼭 먹어 봐. 맛있어서 한 마리는 포장해서 왔어.

주교사: 진짜 맛있었나 보네요. 먹으러 가고 싶어진다.

김교사: 나도 시댁 가는 길에 다음엔 안동 들러서 꼭 먹어 봐야겠다.

– 2015년 6월 29일 연구실 대화 중에서

밴드를 하면서 더 친해진 것 같아요. 누군가가 주말에 밴드에 올린 내용으로 우리가 막 이야기 나누잖아요. 그러면서 서로에게 관심을 가지게 되고, 더 잘 알아 가는 것 같아요. 그리고 밴드에 올리는 사람도 우리와 함께 공유하고 나누고 싶으니까 올리지 않을까요? 특히, 우리 학교처럼 작은 학교에서 가족 같은 분위기를 만드는 데 밴드가 많은 도움이 되는 것 같아요.

– 2015년 4월 27일 L선생님과의 인터뷰 중에서

학교의 구성원이라는 공식적인 관계로만 머물러 있을 수 있는 관계가 밴드를 통해 개인들의 사적인 영역까지도 공유하고 소통함으로써 보다 친밀한 관계로 발전하는 긍정적인 모습을 볼 수 있었다.

그러던 어느 날 한 편의 시가 밴드에 올라왔다. 시의 제목은 '정숙이'. 정숙이가 누군지 한참을 생각했지만 떠오르지 않았다. 시를 읽다 보니 어느새 고개가 숙여졌다. 학교의 궂은 일과 업무를 도맡아 하시며 늘 한결같은 모습으로 자신의 소임을 묵묵히 수행하시는 우리 교무부장 선생님이셨던 것이다. 시에는 교무부장 선생님에 대한 연구부장 선생님의 마음이 고스란히 담겨 있었다.

교무부장 선생님이 늘 보여 주시는 포근함과 유쾌한 모습과 그 마음에 있는 숭고함을 담담하게 담아낸 시는 모두의 마음을 울렸다. 백 번

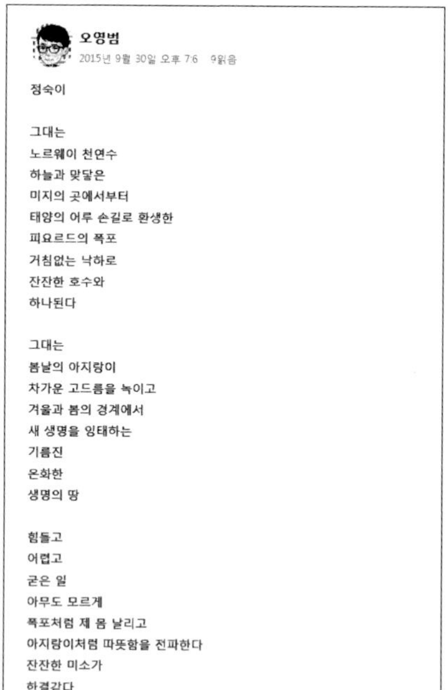
오영범
2015년 9월 30일 오후 7:6 9읽음

정숙이

그대는
노르웨이 천연수
하늘과 맞닿은
미지의 곳에서부터
태양의 어루 손길로 환생한
피요르드의 폭포
거침없는 낙하로
잔잔한 호수와
하나된다

그대는
봄날의 아지랑이
차가운 고드름을 녹이고
겨울과 봄의 경계에서
새 생명을 잉태하는
기름진
온화한
생명의 땅

힘들고
어렵고
궂은 일
아무도 모르게
폭포처럼 제 몸 날리고
아지랑이처럼 따뜻함을 전파한다
잔잔한 미소가
한결같다

연구부장 선생님이 올린 시

의 칭찬이나 좋은 말보다 마음을 담은 시 한 편이 마음을 이끌어 낸 것이다. 누군가 봉사하고 희생하는 모습에 대한 관찰과 이를 담아낸 시는 교사들로 하여금 한 편의 시를 넘어 교사로서 삶의 태도를 돌아보는 계기와 자신의 실천을 따뜻한 시선으로 바라봐 주고 지지해 주는 사람이 있다는 것을 알게 해 주었다. 지친 일상이지만 나누면서 그 무게감을 덜고, 동료라는 마음과 가까워짐을 느끼면서 밴드는 점점 더 활기를 띄기 시작했다.

마음 모아 주기

재미있고 즐거운 이야기로 분위기가 무르익어 가고, 소통의 장이 열리면서 밴드는 다양한 용도로 활용되기 시작했다. 밴드는 언제나 선생님들이 스마트폰으로 볼 수 있고 알림으로 알려 주기 때문에 정보를 전달하는 데 굉장히 효과적이었던 것이다. 선생님은 실시간으로 의견을 수렴할 수 있는 투표나 댓글, 자료 첨부 등의 기능을 알게 되면서 여러 분야에서 밴드를 사용하기 시작했다.

학교에서 메신저나 회의 등으로 전달 사항이나 의견을 묻곤 하지만 출장 등의 이유로 참석하지 못한 경우, 혹은 주말이나 직접 보고 말할 수 없는 상황에서 밴드를 이용해 여러 가지 내용을 알려 주거나 조언을 구하기도 했으며, 현장체험 학습이나 답사 내용 등을 실시간으로 밴드에 올리고 이야기하면서 업무를 추진하기도 했다.

얼마 전에는 드디어 학교 밴드부가 열심히 연습한 기량을 뽐내기 위해 대회에 나가게 되었다. 대회 참여를 앞두고 밴드부 이름에 대한 교직원의 의견을 모아야 하는 상황이 된 것이다.

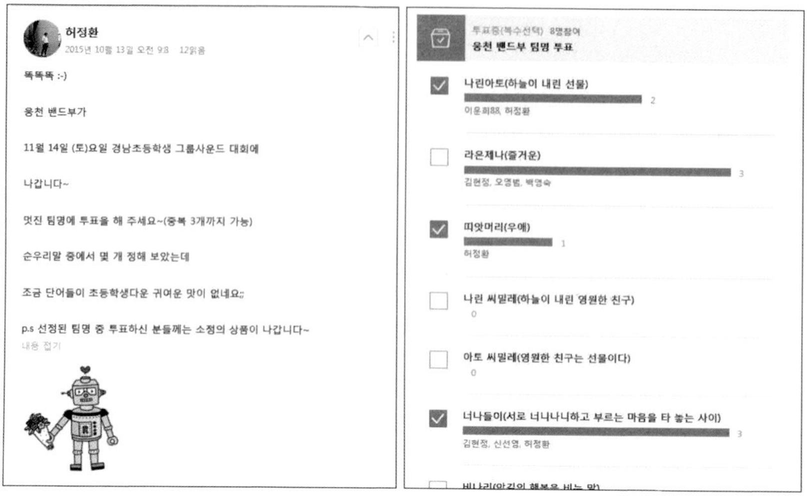

밴드의 투표 기능

허교사: 밴드부 이름을 순 우리말로 해보려고 하는데 뭐가 좋을까요?

홍교사: 음, 글쎄. 인터넷에 뭐 좋은 거 많지 않나?

허교사: 뭔가 의미 있고 좋은 걸로 하고 싶은데…….

오교사: 밴드에 투표 기능 있던데 그걸로 의견을 한번 모아 보지?

허교사: 좀 알려 주세요.

– 2015년 10월 12일 회의 시간 중에서

교직원 협의회에서 의논을 할 수도 있었겠지만 매주 교직원 협의회가 있는 것이 아니어서 모일 수 있는 시간도 부정확한데다가 이것을 위해 따로 모이는 것은 더 힘들었다. 모였다 하더라도 즉흥적으로 거수해서 바로 정하는 것보다는 좀 더 심사숙고의 시간을 가져 의견을 제시하는 것이 좋을 것 같아 업무담당자는 밴드에 의견 수렴을 위한 투표 글을 올렸다. 여러 순 우리말을 지원받은 다음 교직원의 투표로 밴드부 팀명을 정한 것이다. 투표 결과 학교 밴드부의 팀명은 '너나들이' 로 선정되었다. 학교 선생님 모두가 마음을 터놓고 지내는 마음처럼 학교 밴드부도 마음 터놓고 좋은 기량을 뽐내기를 기도하는 마음을 담았다. 학교 밴드부 팀명을 정하는 투표를 통해서 우리는 마음을 모았다.

마음 깨우치기

밴드 활용은 업무뿐만 아니라 선생님들에게 교사로서의 삶에도 자극이 되었다. 학교의 막내인 이 선생님은 개인 블로그를 운영하는데 이것을 밴드에 공유한 것이다. 교실에서 학생들과 있었던 시시콜콜한 일상의 내용부터 다녀온 연수의 내용, 좋은 교육 방법이나 철학 등에 관하여 자신의 개인 블로그에 기록한 내용을 올리기 시

밴드를 통한 공유

작했다. 모두 같은 학교에 다니고 있지만 느끼는 바가 모두 다르듯 이 선생님의 시선에서 학교를 바라보는 것은 또 다른 눈으로 학교를 바라볼 수 있게 해 주었다.

이 선생님의 교육 활동들이 밴드를 통해 공유되면서 다른 선생님들에게는 새로운 자극제가 되었다. 프로젝트 학습에 대한 궁금증을 직접 물어보기도 하고 학습하면서 실제 학생들의 참여와 반응이 어떠했는지 묻기도 했다. 그러면서 다른 선생님들도 프로젝트 학습과 주제중심 학습에 관심을 가지고 자신들의 수업에 적용해 보려고 노력하는 모습을 보였다. 그리고 자신이 참여한 다양한 연수와 관련된 내용, 즉 연수를 통해서 배운 것, 생각하고 느낀 점 등을 블로그에 빠짐없이 기록하고 밴드에 공유함으로써 다른 선생님들에게 간접적으로 연수를 받을 수 있는 기회가 되었으며 댓글을 달며 서로 다양한 의견을 교류하는 온라인 연수 공간이 되었다.

여름방학 중에 최근 화두가 되고 있는 배움 중심 수업에 대한 연수를 듣고 온 이 선생님이 5일간에 걸쳐 받은 연수 내용을 블로그에 기록하고 그것을 밴드에 올렸다. 배움 중심 수업을 강조하고 있지만 아직 현장에는 이러한 내용이 잘 알려지지 않았기 때문에 이에 대한 논의가 불타올랐다.

오교사: 이야, 방학 동안 뭘 그리 배우고 있어? 좀 쉬지, 밴드에 올린 거 봤다.

이교사: 확실히 많이 배웠어요. 배움 중심이라는 게 뭔지 감이 좀 오네요.

김교사: 그런데 아무리 읽어 봐도 무슨 내용인지 감이 안 와요. 뭐 프로젝트하고 학습지하고 다 비슷한 거 같은데요.

오교사: 처음에는 그런 방법적인 측면에서 바라보는 게 당연하지.

김교사: 지금도 다 하고 있잖아요. 학습자 중심, 애들 중심으로, 애들 불만 다 들어 준다고 머리 하얗게 샌 거 봐요. 애들은 좋은지 몰라도 교사들은 힘들어요.

오교사: 그러니까 이렇게 현장에서 배움 중심 수업에 대한 논의가 필요한 거야. 밴드에 올린 내용 컴퓨터에 띄워 봐. 보면서 이야기 좀 해 보자.

– 2015년 8월 29일 회의 시간 중에서

밴드에 공유한 연수의 내용에서부터 시작해 배움 중심 수업에 대한 논의가 시작되었다. 말로만 '배움 중심'이라고 이야기하는 것들은 학교 현장에서는 선생님들의 마음을 움직이지 못하고 있으며, 일부 선생님들이 하는 특별한 수업 정도로 인식되고 있는 현실에 대한 이야기를 나누면서 배움 중심 수업에 대한 논의가 시작되었다. 누군가 듣고 와서 혼자 알고 말았다면 그냥 사라질 내용이 밴드에 공유되면서 마음을 모았던 것이다. 2학기 시작 무렵에 시작된 논의에서 시작한 배움 중심 수업에 대한 이야기는 수석 교사를 모셔서 연수를 듣기도 하고, 교육과정과 수업에 대한 워크숍을 계획하여 더 많은 이야기를 나누는 계기가 되었다.

마음 어루만지기

어느 날 5학년 선생님이 회의 시간 동안, 어두운 표정으로 고개를 숙인 채 화장지 조각에 무언가를 쓰고 있었다. 업무 관련 내용으로 서로 이야기를 주고받는 중에도 그 선생님은 똑같은 행

밴드를 통한 마음 어루만지기

동을 하고 있었다. 회의를 마친 순간, 선생님은 화장지 조각만을 남긴 채 벌떡 일어나 연구실을 빠져나갔다. 옆 자리에 있던 다른 선생님이 그 선생님의 흔적을 발견하고 무엇이 적혀 있는지 알려 주었다. 화장지 조각을 가득 메운 'stress'라는 단어는 그 선생님의 상처 난 마음을 보여 주고 있었다. 요즘 그 선생님은 고된 학교 업무와 사춘기로 접어든 5학년 학생들의 생활지도로 인해 다소 피로해 보이는 모습을 보이고 있었고, 다른 선생님들 역시 그 선생님의 마음을 충분히 이해하고 공감하고 있었다. 6학년 선생님은 그 선생님의 심리적 스트레스를 공감하기 위한 의도로 사진을 찍어 밴드에 탑재했고, 이를 본 다른 선생님들은 그 선생님에게 위로하는 말을 댓글로 남겼다.

밴드를 마주한 5학년 선생님은 자신의 지친 마음을 동료들이 함께 공감해 주고 위로해 준 것에 기분이 한결 나아졌다며 감사함을 표현했다. 밴드는 상처가 나면 바르는 밴드처럼 우리 마음의 상처를 낫게 해 주는 좋은 치료제가 되어 주었다. 이처럼 밴드는 서로의 마음을 공감하고 정서적으로 교감하면서 상호 간의 신뢰를 구축하여 교사들 간의 유대를 보다 강화시켜 주었다.

밴드로 연결된 우리

학교라는 공간이 점점 삭막해진다. 누군가의 업무, 누군가의 책임으로 역할을 나눈 다음 교실 안에 작은 왕국을 꾸리고 숨어든다. 함께 뜻을 모으고 교육에 대한 논의를 해야 할 선생님들이 무너지는 것이다. 자신의 실수나 단점을 드러내기 무섭고 개인주의적인 사고방식이 퍼지면서 학생들도, 아이들도 모두 제각각의 점으로 흩어진다.

혼자서는 절대로 제대로 된 교육을 할 수 없다. 학반끼리 경쟁해서는 서로를 깎아내릴 뿐이다. 기껏해야 옆 반 선생님보다 조금 더 잘하는 선생님에 멈추고 거기에서 좋아하고 안주한다. 이러한 상황에서 행해지는 학교의 미래는 걱정을 넘어 두려움을 느끼게 한다. 하지만 공동의 뜻을 모으고 철학을 세운 다음 이를 실현할 교육과정을 구성하는 데 있어서 밴드는 상당히 효과적이다. 소통의 도구로서 의견을 모으고 마음을 나누는 데 사용되기도 하고 요긴한 정보와 지식이 모이는 집합소가 되기도 한다. 더 나아가서 마음과 마음이 이어지고, 모여서, 깨우치고, 서로 어루만져 주는 과정 속에서 상처를 아물게 하는 '밴드'의 역할을 할 것이다.

부록

- 한 교사의 실천적 지식에 담긴 의미 탐색: L교사의 교육 이야기

부록에서 소개하는 논문은 오영범 선생님이 동료교사 이운희 선생님의 실천적 지식을 학술적으로 연구한 것으로, 오영범 · 정영애(2015)의 논문 '한 교사의 실천적 지식에 담긴 의미 탐색: L교사의 교육 이야기' 평생학습사회, 11(4), 83-113을 재구성한 것이다.

한 교사의 실천적 지식에 담긴 의미 탐색: L교사의 교육 이야기

Ⅰ. 연구의 필요성 및 목적

이제 경력 1년 8개월에 이른 L교사와의 대화를 통해 나의 초임 시절이 떠올랐다. 정확하게 표현하면 지금 L교사의 모습과 그 당시의 나를 비교한 것이다. 묵묵히 소신을 가지고 끊임없이 자신을 되돌아보며 교육을 실천하는 L교사와 비교할 때, 그 당시의 나는 조직의 권위가 요구하는 대로 충실히 역할을 수행하는 타율적인 존재였다. 자발적 자율성을 바탕으로 자신의 색깔을 교육현장에서 실천하고 지속적인 학습을 통해서 자신을 변화시켜 나가는 L교사 앞에서 나 또한 성찰의 장에 합류하게 되는 하나의 계기가 되었다. 그리고 이 과정을 통해 평소 내가 가졌던 고정관념 또한 사라지게 되었다. 저경력의 교사는 상대적으로 나이가 많은 고경력 교사의 풍부한 교육적 경험과 노하우를 배워야 한다는 나만의 교사 성장의 견해에 융통성을 가지게 된 것이다. 나아가 L교사를 통해서 인간의 성숙도는 나이에 비례하지 않는다는 평소 나의 신념을 오히려 강화시켰다. 그리고 많은 연구자들이 주장하고 있는 동료성에 기반한 반성적 성찰의 진정한 의미를 깨달았다. 동시에 L교사가 추구하는 교육적 열정의 의미가 무엇인지 구체화할 연구의 필요성을 인식하게 되었다. 난 이제부터 L교사만이 가진 특수성을 조명해 줄 렌즈를 가지고 그의 삶 속으로 들어가고자 한다.

– 2015년 4월 5일 연구자의 성찰일지 중에서

교사는 학교라는 실천의 장에서 다양한 교육적 경험을 통해 성장한다. 이러한 교육적 경험은 다양한 형태의 이론적 지식과 결합되면서 점진적으로 성장하게 된다. 이처럼 이론 기반의 지식을 습득하고 이를 실제적 맥락성이 숨쉬는 현장에 적용하면서 교사의 실천적 지식은 강화된다(Bereiter, 2014; Wyatt, 2015). 객관적이고 보편적이며 탈맥락적 성격을 지닌 이론적 지식은 주로 강의나 책을 통해 습득되며 교육 실천에 필요한 원리나 기준 등을 제공한다(구원회, 2007). 반대로 실천의 장에서 부딪히는 다양한 문제를 효과적으로 해결하기 위한 대안적인 방법을 찾기 위하여 이론적 지식을 필요로 하기도 한다. 그러기에 교사의 실천적 지식은 형식적 지식으로 대표되는 이론적 지식과 비형식적 성격이 강한 실재가 통합되면서 독특한 맥락의 장에서 구체화된다. 이때, 동일한 맥락이라 할지라도 교사들이 드러내는 실천적 지식은 다양한 모습과 형태로 전개된다. 말하자면 실천적 지식은 교사의 배경지식, 교육 철학, 개인적 경험, 지식의 수준 및 관심 정도와 관련된 개인적 변인뿐만 아니라 사회적 배경, 학교 관리자의 성향, 학습자 및 학부모의 성향, 지역사회의 특성 등 사회적 변인들이 유기적인 형태로 통합되어 발현되는 것이다.

외국의 경우 실천적 지식에 대한 논의는 활발하게 이루어져 왔다. 그 논의의 시작은 Elbaz(1981)가 교육의 실재성과 맥락성을 기반으로 전개되는 교사의 실천성을 강조하는 측면을 부각하면서 시작되었다. 이후 실천적 지식에 대한 논의는 다양하게 전개되었다. 크게 보면, 이론과 실재 간의 괴리 현상을 줄이기 위한 다양한 이론적 논의(Bereiter, 2014; Elbaz, 1981; Gholami & Husu, 2010), 현장 교사들의 실천적 지식 향상을 위한 다각도의 방법에 대한 연구(Black & Halliwell, 2000; Knight, 2002; Martin, 2004), 실천적 지식에 대한 경험을 바탕으로 접근한 사례 연구(John, 2002), 예비 교사들의 실천적 지식력을 증대하기 위해 직전교육에서 실천적 지식 창출과 효과적으로 연계될 수 있는 방법에 대한 연구(Meijer, Zanting, & Verloop, 2002) 등이 주를 형성하고 있다. 이러한 연구들은 교사의 실천적 지식이 전개되는 환경과 맥락 안에서 교직 경험뿐만 아니라 개인적 경험이 통합되어 형성됨을 강조함으로써 예비 교사들의 직전교육과 교사교육에서 실천 중심의 교육 방법을 강조하는 계기를 제공했다는 데 그 의의가 있다(Clandinin & Connelly, 1995; Elbaz, 1981). 더불어, 실천적 지식에 대한 외국의 연구들은 방법론적으로 이론 및 양적 연구뿐만 아니라 질적 연구를 통해서도 다양하게 이루어졌다. 구체적으로 특정 맥락에서 교사들의 실천적 지식이 어떠한 과정을 통해 형성되고 있는지에 대한 사례를 질적 연구 방법으로 접근함으로써 실천적 지식 형성에 기여하는 반성적 성찰, 학습 공동체, 개인적 경험의 통합 등의 주요 요인들을 부각시켰다.

우리나라에서도 실천적 지식의 중요성을 강하게 인식하면서 최근 다양화, 활성화되고 있는 추세이다. 국내의 실천적 지식에 대한 연구는 이론 탐색을 통한 실천적 지식의 방향을 탐구한 연구(구원회, 2007; 김두정, 2009; 김민정, 2012; 김은주, 2010; 김자영, 김정효, 2003; 송경오, 2014; 이정선, 2005), 실제 교사들을 연구 참여자로 선정하여 학교 현장에서 실천적 지식이 적용되는 사례 연구(김종훈, 2010; 서경혜, 2010; 소경희, 윤석주, 2014), 실천적 지식과 다른 교육적 요인들과의 관계를 통계적으로 규명한 연구(정재성, 2008) 등 다양한 연구들이 양산되고 있다. 이러한 연구들을 통해 기존의 이론적 지식이 상대적으로 부각시켰던 전통적인 교사교육의 범위를 생생한 현장성이 숨쉬는 맥락으로 확장시킴으로써 실천적 지식을 강조하는 직접적인 계기가 되었다. 그러나, 교사의 실천적 지식에 대한 국내의 연구는 이론 연구와 양적 연구에 치중해 있으며 질적 연구를 통해 접근한 연구는 상대적으로 부족한 현실이다(구원회, 2007; 송경오, 2014; 윤석주, 2014; 이정선, 2005). 그러므로 현장성에 기반한 사례 연구나 방법적 측면에서 해석적 관점을 적용한 질적 연구를 통해 실천적 지식의 중요성과 그 의미를 탐색할 필요가 있다.

이에, 본 연구에서는 연구자와 연구 참여자가 공존하는 맥락에 기반을 둔 현장 연구를 통해 한 저경력의 교사가 실천하는 교육적 행위에 담겨진 실천적 지식의 의미가 무엇인지를 밝혀보고자 한다. 연구자는 연구 참여자와 동일한 학교 공동체에서 교사로서의 삶을 영위하는 동료 교사이다. 그러므로 그의 실천적 지식을 형성해 가는 과정과 거기에 숨겨진 의미를 표면화함으로써 교육적 행위와 실천에서 드러나는 의미를 분석하는 데 좋은 조건이 될 것이다. 이러한 연구 목적을 달성하기 위해 연구자는 연구 참여자와 동일한 학교 목표 달성을 위해 비전과 전략을 공유하려고 노력했고, 그의 교육적 실천이 어떻게 전개되고 있는지, 그 과정에서 무엇을 고민하고 당면한 문제는 어떻게 해결하는지를 면밀히 참여 관찰함으로써 실천적 지식의 의미를 탐색하는 데 전념했다.

본 연구를 통해 그 동안 주로 고경력 교사의 생애사적 측면과 장기간의 교직 생애 동안의 교육적 실천에만 중점을 두었던 기존의 연구들과 달리 저경력의 교사가 점진적으로 형성해 가는 실천적 지식의 의미를 집중 조명함으로써 초임 교사를 대상으로 한 교사교육의 교직 사회화 과정에서 실천적 지식을 구축해 가는 의미를 밝히는 유용한 사례가 될 것이다. 또한, 현장에서 실재적인 맥락을 함께 공유하는 동료 교사가 바라본 실천적 지식의 의미를 탐색함으로써 일시적으로 현장에 머물렀던 연구자들과는 달리 지속적인 성찰, 학습, 깨달음, 지향점 등에 대한 맥락의 미시적 역동성을 부각시킴으로써 현장 교사를 대상으로 한 실천적 지식의 연구에 새로운 국면을 가져올 수 있을 것이다. 아울러 이 연구는 교육 현장에서 실천적 지식의 중요성을 다시금 일깨워 주는 유용한 사례가 될 것이다.

Ⅱ. 이론적 배경

1. 실천적 지식의 개념과 특징

현장에서 실천적 지식을 전개하는 교사들은 이론적 지식의 현장 적용에 많은 의문을 제기해 왔다(Gore & Gitlin, 2004; Schön, 1987). 다양한 변인들이 존재하는 학교 현장에 이론적 지식이 그대로 적용되거나 전이되지 않는 한계가 있기 때문이다. 이론적 지식은 일반화를 지향하므로 구체적인 교육 현장에 그대로 적용하기에는 문제가 있는 것이 사실이다. 그러므로 이론적 지식은 교육의 실천적 맥락 속에서 재구성되고 재해석되어 적용해야 하는 성격을 지닌다. 이론적 지식의 이러한 재구성, 재해석 과정 속에서 여러 가지 다양한 실천적 지식이 도출되는 것이다. 따라서 실천적 지식은 정형화되지 않은 비형식적인 맥락에서 교사의 주관성이 상당 부분 개입되는 것으로서 처방적인 성격이 강하다(윤석주, 2014). 이러한 성격으로 인해 Elbaz(1981)는 실천적 지식을 교사가 교육과정의 테두리 안에서 교사, 학생, 교육 행정가, 연구자 등과 적극적으로 상호작용하면서 자신의 신념과 가치관을 바탕으로 재구성한 지식이라고 언급하면서 교과목, 교육과정, 교수 방법, 자아, 학교 환경에 대한 지식으로 구분된다고 했다. 그러므로 실천적 지식은 한 교사의 내·외적 요인들의 복합적 영향에 의해 만들어지게 된다(Meijer, Zanting & Verloop, 2001). 그렇기 때문에 교사들에 의해 구성되는 실천적 지식의 모습은 각양각색의 형태로 나타나며 다음과 같은 특징을 가진다.

첫째, 실천적 지식은 이론과 실제의 통합을 지향한다(Elbaz, 1981; Schön, 1987). Elbaz(1981)는 실천적 지식이 습득되는 기제를 설명하기 위해 '지향(orientation)'이라는 개념을 사용했다. 실천적 지식의 지향으로 상황적 지향, 개인적 지향, 사회적 지향, 경험적 지향, 이론적 지향을 제시했다. 이 중에서 이론적 지향은 교사의 실천적 지식에 영향을 주는 이론이나 지식을 말한다(구원회, 2007). 교사에게 이미 형성된 이론이나 지식이 현장의 교육 행위에 반영되기도 하고, 현장에서 직면한 다양한 문제를 효과적으로 해결하기 위해 다시 이론이나 지식을 습득하기도 한다. 따라서, 교사의 실천적 지식은 이론 기반 지식과 현장 기반의 실제가 통합되어 구현되는 것이다.

둘째, 실천적 지식은 교사의 반성적 성찰을 촉진한다(구원회, 2007; Schön, 1987). Schön(1987)은 현장에서 생각하면서 행동하는 실천적 성찰(reflection-in action)과 행위 후에 그 결과를 반성하는 성찰적 실천(reflection-on action)을 통한 반성적 성찰을 강조했다. 이것은 맥락성이 강한 현장의 속성을 고려한 것으로, 현장 속에 잠재된 다양한 변인들로 인해 교사의 의도와 계획대로 실행되지 않는 어려움을 전제하고 있다. 예를 들어, 협력학습을 계획한 교사가 최적의 이질 집단을 편성하여 수업을 실행할지라도 현장의 맥락에 존재하는 다양한 변인들로 인해 효과적인 협력 구축에 차질이 생길 수 있다. 따라서, 교사가 실천한 내용에 대해 효과적인 것은 무엇이었는지 혹은 차후에 다시 실행한다면 어떠한 점을 고려해야 할 것인지 등에 대한 반성적 성찰 활동을 통해 실천적 지식을 강화할 필요가 있다.

셋째, 실천적 지식은 특수한 맥락의 장(field)인 현장을 반영한다(소경희, 김종훈, 2010; Clandinin & Connelly, 1995; Lortie, 1975). 소경희와 김종훈(2010)은 실천적 지식이 가진 특징을 '맥락적(contextual)'이라고 언급하면서 교사의 실천적 지식은 교사의 교육 실천 행위를 둘러싼 상황과 환경에 깊은 영향을 받는 것으로, 실천의 맥락 속에서 형성되는 것임과 동시에 맥락에 따라 변할 수 있음을 강조했다. 또한, Clandinin과 Connelly(1995)도 실천적 지식이 형성되는 환경을 강조하면서 실천이 이루어지는 맥락의 중요성을 부각시켰다. 예를 들어, 한 교사가 수행한 교육적 행위가 효과적이었을지라도 다른 맥락이나 환경에 적용되면 그렇지 않은 경우가 발생할 수 있다(Lortie, 1975). 그렇기 때문에 실천적 지식은 교사들이 처한 환경에 따라 다양한 형태로 구현되므로 맥락의 장인 현장을 반영하는 특징을 지닌다.

넷째, 실천적 지식은 개인적 경험과 교직 활동이 결합하면서 성장한다(Elbaz, 1981; 소경희, 김종훈, 2010). 이것은 Elbaz(1981)가 언급한 지향 중에서 개인의 지식, 신념, 가치관 등이 실천적 지식에 영향을 미치는 개인적 지향을 말한다. 교사의 실천적 지식은 개인의 경험과 신념을 반영하고 맥락적 상황과 통합되기 때문에 역동성을 발휘한다(소경희, 김종훈, 2010). 구체적으로 자신의 학창 시절에 강한 영향력을 행사한 교사, 가정의 양육 태도, 성장 과정에서 축적된 개인적 경험 등이 교사로서의 실천적 지식에 영향을 미칠 수 있음을 의미한다.

2. 실천적 지식의 연구 동향

실천적 지식에 대한 최근의 국내외 연구는 질적 및 양적 연구, 통합

연구 등 다양한 연구 방법을 적용한 연구가 수행되고 있으나, 초기에는 주로 이론 및 양적 연구에 편중된 경향이 있었다(구원회, 2007; 김민정, 2012; 김은주, 2010; 김자영, 김정효, 2003; 이정선, 2005;, Bereiter, 2014;, Black & Halliwell, 2000).

김자영과 김정효(2003)는 교사의 실천적 지식에 대한 이론적 탐색을 통해 직전교육에 있는 예비 교사들과 현직의 교사들이 다양한 교수 상황에 직면할 때, 지속적인 반성적 성찰을 통해 실천적 지식을 개발할 수 있는 기회를 제공해야 함을 강조했다. 교사 실천력의 강화는 지속적인 자기 개선과 성장의 촉진제가 되는 반성적 성찰이 되어야 함을 강조한 것이다. 이정선(2005)은 실천적 지식에 대한 새로운 연구 방향을 모색했는데, 구체적으로 해석적 관점을 반영한 연구 패러다임의 전환, 교육 문제 해결을 위한 이론적 관점 및 실천적 관점의 병행, 교육연구 집단에 교육 실천가를 포함시킬 것을 제안했다. 나아가 Black과 Halliwell(2000)은 실천적 지식 증진을 위한 보다 구체적인 방법을 주장했다. 그들은 교사들이 현장의 실제성을 알리고 실천적 지식을 증진시킬 수 있는 대안적인 방법으로 대화, 그림, 비유, 이야기 쓰기 등의 방법을 제안하면서 교육 실천가들의 반성적 성찰과 연계해야 함을 강조했다. 이것은 실천의 주체들인 교사들이 중심이 되어 현장에서 발생하는 풍부한 이야기를 다양한 형태로 부각해야 함을 의미한다. 구원회(2007)는 교사의 실천적 지식에 대한 국내 연구의 동향 고찰을 통해 실천적 지식에 대한 향후 연구 과제로서 현장 사례 연구의 활성화, 다양한 교육 종사자들의 실천적 지식에 대한 연구 수행, 교사 전문성 발달의 관점에서 지속적이고 장기적인 연구의 수행, 종단 연구의 시도 등을 제안했다. 반면, 김은주(2010)는 현실 순응, 통제성, 맥락 부적합 같은 실천적 지식의 문제점을 지적하면서 실천적 지식이 이론과 실제의

간극을 메워 교사의 전문성을 향상시킬 수 있는 방법으로 나아가야 함을 강조했다. 구체적으로 현실에 안주하거나 순응하는 태도, 교육의 돌발성을 사전에 방지하기 위한 강요와 통제, 맥락에 대한 정확한 진단 없이 잘못된 가치 혹은 이론을 적용하는 위험성을 지적했다. 김민정(2012)은 교사의 실천적 지식에 대한 이해의 방안으로 Elbaz(1981)와 Bruner(1996)를 중심으로 한 교사의 실천적 지식에 대한 토론 도구를 제안하면서 학교교육과 교사교육 정책에 이러한 상호작용을 통해 실천적 지식을 강화해야 함을 강조했다. Bereiter(2014)는 실제적인 노하우와 과학적 이론의 특징을 결합한 지식의 유형인 '원리화된 실제적 지식(principled practical knowledge)'을 활용하여 단순히 이론과 실제를 연결하는 가교 역할을 하는 것이 아니라 통합된 방법으로 실천적 지식을 신장할 수 있는 방법을 제안했다. 실천적 지식에 대한 이론 중심의 이러한 연구들은 교사교육 혹은 직전교육에서의 실천적 지식의 중요성을 강조하면서 실천적 지식이 나아가야 할 방향성이나 신장 방안을 제안했다는 데 그 의의가 있다.

이처럼 이론적 논의를 중심으로 전개된 실천적 지식에 대한 초기 연구를 바탕으로 다양한 사례 중심의 현장 적용 연구들이 뒤를 이었다(서경혜, 2010; 소경희, 김종훈, 2010; 윤석주, 2014; John, 2002). John(2002)은 교사교육자의 경험을 토대로 전개한 실천적 지식에 대한 사례 연구를 통해 교사교육자가 예비 교사들의 실천적 지식을 증진하기 위해서는 계획성(intentionality), 실제성(practicality), 교과 전문성(subject specificity), 윤리성(ethicality)이 필요함을 언급했다. 실천적 지식을 구성할 때 철저한 계획과 교과 전문성을 바탕으로 실제적인 교육 행위를 연결해야 실천적 지식을 형성하는 데서 파생될 수 있는 윤리적인 문제를 차단할 수 있기 때문에 이를 위하여 교사들의 성찰적 자세의 중요성을 강조했다. 서경혜(2010)는 '인디스쿨'이라는 교사 공동체의 실천적 지식에 주목하면서 실천적 지식의 외현화, 공유, 검증, 재구성의 과정을 통해 공동의 실천적 지식이 형성되고 발전함을 언급했다. 특히, 그녀의 연구는 온라인 커뮤니티를 통한 실천적 지식 형성 과정을 조명했다는 점이 특징이다. 윤석주(2014)는 서울 소재 4개 초등학교 교사 11명을 대상으로 면담을 통해 교사들이 동료 교사의 명시적 실천적 지식을 사용하지 않거나 변형시켜 사용하는 주요 원인을 질적으로 규명했다. 그 결과, 교사 특성의 상이함, 학생·학급 특성의 상이함, 운영 측면에서의 효율성 부족 때문인 것으로 밝히면서 이러한 주요 원인은 전문가로서의 반성적 사고가 부족한 결과임을 언급했다. 소경희와 김종훈(2010)은 교사의 실천적 지식을 수업에 초점을 두었다. 수업과 관련한 교사의 실천적 지식에 대한 사례 연구를 통해 실천적 지식의 작동과 형성 과정을 탐색한 결과, 교사들의 수업관련 실천적 지식은 자신들의 교실에 맞게 수업을 구안하는 과정, 수업 중에 직면하는 예측하지 못한 상황적 맥락에 적응하는 과정에서 작동하는 것으로 나타났고, 수업관련 실천적 지식 형성에 영향을 미친 것은 교육 실습, 수업 행위와 그에 대한 반성, 수업 연구인 것으로 나타났다.

앞서 살펴본 것처럼, 실천적 지식에 대한 국내외 연구의 동향은 주로 연구 방법 측면에서 이론 및 양적 연구에 편중되어 있으나, 최근에는 다양한 현장에 기반한 사례 연구들이 점진적으로 확대되면서 실천적 지식을 형성할 수 있는 풍부한 아이디어들을 제공하고 있다. 더불어, 교사들이 현장의 역동적인 맥락 안에서 어떠한 과정과 방법으로 실천적 지식을 형성하는지를 기술하고 분석하기 위해 질적 연구 방법으로 접근함으로써 숨겨진 의미를 표면화하는 연구 작업들이 점진적으로 확대되고 있다.

Ⅲ. 연구 방법

1. L교사 이야기

본 연구에 참여한 L교사는 2015년 3월 1일 기준으로 교육 경력 1년 8개월의 저경력 교사다. 연구자와 L교사의 첫 만남은 2015학년도가 본격적으로 시작되기 며칠 전에 이루어졌다. 연구부장이라는 비중 있는 역할을 맡은 연구자는 지속적으로 학교에 출근하면서 새 학년도에 대한 청사진을 그리는 작업에 몰두해 있었고 새로 부임해 6학년 담임을 맡게 된 L교사는 학급 환경 정비와 함께 새로운 학생들을 만날 계획을 준비하고 있었다.

연구자가 근무하고 있는 무지개초등학교로 L교사가 부임해 온 이유는 혁신학교에 대한 갈망 때문이었다. 2014년 7월 2일 해바라기교육청에 새로 취임한 교육감은 혁신학교를 위한 교육 정책을 펼치면서 단위학교에서 이를 구체화하고 모범적인 역할을 할 선두학교가 필요했다. 해바라기교육청에서는 이를 공식적으로 공모했고, 연구자가 소속한 학교에서도 전 교직원의 의견을 수렴하여 신청한 결과 혁신학교에 선정될 수 있었다. L교사는 이전 학교에서부터 혁신학교 성향의 연구회에 가입하여 다양한 이론과 사례, 방법, 전략 등을 학습하면서 자신이 배운 것을 앎의 수준에서 그치지 않고 실천의 장에서 다른 시선들의 압박 없이 마음껏 전개해 보기를 원했다. L교사는 이전 학교에서 다른 교사들의 교육 방법과 패턴과 유사한 방식을 보여야 한다는 불편한 시선들로 인해 자신만의 개성 있는 교육을 전개하지 못했다고 한다. 시행착오를 경험하면서 특색 있는 교육 활동을 펼치기에 적합한 소규모 학교(6학급)와 혁신학교에 대한 갈망이 맞물리면서 그가 무지개

초등학교에 오게 된 것이다.

연구자가 선배 교사의 입장에서 바라본 L교사는 17년 여의 교직생활의 경험 속에서 만났던 신규 교사들과는 차별적인 모습을 보였다. 대개의 신규 혹은 저경력 교사들은 조직의 틀 안에서 정형화된 행동의 패턴을 배우기 위해 타율적인 모습을 보이거나 어떻게 행동해야 하는지에 대한 소심한 궁금증을 가지면서 자신의 행동 방향을 결정했다. 그러나, L교사는 교사로서 자신의 역할에 대한 계획을 세워 자발적이고 주체적인 행동으로 차근차근 진행하고 있었다. 처음에 연구자는 이러한 L교사의 자발적 행동을 초창기 교직 생애 단계에서 사회화가 진행되는 과정, 낯선 학교 환경에 적응하는 새로움에서 비롯된 '일시적인 현상'이라고 간주했다. 처음의 강렬했던 열정이 시간이 지나고 새로운 환경에 적응하면서 한 풀 꺾일 거라고 생각했다. 왜냐하면, 개인적 차원의 경험에서 바라볼 때 타오르는 열정은 시간의 흐름에 따라 상쇄되는 것이 일반적이고 자연스러운 현상이기 때문이었다. 그러나, 예측과 달리 시간이 지나갈수록 L교사의 자발적인 행동은 열정과 헌신이 결합되면서 계속 유지되고 있었다.

연구자는 그와 다양한 이야기를 나누면서 그의 교육적 관점과 생각을 파악할 수 있는 기회를 포착할 수 있었다. 교육과 관련된 다양한 소재를 가지고 장시간 이야기를 나누는 과정에서 그가 지금 하고 있는 일, 앞으로의 계획, 교육 활동에서 발생하는 궁금증 등을 구체적으로 파악할 수 있었다. 그 과정에서 연구자는 그의 교육에 대한 진정한 열정을 느낄 수 있었고, 나 자신의 교육적 행위도 돌아보는 반성적 성찰을 불러일으키기도 했다. 그런데, 이러한 반성적 성찰의 효과는 그에게도 일어나고 있었다. 연구자의 교직에서의 선(先)경험, 박사학위 취득 과정에서 형성된 이론, 이론과 현장을 연결 짓는 다채로운 연구 수행력

등은 그에게 새로운 아이디어와 방법적 효율성을 제공했으며 학습 효과에도 기여하고 있었다. 바로 그와 연구자의 만남의 경계에 '동료성 기반 학습'의 장이 형성된 것이다. 이것이 그를 연구하기로 마음먹은 이유이다. 그리고 '과연 그의 교육적 실천 속에서 드러나는 구체적인 의미는 무엇일까?'라는 강한 의문을 가지고 본격적으로 연구를 진행하게 되었고, 2015년 3월부터 8월까지 약 6개월간 연구를 수행했다.

2. 자료 수집 및 분석

연구자들은 L교사의 교육적 실천에서 드러나는 구체적인 의미를 탐색하기 위해 직접적인 참여 관찰, 대화 내용, 블로그 내용, 그리고 성찰 일지를 통한 다각적인 자료 수집을 병행했다. 먼저, 한 명의 연구자는 L교사와 같은 학교에서 근무하는 동료 교사였기 때문에 직접 참여 관찰이 용이했다. 학교 교육과정과 관련된 다양한 활동을 협의하고 전개하기 위해 쉬는 시간, 점심 시간, 그리고 방과 후 시간을 이용하여 개별적으로 그의 교실을 찾아가는 경우가 많았다. 그럴 때마다 연구자는 질적 연구자로서의 민감성을 가지고 그와의 대화에 참여하고 관찰했으며, 심지어는 교실의 분위기까지 파악하려고 노력했다. 특히, 쉬는 시간과 점심 시간에는 대부분의 학생들이 교실에서 활동하고 있었기 때문에 이들의 언어, 행동, 표정 등을 통해서 교실의 전체적인 분위기를 파악할 수 있었다. 참여 관찰일지는 가급적 연구자의 시각을 통해 드러나는 객관적인 사실과 현상을 기술했으며 연구 목적 달성에 직접적으로 관련 있는 장면들을 위주로 작성했다.

둘째, L교사와의 대화 내용을 통해 자료를 수집했다. 이것은 대표적인 질적 자료 수집의 방법인 면담에 유연성을 부여하기 위한 연구자의 의도적인 접근 방법이다. 즉, 연구자가 질문하고 참여자가 답변하는 전통적인 면담 방식의 전개에서 오는 형식성과 경직성에서 벗어남으로써 보다 자연스러운 상황에서 이루어지는 대화를 통해 진술한 내용을 연구에 반영하기 위한 것이었다. 이처럼 보다 자연스러운 대화의 분위기를 조성함으로써 연구와 관련해 평소 궁금했던 점, 교실의 모습, 학생들의 반응과 변화 등을 파악할 수 있었다. 그리고 대화가 끝난 후에는 기억력의 한계로 인해 망각하기 전에 즉각적으로 주요 대화 내용을 문서화했다.

셋째, L교사가 작성한 블로그 내용을 수집하고 분석했다. 학기 초 L교사와 대화를 나누던 중, 일상의 교육 활동을 기록하고 반성적 사고를 촉진하는 효과적인 도구로 블로그를 활용해 볼 것을 제안했다. 그는 블로그를 통해 학생 이해를 위한 상담 및 관찰 내용, 연구회 활동을 통해 새롭게 알게 된 내용, 수업 계획 및 실행에 대한 내용 등을 기록했다. 연구 기간 동안 그는 85편의 글을 탑재했고, 나는 모든 내용을 정독하면서 의미 있는 코드를 발견하면 목록화하고 주제를 발견하는 데 활용했다.

넷째, 연구가 진행되는 동안 성찰일지를 작성했다. 연구자는 L교사의 교육적 실천 행위에 동참하면서 교사로서 스스로를 반추해 보았다. 성찰일지는 연구자의 시간적 배경을 달리하면서 접근했다. 그의 교육적 실천을 통해 현재 스스로의 모습을 돌아보기도 하고 현재 그의 행위와 과거 연구자의 비슷한 시기의 모습을 비교하면서 진술한 자기 고백을 통한 반성적 성찰이 여실히 드러날 수 있도록 했고, 궁극적으로 L교사가 추구하는 교육 실천의 구체적인 의미를 탐색하고자 했다.

본 연구에서는 수집된 자료를 효과적으로 관리하고 효율적으로 분석하기 위해 3인의 질적 연구 전문가(오영범, 이현철, 김영천)가 개발한 한국형 질적 자료 분석 프로그램인 '파랑새1.0'(www.thebluebird.

kr)을 활용했다. NVivo, ATLAS.ti, MAXQDA, The Ethnograph 등과 같은 기존의 외국 질적 자료 분석 프로그램들은 고비용, 친숙하지 못한 인터페이스 등의 한계로 국내의 질적 연구자들에게 확산적으로 대중화되지 못했다. 특히, 이러한 외국의 프로그램을 숙달하는 데 걸리는 오랜 시간은 연구자들에게 별도의 연구 과정으로 인식되면서 큰 부담감을 안겨 주었다. 이러한 단점을 극복하기 위해 탄생한 한국형 질적 자료 분석 프로그램인 '파랑새1.0'은 친숙한 인터페이스, 간결한 메뉴 구조를 표방하면서 일반적인 질적 연구 과정인 자료 수집 및 전사, 코딩, 주제 생성의 과정에 따라 연구를 수행하다 보면 자연스럽게 질적 연구 방법을 내면화할 수 있는 장점을 가지고 있었다.

이처럼 수집된 자료의 분석은 파랑새1.0을 활용하여 전사, 코딩, 주제 발견으로 이어지는 질적 연구의 과정을 통해 이루어졌다(김영천, 2006). 크게 3단계로 이어지는 일련의 과정은 각각이 독립되거나 분절된 형태로 이루어지기보다는 전사와 동시에 코드화 작업을 통한 범주화와 주제 도출로 연결될 수 있도록 했다. 또한 이 과정에서 분석적 메모(analytic memo)를 통해 연구자의 지속적인 성찰을 반영하고 기존의 문헌과 이론을 탐구하면서 파생되는 통찰과 직관이 연구 결과에 반영될 수 있도록 했다.

3. 연구의 타당도 작업

본 연구의 타당도를 확보하기 위한 노력으로 크게 네 가지 차원에서 접근했다.

첫째, 연구 참여자인 L교사와의 지속적인 대화, 연구자의 참여 관찰을 통해 드러난 내용을 공유하고 반성적 성찰을 통해 새로운 의미를 부여함으로써 재해석의 과정을 거쳤다. 구체적으로 연구자가 의미롭게 포착한 L교사의 교육적 실천에 대해 연구 참여자는 어떠한 의미를 부여하고 있는지 혹은 연구자의 생각과 연구 참여자의 생각이 일치하는지에 대해 검토했다. 또한, 계획한 대로 실행되지 않았던 수업에 대해 이야기를 나누면서 왜 그러한 현상이 발생했는지에 대한 원인과 함께 이것을 해결하기 위한 대안을 탐색하거나, L교사의 블로그에 탑재된 내용에 대한 이야기를 나누면서 교육적 실천을 다시 돌아보는 계기가 되었다. 이러한 반성적 성찰은 L교사뿐만 아니라 연구자에게도 촉진되었으며 상호 공유하는 과정에서 새로운 의미를 찾을 수 있었다. 더불어, 글쓰기 전략으로 연구자의 진솔한 자기 고백을 바탕으로 반성적 성찰이 드러날 수 있도록 했다.

둘째, 연구 참여자와 같은 맥락적 공간에서 학교 생활을 영위하고 있는 주변의 동료 교사들에 의한 연구 결과의 평가 작업을 병행했다. 이들은 같은 학교에서 근무하고 있는 1, 2, 4, 5학년의 담임 교사로 모두 10년 이상의 교육 경력을 가진 여 교사들이다. 이들로 하여금 자신들의 관점에서 조망한 L교사의 교육적 실천에 대한 해석이 연구자의 그것과 유사하게 드러나고 있는지에 대해 검토했다. 만약 그들과 연구자의 관점이 다르다면 왜 다른지에 대한 구체적인 이유를 파악하여 L교사의 교육적 실천의 의미를 재해석하는 데 반영했다. 이처럼, 네 명의 동료 교사들로부터 사실 여부, 재해석에 대한 의미 부여 등에 대한 내용을 세 차례(연구 계획, 잠정적 연구 결과, 최종 연구 결과)에 걸쳐 확인받는 과정을 통하여 연구자의 관점으로 해석한 내용들에 대한 공감대를 확보할 수 있었다.

셋째, 2인의 질적 연구 전문가로부터 연구 계획에서 진행, 결과에 이르기까지의 전 과정에 대한 검토를 받는 과정을 통해 지속적인 수정, 보완 작업을 병행했다. 특히, 연구자의 자의적 혹은 확대 해석으로 연구 결과의 질을 떨어뜨리지 않도록 전문가의 검토를 통해 본 연구 결과가 독자들에게 보다 설득력 있게 다가가고 공명할 수 있도록 했다. 질적 연구 전문가들의 검토는 이메일을 통해 이루어졌다. 연구 계획서, 연구 결과 초안, 최종 결과물뿐만 아니라 코드, 범주화, 주제 생성으로 이어지는 질적 연구에 대한 논리성 및 적절성의 검토를 위해 세 차례에 걸쳐 질적 연구 전문가의 피드백을 받았다. 그리고, 그 결과를 연구에 반영했다.

넷째, 한국형 질적 자료 분석 프로그램인 '파랑새1.0'을 활용하여 전사와 동시에 코딩, 그리고 연구자의 이론적 통찰이 통합된 지속적인 반성적 성찰을 통해 주제를 도출했다. '파랑새1.0'을 활용함으로써 장기

'파랑새1.0'을 활용한 코드 수, 범주화, 주제 생성의 결과

주제 생성	범주화	코드 수
교사와 아빠의 이중적 역할을 통한 배움과 돌봄	학생 이해	21
	신뢰 형성	12
	배움 중심의 교육	16
	학생 돌봄	15
학생과 벽허물기로 '어깨동무' 학급 공동체 형성	자발성	12
	교사 헌신	11
	긍정적 학습 공동체	19
교육실천의 3박자: 교육적 재구성, 철저한 계획, 그리고 인적 · 물적 자원	교육 계획	15
	교육적 맥락	9
	즉각적 실천	16
교사학습 공동체를 통한 지속적인 실천적 지식 향상과 성찰	연구회를 통한 배움	14
	배움의 현장 적용	11
	반성적 성찰	17

간 지속되는 질적 연구의 과정에서 연구자의 자료 수집과 분석의 탈초점화로 인한 연구 맥락을 반영하지 못하는 한계를 극복할 수 있었다. '파랑새1.0'은 수집한 자료의 전사, 코딩, 주제 생성의 전 과정을 유기적으로 조망할 수 있는 편의를 제공함으로써 연구의 신뢰도와 타당도를 더해 줄 수 있었다. 본 연구에서는 총 188개의 코드가 최종적으로 생성되었고, 이를 바탕으로 L교사의 실천적 지식의 의미를 부각시켜 줄 수 있는 유사한 코드들을 범주화하는 작업을 통해 13개의 범주를 만들 수 있었다. 결국, 주제 도출의 토대가 되는 13개의 범주를 바탕으로 네 개의 의미로운 주제를 생성할 수 있었다. 이러한 과정은 특정한 논리성을 가지고 정답을 도출하는 일방향적 방법이 아니라 오랜 시간 시행착오를 반복하면서 퍼즐 작품을 완성하는 것과 유사한 최선의 방법을 찾는 과정이다. 본 연구의 목적을 달성하기 위해 '파랑새1.0'을 활용한 코드 수, 범주화, 주제 생성의 결과는 다음 표와 같다.

Ⅳ. L교사의 교육적 실천의 의미

1. 교사와 아빠의 이중적 역할을 통한 배움과 돌봄

교육 통장을 만든다고 한다. 교육 통장? 나는 감이 잡히지 않는 생소한 말이라 L교사에게 다시 한 번 물어보았더니 그가 차근차근 설명해 준다. 매월 17일에 받는 월급 통장과는 별도로 출장, 시간외 근무 등의 수당을 모아서 학급의 아이들을 위해 사용하기 위한 것이라고 한다. 나는 더 강렬한 궁금증을 가지고 그렇게 하는 이유를 물어보았다. 우리 학교는 학급 운영을 위해 편성된 예산이 없는데다가 자신이 계획한 교육 활동을 하기 위해서는 별도의 돈이 필요하기 때문에 적립해 두었다가 아이들을 위해 활용하겠다는 의도였다. 나를 되돌아본다. 나에게는 이런 통장이 있었는지도 생각해 본다. 있었다. 목적과 쓰임새가 다른 나만의 통장이 있었다. 바로 나만의 비자금을 축적하기 위한 통장이었다. 아내 몰래 조금씩 불어나는 비자금을 확인할 때마다 짜릿한 쾌감을 느끼며 나의 욕구를 충족하는 용도로 활용했다. L교사가 말한 교육 통장 이야기는 장시간 나의 머릿속을 맴돌고 있었다. 결국, 나로 하여금 교사와 교육의 본질에 대한 재탐색의 길로 유도하는 하나의 사건이 되었다

– 2015년 3월 25일 연구자의 성찰일지 중에서

'교사와 아빠의 이중적 역할을 통한 배움과 돌봄'은 L교사가 자신이 담당하고 있는 학생들을 파악하기 위해 단순한 관찰과 면담을 통해 피상적인 이해의 수준에서 그치는 것이 아니라 보다 심층적으로 이해하려는 노력의 일환으로서 배움과 돌봄을 연계하고 통합하려는 교육적 실천을 의미한다. L교사는 본격적인 교육 활동을 전개하기 위한 우선적인 노력으로 개별 학생들을 자신의 입장에서 이해하고자 했다. 이를 위해 학기 초에 학생들을 대상으로 상담 활동을 전개함으로써 이들의 특징을 파악하기 위해 노력했다. 교사는 개별 학생들의 관심, 흥미, 수준뿐만 아니라 가정 배경, 또래 관계, 장래 희망, 교사 및 학교에 대한 기대 등과 같은 학생 변인들을 파악하여 학급 경영과 연계할 수 있는 역량이 있어야 한다. 그렇기 때문에 교사 입장에서 학생들을 총체적으로 이해하는 것은 후속하는 교육적 활동과 연결되기 때문에 가장 우선시되는 중요한 활동이다.

정유민: 실내화, 신발도 없고 같은 옷을 3주씩 입고 다닌다. 아침에 학교를 안 와서 집에 데리러 간 적이 몇 번이다. 어머니는 게임중독, 밥도 안 해 주신다. 9시 반에 집에 갔는데 그 때 일어나신다. 누나도 학교 안 가고 집에 있다. 할 일이 없어서 성준이를 괴롭히거나 주변 친구들을 건드린다. 할 거리를 계속 주면서 관심을 유도하고 있지만 가정의 기능이 전혀 없는 상태다. 주말에 학교 오라고 해도 안 온다. 유민이를 어떻게 하면 좋을까?

– 2015년 4월 11일에 작성한 L교사의 블로그 중에서

이 외에도 L교사가 학생들을 심층적으로 이해하려는 노력은 다양한 사례들을 통해 확인되었다. 꽃샘추위가 기승을 부리던 3월의 어느 날, 실내화도 없이 맨발로 체육관을 향하던 유민이를 보고 L교사는 그를 위해 실내화를 사서 안겨 주었다. 6학년인데도 키가 1학년 수준에 머물러 있는 솔비를 위해 혹시나 성장에 도움이 될까 해서 그는 영양제를 사다 주었다. 이런 장면을 2년이나 지켜보면서 걱정만 했던 연구자는 새로 부임한 지 1개월도 안 된 L교사의 즉각적 실천 앞에서 선배 교사로서 부끄러움을 느꼈다.

김솔비: 작다. 걱정된다. 동생보다 작다. 교육 통장에서 멀티비타민, 무기질 세트를 두 병 사서 줬다. 아버지가 상담할 때 병원에 가신다고 했는데 안 가신다. 생각, 행동, 정서가 아직 2학년 정도다. 밥 먹을 때 많이 먹도록 하고 체육활동을 장려한다. 놀기도 잘 놀고, 6학년이 아니라 1~2학년이라고 하면 정말 의젓하고 열심히 하는 학생인데……. 걱정된다.

– 2015년 4월 11일에 작성한 L교사의 블로그 중에서

L교사는 학생 상담과 함께 지속적인 관찰을 병행하면서 학생들에 대한 교육적 처치를 고려하고 있었다. 위의 경우처럼 그는 아침에 일찍 오지 않는 유민이에게 할 수 있는 일반적인 수준의 교사 관심에서 벗어나 유민이 집에 직접 찾아가는 적극성을 보였다. 이러한 교사의 적극성을 통해 자신이 담당하고 있는 학생들에 대한 심층적인 이해의 계기를 마련하고 있었다. 교사의 눈으로 유민이의 가정 실태를 직접 목격함으로써 유민이가 학교에서 보이는 행동의 원인을 이해할 수 있었던 것이다. L교사는 유민이가 게임 중독에 빠진 엄마의 돌봄 부족으로 학교에 항상 늦게 온다는 사실을 알게 되었다. 이처럼 그는 학생에 대한 심층적인 이해를 바탕으로 향후 그가 어떠한 교육적 처방으로 이어갈 것인지에 대한 실천을 연결 짓고 있었다.

L교사가 학생들을 이해하기 위해 먼저 다가가는 궁극적인 이유는 학생들과 두터운 신뢰를 형성하기 위해서라고 했다. 이것은 그의 과거 경험에 토대를 두고 있었다. 무한 신뢰로 항상 옆에서 기다렸던 아버지, 그가 초·중·고 학창 시절을 거치면서 자신의 작은 잘못에 대해서도 성급하게 나무라기보다는 믿고 기다리면서 긍정적인 신호를 주셨던 선생님들, 그리고 군복무 시절 많은 병사들을 인솔하고 통제하기 위해서 장교로서 가져야 할 필수 능력이 바로 신뢰를 부여하는 것이라는 자신의 경험이 이를 말해 준다고 언급했다. 긍정적인 인간관계를 형성하기 위해서는 신뢰가 기반이 되어야 함을 자신의 경험을 통해 체득한 것이다.

연구자: 지금까지 살아오면서 현재의 교육 활동에 큰 영향을 준 게 뭐야?

L교사: 제 인생에 가장 큰 영향을 주신 분은 아빠예요. 그리고 초등학교 5학년 때 담임 선생님과 고등학교 2학년 때 선생님 정도요. 이분

들의 공통점은 조금 잘못해도 저를 믿고 기다려 줬어요. 한마디로 신뢰를 주신 거죠.

연구자: 그래서 애들한테도 신뢰를 주려고 노력하는구나.

L교사: 네. 군대에 장교로 있으면서도 많은 병사들을 인솔하고 따르도록 하기 위해서는 신뢰가 바탕이 되어야 함을 느꼈죠. 경험이 말해 주고 있어요.

– 2015년 6월 26일 L교사와의 대화 중에서

L교사는 신뢰를 기반으로 하는 개별 학생들에 대한 심층적인 이해를 바탕으로 배움 중심의 수업이 필요함을 인식했다. 또한, 그는 학습에 흥미를 느끼지 못하는 다수의 아이들과 기초·기본 학습이 제대로 되어 있지 않은 학생들을 위해 새로운 교수법을 고민했다. 그 결과 교육과정 재구성에 기반한 주제 중심 프로젝트 학습을 계획했다. 학생들의 요구, 흥미, 관심 등을 고려하여 주로 앉아서 설명을 듣는 수동적인 수업보다는 학생들이 직접 조작하고 실습하는 활동 중심의 의미 있는 교육을 지향한 것이다. 그는 5월 가정의 달을 맞아 아이들로 하여금 가정의 의미를 찾게 하고 아이들을 통해 부모님들에게 희망을 주기 위한 목적으로 '행복한 가족'이라는 주제로 국어, 도덕, 미술, 음악 등의 교과를 중심으로 교육과정을 재구성하여 부모님께 편지 쓰기, 부모님을 위해 내가 만드는 선물, 부모님과 관련된 노래 등의 다채로운 수업을 실행하기도 했다.

"어버이날에는 뭐해 드릴 거니?" 물었다. 대답하는 아이가 없었다. 한 번도 생각해 보지 않았을 거다. 종이로 만든 카네이션, 일상적인 편지 한 장 학교에서 만든 것을 주고 마는 그런 어버이날. 항상 베풀지 못하고 받는 데만 익숙한 아이들이 아닌가. 더구나, 자기 표현력도 부족한 아이들이다. 그래서 탄생한 것이 '행복한 가족' 프로젝트.

– 2015년 5월 6일에 작성한 L교사의 블로그 중에서

위의 '행복한 가족' 외에도 수학여행을 맞아 '경주 문화 탐방', '자동차', '지역 시장 프로젝트' 등을 주제로 한 프로젝트 학습을 실시함으로써 학생들이 직접 체험하며 만들고 그리고 조작하는 배움 중심의 수업을 구현했다. 연구자는 프로젝트 수업의 도입으로 학생들의 작은 변화에 대해 그와 이야기를 나누기도 했다. 거의 매일 지각만 하던 유민이가 일찍 오기 시작했고, 공책을 찢고 만져지는 대부분의 것을 부수기만 하는 은석이가 자동차에 푹 빠져 더 알기를 원한다는 것이었다.

L교사는 배움 중심의 수업으로의 전환을 시도하면서 학생 돌봄 기능과도 연계했다. 결국, L교사는 학생에 대한 심층적 이해를 바탕으로 학교에서 가정의 돌봄 기능을 일정 부분 감당해야 할 필요성을 인식하게 되었다. 그는 많은 아이들의 가정이 원만하거나 건강하지 못하다는 사실을 발견했고 그 가운데 아이들의 마음 속 상처도 깊다는 것을 인식하게 되었다. L교사는 자신이 남자인 점, 아이들 가정의 교육적 돌봄 기능이 다소 약하다는 점을 고려하여 스스로 아빠의 역할을 할 것을 다짐했다. 이처럼 교사로서의 역할과 함께 아빠로서의 역할 수행은 배움과 돌봄을 통합한 교육을 구현하겠다는 의지를 드러낸 것이라 할 수 있다.

우리 반 아이들을 보면서 느낀 건 교사의 역할보다 아버지의 존재감과 그 역할의 결핍이다. (중략) 많은 아이들은 아버지가 없거나 아버지의 기능이

없다. 아버지의 기능은 놀이다. 어느 순간 자신의 옆에 아버지의 존재가 사라진 것이다. 아버지가 있더라도 가정 경제에 대한 강한 책임감으로 인해 함께 놀아 줄 여력이 충분하지 않다. 아이들은 놀이를 통해서 더 많은 것을 배운다. 놀이와 공부를 분리하면서부터 공부가 싫어지고 놀이가 생산적이지 못하고 소모적으로 변한다. 어린 시절 기억을 되돌아봐도 답은 나온다. 놀이를 통해서 나는 자랐고, 배웠다. 아버지가 사준 레고, 자동차, 건담, 총을 같이 만들고 놀고 부수고 개조하면서……. 나의 역할이 하나 더 생겼다.

– 2015년 4월 11일에 작성한 L교사의 블로그 중에서

교사 차원에서 배움과 돌봄을 통합하는 교육적 노력은 가정과 연계될 때 더욱 효과를 발휘하게 된다. 배움과 돌봄이 학교와 가정에서 유기적인 형태로 연계될 때 안정되고 건강한 환경에서 배움이 촉진될 수 있기 때문이다. 이처럼 L교사는 자신이 담당하고 있는 학생들에 대한 강한 책임감을 가지고 있었다. 교사로서의 강한 책무성은 학생을 심층적으로 이해하고 두터운 신뢰를 구축하는 노력으로 구현되었다. 더불어, 아이들이 가정에서 적절한 돌봄이 이루어지지 않는 현실을 감안하여 L교사는 아빠 역할을 자처하면서 배움을 촉진하기 위해 프로젝트 수업을 실행했다. 그는 학생에 대한 심층적인 이해를 기반으로 하여 배움과 돌봄 중심의 교육 활동을 전개한 것이다.

2. 학생과 벽허물기로 '어깨동무' 학급 공동체 형성

L교사가 토요일에 아이들을 데리고 계곡으로 캠핑을 간다고 한다. 그가 함께하자고, 도와달라고 말은 하지 않았지만, 학교 교육과정을 기획하는

주무로서 괜히 미안한 마음이 들었다. 사실, 나는 토요일마다 대학원 강의 때문에 함께할 형편이 되는 것도 아니었다. 그렇다고 시간이 된다 하더라도 주말만큼은 나만의 시간을 가지고 싶은 게 솔직한 심정이다. 여유를 가지고 쉬거나 가족들과 함께 시간을 보내거나 혹은 나만의 취미 활동으로 시간을 보내고 싶은 재충전의 시간이기 때문이다. 그런데 계속 그가 머리 속에 떠오른다. 처음에 생겼던 미안함과는 다른 나 자신의 교육에 대한 성찰이었다. 이러한 성찰은 지금의 내 위치에서 어떻게 하면 그가 원활한 교육 활동을 할 수 있도록 돕고 지원할 수 있을까? 이러한 생각들은 나로 하여금 교사의 자발성과 헌신을 생각하는 계기가 되었다.

– 2015년 5월 20일 연구자의 성찰일지 중에서

'어깨동무'로 만드는 학급 공동체는 L교사가 긍정적인 학급 공동체를 만들기 위해 먼저 앞서 가고자 하는 경쟁이 아닌 상호 소통하고 배려하는 협력을 강조하고 있음을 의미한다. 강수돌(2013)은 한국 사회를 경쟁이 만연한 사회라고 지적하면서 교묘한 반칙을 일삼는 행위를 비유하는 표현으로 '팔꿈치 사회'라고 명명한 바 있다. 구체적으로 팔꿈치는 달리기 경기에서 남보다 먼저 들어오기 위해 옆 사람을 팔꿈치로 교묘하게 밀쳐내는 경쟁적 상황을 표현한 메타포이다. 이에 반해, 어깨동무는 경쟁을 지양하고 구성원 모두의 상호 협력을 통해 성장하는 모습을 표현한 메타포를 의미한다.

L교사는 긍정적인 학급 공동체를 만들기 위해 자발적으로 교육을 실천했다. 즉, 자신의 팔을 뻗어 긍정적 울타리를 조성하려고 노력했다. 이러한 울타리를 구축하기 위한 방법의 일환으로, 그는 외부 권위자의 강요나 설득에 의한 타율적인 교육 실천보다는 자신이 이해한 방식으로 학생들에게 적합한 교육적 방법과 전략을 모색해 가며 창의적

인 방법으로 교육을 전개하고 있었다. 이를 반영하듯 그의 교실은 다른 일반적인 교실 풍토와는 많은 차별적인 모습을 보였다. 점심 시간이나 방과 후에 교실을 방문하면 학생들이 교실에 배치된 두 대의 컴퓨터에 앉아 게임에 열중하는 모습을 심심찮게 볼 수 있었다. 심지어 교사용 컴퓨터까지 차지하고 있었다. 마치 PC방을 연상케 한다. 일반적인 교실에서는 볼 수 없는 장면이다. 왜냐하면, 관리자가 학교 경영 방침에 의거하여 통제하거나 혹은 대부분의 교사들은 학교에서 게임하는 것을 비교육적인 활동으로 간주하고 허용하지 않기 때문이다. 나는 그가 학생들에게 게임을 허용하는 이유가 궁금하여 물어보았다.

연구자: 아이들에게 게임을 허용하는 특별한 이유가 있어?

L교사: 어차피 아이들은 하지 말라고 하면 숨어서 더 하게 되잖아요. 저도 학창 시절에 경험했으니까요. 차라리 학교에서 나름대로의 원칙을 정해 두고 그 범위 안에서는 자유롭게 할 수 있도록 허용을 해 준 거예요. 그리고 얘들은 집에 가면 제대로 케어(돌봄)도 안 되는데, 심심하다 보면 더 이상한 쪽으로 빠질 수도 있잖아요. 그럴 바에야 차라리 안전한 학교에서 놀 수 있도록 해 주는 게 더 좋잖아요.

– 2015년 6월 10일 L교사와의 대화 중에서

그의 교실은 또 다른 특색적인 장면이 있다. 창가 선반에는 6개의 과학 상자와 함께 여러 종류의 장난감 RC카(Remote Controller Car)가 놓여 있다. 이것들은 남학생들의 자존감을 회복하기 위한 특별한 장치들이었다. 수업 시간에 멍하니 앉아 아무 것도 하지 않는 남학생들을 위한 기계공학 도구들로서, L교사는 시간이 있을 때마다 아이들과 함께 RC카를 만들어 조종하곤 했다. 그런데, 그의 이러한 교육 활동은 자신의 어린 시절에서 비롯되었다. 그는 어려서부터 만들기를 좋아해서 과학상자, 조립장난감, 레고 등을 만들고 움직여 보면서 일종의 성취감을 느꼈다고 한다. 그리고 만든 것을 다시 분해하고 재조립하는 과정을 반복하면서 동력의 원리, 전기와 자기장의 원리 등 기본적인 과학적 원리를 자연스럽게 체득했다고 한다. 그 당시의 이러한 경험이 교사가 된 현재까지 RC카를 만드는 취미 활동으로 이어진 것이다. 이처럼 L교사는 어린 시절의 경험을 지금의 남학생들을 이해하는 수단으로 활용하고 있었고, 자신이 가진 강점을 아이들에게 투입했다. L교사의 의도는 남학생들이 관심을 가질 법한 기계공학 장치에 대한 지식과 기술을 습득하게 하여 이것을 여학생들에게 가르치게 하는 것이었다. 그 동안 공부를 못한다는 이유로 여학생들로부터 무시되어 왔던 남학생들의 자존감을 높이고 동시에 남학생과 여학생의 보이지 않는 벽을 허문다는 계획이었다.

L교사: (씁쓸한 미소를 지으며)참 어이가 없어요.

연구자: 왜? 무슨 일인데?

L교사: 남학생들한테 앞으로는 공부도 좀 하자고 했더니, 뭐라고 하는지 아세요?

연구자: 뭐라는데?

L교사: 공부는 여학생들이 하는 거래요. 여학생들이 남학생들을 무시할 법도 하죠?

연구자: 뭐, 좋은 방법이 없을까?

L교사: 그래서, 기계공학 교실을 본격적으로 시작하려구요. 남학생들 자존감도 높이고 만드는 실력도 키워서 여학생들 가르치게 하려구요. 기계공학을 하다 보면 남학생들끼리도 더 친해질 것 같구요.

– 2015년 4월 13일 L교사와의 대화 중에서

위와 같은 이유로 교육과정을 재구성하여 자동차 프로젝트 수업을 탄생시켰다. 남학생들은 자동차 만드는 방법을 익히기 위해 방과 후 지속적으로 교실에 머물렀다. 이 과정에서 어려운 점이나 모르는 것이 있을 때는 상호 협력을 하는 가운데 문제를 해결했고 자연스럽게 자석의 원리, 동력의 원리까지도 학습하게 되었다. 드디어 동력 자동차를 만들어야 하는 수업 시간에 남학생들의 실력이 발휘되었다. 남학생들이 여학생들이 자동차 만드는 것을 도와주며 자신들이 먼저 습득한 지식과 기술을 전수해 준 것이다. 자존감을 조금이나마 회복하는 순간이었다. 이 수업을 통해 한 여학생은 놀라움을 금치 못하며 이렇게 말했다고 한다. "우리가 남학생들한테 뭔가를 배우는 순간이 올 줄이야!"

여기에 L교사는 교육자적 '사랑'을 결합하면서 학생들 간의 우정까지도 일깨워 주었다. 그는 폭력적인 아빠로 인해 정신적 자아 및 신체적 자신에게 간헐적으로 자학하는 모습을 보이는 금동이의 합창 공연을 위해 퇴근 후의 개인적 시간도 기꺼이 반납했다. 시간이 되는 같은 반 친구들은 모두 동참했다. 이제껏 금동이는 친구들과 선생님으로부터 이러한 관심을 받아 본 적이 없었는지 얼굴에 웃음이 떠나지 않았다고 한다. 사랑과 관심을 받고 있음을 알았는지 저녁 식사 장소에서 마무리하는 마지막 순간까지 흐뭇한 표정이었다고 한다.

> 금동이가 그렇게 활짝 웃는 모습은 처음 봤어요. 이제까지 이런 관심을 받아 본 적이 없었던 것 같아요. 친구들까지도 다 몰려가니까 무표정의 금동이 엄마까지도 좋아했어요.
>
> – 2015년 5월 7일 연구자의 관찰일지 중에서

그는 자발적인 열정을 바탕으로 자신이 담당하고 있는 학생들과 긍정적인 공동체를 형성하기 위해 노력했다. L교사의 실천에서 보여지듯 자신이 학생들에게 보여 준 사랑은 신뢰가 되어 다시 돌아오고 있었다. 어느 순간, 학생들이 기존의 모습과는 달리 보다 긍정적인 모습으로 바뀌는 것을 감지할 수 있었고, 이를 확인하기 위해 L교사와 대화를 나눈 결과, 연구자의 느낌은 사실로 드러났다. 아무렇지도 않게 지각만 하던 유민이가 혹시라도 지각하는 날이면 아주 미안한 표정으로 들어온다는 이야기, 딴짓만 하고 수업에 참여하지도 않던 금동이가 진지한 표정으로 수업에 참여한다는 이야기를 듣고 조금씩 긍정적인 공동체를 구축해 간다는 확신을 가진 것이다. 그는 긍정적 학급 공동체를 만들기 위해 수업 시간에도 특별한 활동으로 학생들과 교감하기 위해 지속적으로 고민하고 성찰하고 있었다.

그 중에서 월요병 퇴치 작전은 L교사의 특별한 수업이다. 아이들이 학교에서 점점 안정된 생활을 영위하다가 주말을 지내고 오면 마치 모든 것이 포맷되는 듯한 상태의 무기력 혹은 무력감을 보인다는 것이다. 그는 이를 퇴치하기 위해 협력적 놀이를 접목한 수업 활동을 고안한 것이다. 분위기를 쇄신하는 놀이 활동을 통해 월요일의 무기력을 쫓아내고 학교에 오는 즐거움을 안겨 주기 위한 의도였다. 더불어, 협력적 요소를 가미함으로써 함께하는 즐거움을 추구하고 있었다.

월요병: 월요일이 되면 온몸에 힘이 빠지고 모든 것이 하기 싫은 병으로 주로 일요일 오후쯤 찾아와 개그콘서트를 볼 때 가장 극에 달한다. 그리고 차츰 좋아지다가 금요일이 되면 완벽하게 회복되는 신기한 병으로 대한민국 사람 대대수가 앓고 있는 질병 (중략) 월요일 아침, 아이들이 즐겁게 학교라는 공간을 인식할 수 있도록 대안을 생

각하다가 한 시간씩 교실놀이를 해 보자는 생각을 했다.

- 2015년 6월 19일 L교사의 블로그 중에서

그는 긍정적인 학급을 만들기 위해 자율적 자발성을 바탕으로 아이들에게 자신이 할 수 있는 열정을 보였다. 더불어, 교사와 학교에 대한 긍정적인 이미지를 심어 주기 위한 다양한 노력과 고민을 자신의 학급에 투입하고 있었다. 결국, 그의 지속적인 관심과 사랑은 어느 순간 아이들도 인식하게 되었고, 이를 계기로 더욱 신뢰로운 사제관계가 형성되었으며, 나아가 보다 긍정적인 학급 공동체로 거듭날 수 있게 된 것이다.

3. 교육 실천의 삼박자: 교육적 재구성, 철저한 계획, 그리고 인적 · 물적 자원 활용

나의 머릿속은 항상 수많은 계획들로 가득 차 있었다. 그 가운데는 교육적 실천으로 이어지지 않고 증발되어 버리는 계획들이 대부분이었다. 증발되는 이유들은 다양했다. '교장 선생님이 허락해 주지 않을 거야!', '좀 더 구체적으로 계획한 후에 하지 뭐!', '내가 이렇게 한다고 아이들이 알아 줄까?', '피곤하니까 주말에는 쉬고 싶어', '다른 일들도 많은데, 내가 이런 것까지 해야 할까?' 그야말로 안 되는 이유 투성이였다. 그럼에도 불구하고 내가 강한 의지를 가지고 실천한 것들도 있었다. 그런데, 나의 적극적 실천이 가미된 교육 행위를 아이들은 더 잘 기억하고 있었다. 더욱 놀라운 사실은 아이들은 선생님과 함께 만들었던 추억들을 오랜 시간이 지난 후에도 마음속에 간직하면서 아름다웠던 어린 시절을 기억한다는 것이다.

- 2015년 4월 14일 연구자의 성찰일지 중에서

교육 실천의 삼박자: 교육적 재구성, 철저한 계획, 그리고 인적·물적 자원 활용은 L교사가 학교라는 공식적인 기관에서 요구하는 교육 기준에 부합하는 철저한 계획과 자신만의 자발성에 기반한 교육적 재구성을 통해 다양한 인적 및 물적 자원을 활용하는 실천적인 모습을 의미한다. 이혁규(2015)는 교사가 실천하는 교육은 보편적 원칙을 기계적으로 따르는 것이 아니라고 했다. 또한, Lortie(1975)도 대부분의 교사들은 교육과정의 책무성을 지키면서 개인적인 것을 추구한다고 밝혔다. 이혁규와 Lortie가 말한 것처럼, L교사도 학교라는 조직의 틀과 교육과정의 범주를 기계적으로 답습하지 않고 재구성하여 자신만의 개성 있는 교육을 구현하고 있었다. 그러나 이 과정에서 이혁규가 언급했듯이 교사의 주먹구구식이 아니라 공공성을 지향하는 교사로서의 책무가 바탕이 된 사전 계획의 형태로 구체화했다.

L교사는 머릿속에서 구상한 교육적 계획을 즉각적으로 실천하려는 노력을 경주하고 있었다. 그는 공식적 교육 활동과 연계할 필요성이 있는 것은 사전에 문서 형태로 계획하여 체계적인 교육 활동으로 연결했다. 이러한 계획은 의도하고 있는 교육 활동에 윤활유 같은 역할을 부여했다. 교육적 본 활동을 하기 전에 사전에 준비해야 하는 것이 무엇인지, 안전을 위해 미리 대비해야 하는 것이 무엇인지, 혼자의 힘으로 어려울 경우 어떻게 도움을 받아야 하는지 등에 대한 사전 준비를 철저하게 계획하여 원활한 활동으로 연결 짓고 있었다. L교사는 학기 초, 학생들과의 관계 증진을 통해 긍정적인 학급 공동체를 만들기 위한 활동의 일환으로 주말을 이용하여 학교 인근의 계곡으로 캠핑을 계획했다. 그는 활동에 필요한 예산 지원의 여부, 계곡으로 이동할 때의 차량 지원, 계획서를 작성할 때 반드시 삽입해야 할 사항 등에 대해 나와 의논을 요청했다. 나는 좋은 해결책을 모색하기 위해 L교사의 고민을 모

든 교직원들과 공유하기도 했다. 이와 같은 협의 과정을 통해 그만의 특별한 교육 활동을 학교의 공식적 지원을 통해 보다 치밀하게 계획할 수 있게 되었다. 자발적 자율성에 기인한 그의 교육 활동이 제도적 틀과 조화를 이루면서 강한 추진력을 받게 된 것이다. 다양한 교육 활동을 자신의 의도와 목적에 맞게 재구성하는 용기와 열정에 공식적 지원이 가미되어 더욱 견고하게 실행할 수 있는 조건을 만든 것이다. 결국, 학생들을 위한 교육 활동의 예산 일부를 지원받을 수 있었고, 안전 문제로 인해 한 명의 보조 교사가 동반했으며, 부족한 차량은 학부모의 지원을 받아 해결함으로써 캠핑 활동은 모두가 만족한 활동으로 마무리될 수 있었다.

> 그는 계획서를 작성하다가 궁금한 것이 있으면 즉각적으로 달려온다. 컴퓨터 메신저로 연락이 되지 않으면 몸소 나를 찾아다닌다. 그가 이처럼 의욕적으로 계획하는 것은 보고해야 될 공문서나 학교 업무 외에 자신이 주도적으로 의미 있는 교육 활동을 위해 만들어 낸 것들이 대부분이다. 아직 경험이 많지 않아 자신의 생각을 어떻게 구체화해야 하는지를 몰라 묻기도 하고 어려운 문제가 발생하면 직접적인 도움을 통해 함께 해결 방법을 고민해 보기 위해서다.
>
> – 2015년 5월 21일 연구자의 관찰일지 중에서

L교사는 제도적 틀과 자율성의 조화를 추구하면서 자신만의 특색 있는 교육 활동을 추진했고, 이를 위해 치밀한 사전 계획을 수립했다. 이 과정을 통해 그는 교육적 계획이 필요한 것, 계획을 실천으로 연계하는 방법을 체득하고 있었다. 다음 표는 그가 교육의 재구성을 통해 계획을 수립하고 교육적 실천으로 연계한 목록을 보여 준다.

L교사의 교육 계획과 실천

일시	활동명	주요 내용
2015년 3월 23 ~3월 27일	지역사회를 활용한 프로젝트 수업	지역사회 5일장을 찾아 고장에서 일어나고 있는 일에 관심을 가지고 전통시장을 활성화할 수 있는 방안에 대한 프로젝트 수업을 실시함
2015년 4월 12일 ~4월 24일	수학여행 프로젝트 수업	4월 16~17일 동안 경주 일대로 떠나는 수학여행을 위해 '경주 문화 탐방'이라는 20차시로 구성된 주제 중심 프로젝트 학습을 수행함
2015년 4월 14일 개교기념일	행복한 학급 공동체를 위한 산행 및 목욕	사제동행 산행 활동을 통해 친목을 도모하기 위한 목적으로 점심 도시락 같이 먹기, 게임 활동, 단체 목욕 등을 함
2015년 5월 1일 ~5월 10일	가정의 날 프로젝트 수업	가족의 소중함과 사랑을 일깨우고 부모님께 감사하는 마음을 가지기 위해 12차시로 구성된 프로젝트 학습을 진행함. 요리사가 꿈인 한 학생은 L교사의 지원을 받아 자신의 엄마를 위해 직접 요리를 함
2015년 5월 23일 토요일	행복한 학급 공동체를 위한 캠핑	주말 동안 적절한 가정 돌봄이 이루어지지 않는 학생들 및 개별 참여를 원하는 학생들을 모아 학교 주변의 계곡으로 캠핑을 떠나 자연 속에서 다채로운 활동을 함
2015년 6월 3일 ~6월 25일	자동차 프로젝트 수업	자동차를 주제로 과학, 수학, 미술, 사회 등의 교과를 30차시로 재구성하여 자동차의 발달 과정, 생산 과정, 구동 원리, 장난감 자동차 제작, 디자인 등의 직접 조작 중심의 활동을 함
2015년 8월 3일 ~8월 14일	여름방학 계절학교	과학동산, 부진아 지도, 요리교실, 기계공학 교실 등을 통합한 2주간의 특별 교육 프로그램을 운영함으로써 방학 중 가정에서의 돌봄과 배움이 지속적으로 연계되도록 함
2015년 3월 1일 ~7월 31일	시간외 근무: 46시간	학습자 배움을 촉진하는 실습, 조작, 활동 중심의 수업을 전개하고 의미 있는 창의적인 교육을 수행하기 위해 공식적인 퇴근 시간 후에도 학교에 남아 세부 계획을 추진하여 교육 활동과 연계함

L교사는 자신이 의도하고 있는 교육 활동을 위해 사전에 치밀한 계획을 수립하기도 했지만, 동시에 학교에 있는 가용 자원들을 어떻게 활용할지도 고민하고 있었다. 이러한 가용 자원들은 물적 자원과 인적 자원으로 구분되는데, 그는 이 둘을 유효적절하게 사용하고 있었다. 그는 3월에 부임해서 자신의 교실뿐만 아니라 연구실, 교수학습 자료실, 체육관까지 정리정돈을 했다. 그런데, 그가 정리정돈을 하는 이유는 학교에 활용할 수 있는 교육 자료가 어떤 것들이 있는지를 자신의 눈으로 직접 확인하기 위함이었다고 언급했다. 이러한 과정에서 정리정돈이 자연스럽게 이루어진 것이다. 그는 심지어 다른 교사들은 존재조차도 모르고 구석에서 먼지가 수북히 쌓여 있는 자료를 찾아 들고 오기도 했다.

연구자: 뭘 그렇게 많이 들고 오는 거야?

L교사: 우리 학교에 좋은 게 많네요. 남학생들한테 만들어 보게 하려구요. 사용해도 될까요?

연구자: 어, 그래도 될 것 같은데……. 우리 학교에 그런 게 있었나? 그런데, 어디서 찾았어?

L교사: 자료실에 있던데요.

– 2015년 4월 7일 L교사와의 대화 중에서

그는 물적 자원뿐만 아니라 주변의 동료 교사들까지도 자신의 수업에 활용하는 인적 자원의 활용 모습까지 보였다. 그는 100분 토론의 형식을 빌어 국어 시간에 활용할 토론 동영상을 촬영하는 데 필요한 전문가 역할을 해 줄 두 명의 교사를 섭외하기도 했고, 자신의 프로젝트 수업에 전자석의 원리와 강도에 대한 실험을 과학 전담 교과를 맡고 있는 연구자에게 요청하기도 했다. 이처럼 L교사는 교육적 가치를 지향할 수 있는 유용한 아이디어 혹은 방법이 떠오를 때는 교육과정의 범위와 학교라는 조직의 틀 안에서 이를 즉각적으로 실천하려는 의지를 보였다. 보다 원활한 교육 실천으로 연계될 수 있도록 사전의 다양한 변인들을 고려한 교육 계획을 수립했고, 학교의 환경적 맥락에서 가용할 수 있는 물적 및 인적 자원들을 동원하여 자신의 교육 활동에 통합하려는 교육적 실천력을 보여 주었다.

4. 교사 학습 공동체를 통한 지속적인 실천적 지식 향상과 성찰

나의 초임 시절, 친구들 혹은 선·후배와의 모임을 가질 때마다 빠지지 않고 등장하는 이야깃거리는 '승진'에 대한 것이었다. 나의 개인적 경험에 의하면 지금까지도 지속되고 있다. 잘나가는 주변 교사들 이야기, 특정 지역으로 이동하기 위한 점수 획득 방법, 교육 현장에 큰 영향력을 행사하고 있는 권위자 등이 주요 이야깃거리였다. 그 중에서 특정 교사연구회도 언급되곤 했다. 그 연구회에 가입하면 소위 잘나가는 사람들로 구성되어 있기 때문에 승진 라인에 편승하기 유리하다는 것이었다. 과거 나 또한 이러한 기대감과 개인적 욕구를 가지고 있던 찰나, 한 선배 교사의 추천으로 가입하게 되었다. 내가 가입한 교사연구회에서는 특정 주제를 중심으로 교사들 간의 자율적인 공동 학습도 이루어졌지만, 많은 시간이 교육청 사업을 추진하는 데 활용되었다. 나중에 책자가 만들어지고 맨 뒤쪽에 인쇄된 내 이름을 볼 때면 뿌듯함을 느끼며 미소 짓기도 했고 동료 교사들에게 은근히 자랑삼아 이야기하기도 했다. 그런데, 나는 관련 업무를 담당하는 교사들이나 전문직을 준비하는 교사들 외에 이런 책자에 관심을 가지고 활용하려는 교사들은 찾아볼 수 없었다.

- 2015년 5월 22일 연구자의 성찰일지 중에서

'교사 학습 공동체를 통한 지속적인 실천적 지식 향상과 성찰'은 L교사가 동료 교사들과의 협력을 기반으로 운영되는 교사 학습 공동체에서 지속적으로 배우고, 배운 것을 현장에 적용하고, 적용 과정에서 성찰하는 일련의 순환적인 과정을 통해 현장에서의 실천력을 강화함으로써 전문성을 점진적으로 형성해 가는 것을 의미한다. 교사 학습 공동체는 학습, 공유, 성찰 등의 다양한 협력 활동을 기반으로 교사 전문성 및 교육 효과성을 증진하기 위해 정기적인 만남이 이루어지는 교사 그룹으로 정의된다(Liberman & Miller, 2008).

교사들은 같은 학교에서 근무하는 동료 교사, 동학년, 연구회 같은 자발적 모임 등을 통해 실천적 지식을 강화한다. 다양한 교육 경험을 가진 교사들이 한데 모여 유용한 경험들을 상호 공유하고, 현장에 적용 가능한 새로운 것을 학습하며, 학습한 것을 교육 현장에 적용함으로써 동료 교사에 의해서 구성된 실천적 지식을 자기화하고 내면화한다. 이러한 과정은 교사의 실천적 지식이 강화되는 과정이기도 하다. L교사가 교사연구회에 가입하게 된 직접적인 계기는 특색 있는 수업을 진행하고 있는 한 선배 교사의 실천력 때문이라고 한다. 그는 선배 교사와의 대화를 통해, 연구회 활동으로 직접 배운 것을 실천하고 있다는 것을 알았고, 결국 선배 교사의 권유와 안내로 협동학습을 연구하는 교사연구회에 가입하게 되었다. 더불어, 그는 교사연구회에 가입하게 된 이유를 학생들에게 적용할 '유의미한 교육 활동 탐색'의 측면에서 언급하며 배움에 대한 강한 의지를 보였다.

> 이전 학교에서 한 선생님의 수업을 보게 되었는데, 다른 교실의 모습과는 많이 달랐어요. 아이들의 표정도 활기 있어 보이고, 움직임도 생기가 있었어요. 분명히 다른 반들과는 분위기나 드러나는 느낌이 달랐어요. 선생님

도 수업 준비에 많은 노력을 기울이고 있었어요. 그래서 여쭤 보았더니 연구회에서 배운 것을 적용한다고 해서 저도 가입하게 되었어요. (중략) 아이들에게 기억에 남을 수 있고 의미 있는 교육을 하기 위해서요.

- 2015년 3월 17일 L교사와의 인터뷰 중에서

L교사는 연구회 활동을 통해 다양한 의미를 형성하고 있었다. 그가 연구회 참여를 통해 구체적으로 경험한 것은 교육적으로 의미 있는 책을 선정하여 독서 토론하는 활동, 연구회 회원들의 수업 동영상을 보고 교사의 발문, 교사와 학생 간의 상호작용, 구체적인 교수·학습 방법 및 전략 등에 대해 의견을 나누는 활동, 학습 주제를 정하고 발표 및 토론하는 활동 등이었다. 그런데, 무엇보다 중요한 것은 그가 연구회에서 학습한 내용을 단순히 앎의 차원에서 머무르지 않고 실천과 연계하려는 노력으로 전개되고 있다는 것이다. 연구회 활동을 하는 매 순간마다 실천과 적용에 대한 민감성을 가지고 자신이 담당하고 있는 학급에는 어떠한 방법과 전략으로 적용할지를 염두에 두고 있었다.

지금 제가 우리 반에 하고 있는 것들의 대부분은 연구회에서 배운 거예요. 대부분의 내용이 교실에 적용할 수 있는 실제적인 거라서 저도 배우면서 우리 반 아이들한테 어떻게 적용할지 고민하게 돼요.

- 2015년 3월 17일 L교사와의 인터뷰 중에서

L교사는 연구회 활동을 통해 배운 것을 자신의 블로그에 기록하고 있었다. 개인 저널로서의 성격이 강한 블로그는 자신의 경험을 통해 뒤따라오는 생각과 느낌을 일기 형식으로 자유롭게 기록할 수 있는 유용한 도구이다. 글쓰기를 통해 자신의 경험을 기록함으로써 연구회 활동

에서 학습한 것을 다시 한 번 되새기게 되고 웹 DB에 저장해 둠으로써 오랜 시간이 지나면서 흐릿해진 기억을 또렷하게 재생하는 효과를 만들어 낼 수 있다. 또한, 블로그 글쓰기는 자신만의 교육 경험을 다른 교사들과 쉽게 공유할 수 있다는 장점도 가지고 있다. 무엇보다도 글쓰기 활동이 교사들에게 주는 가장 큰 효과는 반성적 성찰(reflective reflection)을 촉진한다는 것이다. 글쓰기가 자신의 머릿속 사고에 질서를 부여하는 체계화 과정이라고 할 때 글쓰기는 사고를 더욱 정교화하게 하고 이 과정을 통해 다양한 의미를 이끌어 낼 수 있기 때문이다. 특히, L교사의 블로그 글쓰기는 시간을 거듭할수록 질적으로 향상되고 있었다. 단순히 사실적 정보만을 기록하는 차원을 넘어 자신이 읽은 책, 특정 교육 현상 및 이슈 등에 대해 자신의 생각과 느낌을 효과적으로 가미하는 글쓰기를 통해 비판적 사고 능력이 점진적으로 발아하고 있었다.

> 공부상처 책 내용이 뒤로 갈수록 뭔가 방법론이 약하다. 앞에 이론적인 부분은 공감이 많이 가지만 대안이나 극복 방안은 부족한 느낌이다. 추순영 선생님이 하신 사회만 싫어하는 아이들에 대한 의견에서 사회 같은 경우 지리, 역사, 경제 등등 광범위하기 때문에 영역에 따른 차이가 있다는 것이다. (중략) 88고속도로 역시 경험하면서 전라도와 경상도를 이어 주는 이 도로의 문제점을 아이들이 찾을 수 있도록 하는 것이 의미 있다. 놀이에 학습적 요소를 투입하자. 부진아 지도를 위하여 반드시 필요하다. 놀이를 가지고 와야 한다. 놀이로 배워야 한다.
>
> - 2015년 4월 7일 작성한 L교사의 블로그 중에서

결국, L교사는 자신이 학습한 내용을 기록하는 차원을 넘어 반성적

성찰 요소가 가미된 글쓰기를 통해 자신의 교육적 행위를 지속적으로 되돌아보고 있었다. 자신이 학습한 내용에 대한 비판적 사고와 함께 그것을 어떻게 적용할지에 대한 구체적인 방법에 대한 고민은 창의적 교육 활동으로 이어질 가능성을 높인다.

V. 결론 및 제언

L교사의 실천적 지식 형성에 관여하는 두 축은 이론적 지식과 반성적 사고로 구분된다. 이론적 지식의 습득은 주로 스스로의 의지에 기인하여 학습, 연구회 활동, 그리고 각종 연수, 세미나, 워크숍에 참여하여 이루어지고 있었다. 그리고 자신의 교육적 행위, 생각과 느낌, 현상 등에 대한 블로그 글쓰기를 통해 반성적 사고가 촉진되고 있었다. 이러한 과정에서 L교사는 교육 현장의 맥락성과 교사 개인의 경험, 그리고 교사로서의 교육적 가치와 신념을 결합하여 의미 있는 실천적 지식을 구성하고 있었다. L교사의 실천적 지식의 구성과정 속에 담긴 의미는 다음 네 가지로 요약된다. 첫째, 교사와 아빠의 이중적 역할을 통한 배움과 돌봄, 둘째, 학생과 벽허물기로 '어깨동무'로 학급 공동체 형성, 셋째, 교육 실천의 삼박자: 교육적 재구성, 철저한 계획, 그리고 인적·물적 자원 활용, 넷째, 교사 학습 공동체를 통한 지속적인 실천적 지식 향상과 성찰이다. 이를 바탕으로 L교사가 보이는 실천적 지식의 전체적인 모습을 묘사하면 다음과 같다. L교사가 구현하는 실천적 지식의 중심에는 배움과 돌봄이 있었다. 이를 바탕으로 보다 긍정적인 학급 공동체를 구축하기 위한 자발적 열정과 헌신을 보였고, 자신을 둘

러싼 맥락의 범위 안에서 인적 및 물적 자원을 최대한 활용하여 교육을 다각도로 재구성하고 있었다. 여기에 그가 참여하고 있는 교사 학습 공동체는 이론적 지식의 결합을 통해 실천적 지식을 점진적으로 강화시켜 주는 자양분이 되고 있었다. L교사의 교육 이야기 속에 드러난 실천적 지식은 다음과 같은 실천들을 통해 더욱 구체화되고 있었다. 그는 학생들을 심층적으로 이해하기 위하여 학생들과 다양하게 접촉하고 신뢰를 쌓아 가고 있었으며, 이를 통하여 파악된 학생 개개인의 특성과 필요에 따라 아이들에게 맞춤형 처방을 하고 있었다. 또한 긍정적인 학급 공동체를 만들기 위하여 학급에서 게임과 RC카, 놀이 등을 허용함으로써 아이들과의 거리를 좁히고 아이들의 자발적인 교육 참여를 이끌어 내고 있었다.

L교사가 보이는 실천적 지식은 단순히 개인적 차원의 특수성이 아니다. 실천적 지식이 특수한 맥락의 장을 반영하는 것처럼, 혁신학교를 지향하는 L교사만의 개인적 가치가 무지개초등학교라는 새로운 맥락 속에 들어오면서 본 연구의 결과에서 드러난 실천적 지식을 전개하게 된 것이다. 또한, 새로운 맥락에서 형성된 연구자와의 만남을 통해 실천적 지식의 중요한 요소인 반성적 성찰의 장이 구축될 수 있었다. 더불어, 그가 참여하고 있는 교사 학습 공동체는 이론과 통합의 지향을 통해 실천적 지식을 촉진하는 윤활유 같은 역할을 하고 있었다. 그렇기 때문에 L교사의 실천적 지식은 그의 개인적인 가치와 신념을 혁신학교라는 교육청의 정책, 이것을 실천하는 학교 현장, 교사 학습 공동체의 지지와 지원이 있었기에 가능했던 것이다. 그러므로 교사들이 실천적 지식 향상을 위해서는 개인의 가치와 신념과 같은 개인적 지향도 중요하지만 Elbaz의 말대로 상황적 지향도 못지않게 중요함을 알 수 있다. 더불어, 교사들의 실천적 지식을 향상시키기 위해서는 이론과 실제

의 통합을 지향하고, 반성적 성찰을 촉진하는 실천적 방법을 마련하며, 개인의 가치와 통합될 수 있는 교육 맥락을 조성하는 일련의 노력들이 정책적 차원에서 지원되어야 할 것이다.

결론적으로 교육 실천의 중심에는 교사가 있다는 사실을 다시금 확인했다. L교사와 같이 이론적 지식을 배움으로 그치는 것이 아니라 교육 현장에서 이를 재구성하고, 끊임없는 반성적 사고를 통하여 실천적 지식을 구성해 나가는 교사의 헌신과 열정이 있을 때 학생들과의 신뢰도 쌓이고 그를 바탕으로 배움과 돌봄이 동시에 이루어지는 긍정적인 학급 공동체를 구축할 수 있음을 알 수 있다. 그러므로 이러한 실천을 위해서는 교사가 이론적 지식과 학교라는 틀에서 요구하는 교육을 재해석하고 현장에 접목시킬 수 있는 교육적 재구성 능력이 요구된다. 그런데 이러한 능력이 직전교육이나 교사교육을 통해서 얻어지는 데는 한계가 있다. 그렇기 때문에 L교사의 경우에서 볼 수 있듯이 교사가 된 이후에 교사들의 자발적인 학습 공동체의 역할이 중요하다. 교사들은 교사들의 학습 공동체를 통해서 다른 교사들의 교육 실천 사례에 대한 지식을 갖게 되고 이에 대하여 토론하는 과정에서 지속적으로 자기를 성찰하고 실천적 지식을 재구성하기 때문이다.

본 연구를 통한 연구 결과의 시사점은 세 가지로 제시될 수 있다.

첫째, 교사들에게 있어서 실천적 지식의 중요성과 실천적 지식 구성의 방법적 지식을 제공할 것이다. 이미 논의된 것처럼, 실천적 지식은 현장의 역동적인 맥락에 적용되는 처방적인 성격의 지식이기 때문에 맥락의 특성에 따라 다양한 형태로 구현된다. 본 연구의 연구 참여자인 L교사가 형성해 가는 실천적 지식은 바로 그가 처한 특수한 맥락과 개인적 성향에 기초하여 구현된 것이다. 이러한 사례는 다양한 성향의 수많은 교사들이 각자가 처한 맥락 속에서 실천적 지식을 형성하고자 할 때 유용한 지식을 제공할 수 있을 것이다. 즉 L교사가 교육 실천적 지식을 형성해 나가는 과정과 노력, 적용 방법 등은 다른 교사들에게 유용한 실천적 지식이 될 것이다.

둘째, 직전교육의 상황에 있는 예비 교사들이나 초임 교사들에게 실천적 지식의 중요성을 일깨워 주는 유용한 사례가 될 수 있다. 교사교육의 거시적 관점에서 항상 문제점으로 부각되고 있는 것은 이론과 실제의 연결의 문제이다. 예비 교사들이 교육대학이나 사범대학에서 습득한 이론 중심의 내용이 실제 교육 현장으로 그대로 전이되지 않기 때문에 L교사의 사례는 예비 교사들이나 초임 교사들의 실천적 지식 형성의 중요성을 일깨워 주는 유용한 사례로 다가갈 수 있을 것이다.

셋째, 현장에 기반을 둔 실천적 지식을 적용하는 연구 수행의 분위기를 조성하고 이를 확산시킬 수 있는 계기가 될 수 있다. 앞서 이론적 탐색에서 밝혀진 것처럼, 지금까지 실천적 지식 관련 연구는 이론 중심의 연구에 다소 치중되어 있으며, 최근에서야 교육 현장에 기반을 둔 다양한 사례 연구들이 활성화되고 있는 상황이다. 그런데, 이러한 현장의 생동감 있는 실제성을 구현하기에는 연구자가 직접 참여 관찰하고 현상이 일어나는 현장을 민감하게 파악할 수 있는 질적 연구 방법이 유용하다고 할 수 있다. 따라서, 본 연구에서 수행한 실천적 지식에 대한 질적 연구는 현장의 다양한 숨겨진 사례를 수면 위로 표면화하는 결과를 제공할 수 있을 것이다.

본 연구는 한 교사의 실천적 지식에 담긴 의미가 무엇인지를 밝히기 위해 L교사의 사례를 통해 접근하면서 그가 현장에서 구현하고 있는 실천적 지식의 의미를 보다 긍정적이고 유용한 측면들에서 부각시켰다. 물론, 오랜 시간 동안 함께 생활을 영위해 온 연구자가 선배 교사의 입장에서 L교사를 바라볼 때, 경험 부족으로 인해 발생하는 다양한 시행착오, 패기와 열정으로 인해 의도치 않게 나타나는 자기 관점에 대한 완고함 등 교사로서의 성장 과정에서 다듬어야 할 요인들도 발견했다. 이러한 측면에서 초임 교사들이 현장에서 실천적 지식을 적용하는 데 영향을 미치는 맥락적 요인이나 방해 요인 등에 대한 후속 연구들이 필요하다. 더불어, 현장의 특수성이 반영된 교사들의 다양한 실천적 지식에 대한 사례 연구들이 더 활발하게 이루어짐으로써 실천적 지식의 중요성이 현장으로 확산되는 장이 마련되어야 할 것이다.

참고문헌

구원회(2007). 교사의 실천적 지식에 대한 국내 연구의 동향 고찰. 한국교원교육연구, 24(1), 299-321.

김두정(2009). 교육과정 실행에 대한 교사의 이론: 혼합적 연구 방법을 통한 교사의 실천적 지식의 탐구. 교육과정연구, 27(3), 127-157.

김민정(2012). 교사의 실천적 지식 이해: 구조와 내러티브의 상호작용을 중심으로. 한국교원교육연구, 29(1), 191-206.

김영천(2006). 질적 연구 방법론 Ⅰ. 서울: 문음사.

김은주(2010). 실천적 지식의 탐색: 교사교육에의 함의와 문제. 한국교원교육연구, 27(4), 27-46.

김자영, 김정효(2003). 교사의 실천적 지식에 대한 이론적 탐색. 한국교원교육연구, 20(2), 77-96.

서경혜(2010). 교사공동체의 실천적 지식. 한국교원교육연구, 27(1), 121-148.

소경희, 김종훈(2010). 초등교사의 수업 관련 실천적 지식의 작동 및 형성 과정에 대한 사례 연구. 교육학연구, 48(1), 133-155.

송경오(2014). 미국의 교사교육 연구동향: Journal of Teacher Education 발표 논문을 중심으로. 한국교원교육연구, 31(4), 227-250.

오영범, 이현철, 김영천(2015). 파랑새1.0. http://www.thebluebird.kr (검색일: 2015. 5. 12)

이정선(2005). 교사의 실천적 교수지식 및 형성방안. 교육인류학연구, 8(2), 211-239.

이혁규(2015). 한국의 교육 생태계. 서울: 교육 공동체벗.

윤석주(2014). 교사들의 실천적 지식의 제한적 적용에 대한 질적 연구. 교육종합연구, 12(2), 1-23.

정재성(2008). 초등교사의 실천적 지식이 교육과정 재구성에 미치는 효과. 박사학위 논문. 단국대학교 대학원.

Bereiter, C.(2014). Principled practical knowledge: Not a bridge but a ladder. The Journal of The Learning Sciences, 23, 4-17.

Black, A. L., & Halliwell, G.(2000). Accessing practical knowledge: how? why?. Teaching and Teacher Education, 16(1), 103-115.

Bruner, J.(2005). 교육의 문화(강현석, 이자현 역). 서울: 교육과학사. (원저는 1996년 출간)

Clandinin, D. & Connelly, F.(1995). Teachers' professional knowledge landscapes: Secret, sacred, and cover stories. In F. Connelly & D. Clandinin(Eds.), Teachers' professional knowledge landscapes(pp. 3-15). New York: Teachers College Press.

Elbaz, F.(1981). The teacher's "practical knowledge": Report of a case study. Curriculum Inquiry, 11(1), 43-71.

Gholami, K., & Husu, J.(2010). How do teachers reason about their practice?: Representing the epistemic nature of teachers' practical knowledge. Teaching and Teacher Education, 26(8), 1520-1529.

John, P. D.(2002). The teacher educator's experience: case studies of practical professional knowledge. Teaching and Teacher Education, 18(3), 323-341.

Knight, P.(2002). A systematic approach to professional development: Learning as practice. Teacher and Teacher Education, 18(3), 229-241.

Lieberman, A., & Miller, L. (Eds.)(2008). Teachers in professional communities: Improving teaching and learning. New York: Teachers College Press.

Lortie, D.(1975). Schoolteacher: A sociological study. Chicago: University of Chicago Press.

Martin, S. D. (2004). Finding balance: Impact of classroom management conceptions on developing teacher practice. Teaching and Teacher Education, 20(5), 405-422.

Meijer, P. C., Zanting, A., & Verloop, N. (2010). How can student teachers elicit experienced teachers' practical knowledge?: Tools, suggestions, and significance. Journal of Teacher Education, 53(5), 406-419.

Schön, D. A. (1983). The reflective practitioner. New York: Basic Books.

Wilson, E., & Demetriou, H. (2007). New teacher learning: Substantive knowledge and contextual factors. The Curriculum Journal, 18(3), 213-229.

Wyatt, M. (2015). Using qualitative research methods to assess the degree of fit between teachers' reported self-efficacy beliefs and their practical knowledge during teacher education. Australian Journal fo Teacher Education, 40(1), 117-145.

저 자 소 개

오영범
진주교육대학교 학사
한국교원대학교 교육공학 석사
부산대학교 교육방법 및 교육과정 박사
현재 신등초등학교 교사로 재직하고 있으며, 현장의 교육을 질적 연구 방법을 이용하여 연구하는데 주력하고 있음. 수업, 수업분석, 수업컨설팅, 교사교육 등에 관심을 가지고 20여 편의 학술논문을 발표함. 저서로는 「체계적 수업분석을 통한 수업컨설팅」(공저), 「질적자료분석 파랑새2.0」이 있음.

이운희
진주교육대학교 학사
현재 웅천초등학교 교사로 재직하고 있으며 현장에서 실천하고 반성하고 다른 동료 교사들과 소통하면서 성장하고 있는 새내기 교사임.

김현정
대구교육대학교 학사
창원대학교 특수교육 석사
현재 안청초등학교 교사로 재직하고 있으며 배움 중심의 수업을 위해 부단히 노력하고 있음.

문주영
진주교육대학교 학사
현재 교방초등학교 교사로 재직하고 있음. 교사로서의 부족함을 메우기 위해 항상 배우려는 열정적인 자세로 임하고 있으며 학생들에게도 행복한 학교생활이 될 수 있도록 사랑과 배려하는 교육적 실천을 위해 노력하고 있음.

김주현

진주교육대학교 학사

진주교육대학교 교육대학원 국어교육 석사

현재 웅천초등학교 교사로 재직하고 있으며 배움이 즐거운 학급을 만들기 위해 노력하고 있음.

홍정숙

진주교육대학교 학사

경남대학교 교육대학원 상담심리 석사

현재 자여초등학교 교사로 재직 중임. 학교 현장에서 학습된 무기력으로 인한 학습부진아, 학습 부적응아에 대한 관심을 가지고 활동 중이며 교육공동체가 서로 참된 소통을 할 수 있길 꿈꾸며 노력하고 있음.

허정환

창원대학교 특수교육과 학사 및 석 • 박사 수료

현재 웅천초등학교 교사로 재직하고 있으며, 장애학생의 통합교육을 위한 현장연구에 관심이 많으며, 특수교육 국정 교과서 12권 집필, 2편의 장애학생의 통합교육 실제의 현장교육연구논문을 발표함.

좌충우돌
'행복학교'
이야기

발행일 2016년 5월 3일 초판 발행
저자 오영범, 이운희, 김현정, 문주영, 김주현, 홍정숙, 허정환
발행인 홍진기 | **발행처** 아카데미프레스 | **주소** 413-756 경기도 파주시 문발동 출판정보산업단지 507-9
전화 031-947-7389 | **팩스** 031-947-7698 | **이메일** info@academypress.co.kr
웹사이트 www.academypress.co.kr | **출판등록** 2003. 6. 18 제406-2011-000131호

ISBN 978-89-97544-86-8 93370

값 18,000원